JN126189

2025年度版

静岡県・静岡市・浜松市の

小学校教諭

参 考 書

協同教育研究会 編

協同出版

はじめに～「参考書」シリーズ利用に際して～

　教育を取り巻く環境は変化しつつあり，日本の公教育そのものも，教員免許更新制の廃止やGIGAスクール構想の実現などの改革が進められています。また，現行の学習指導要領では「主体的・対話的で深い学び」を実現するため，指導方法や指導体制の工夫改善により，「個に応じた指導」の充実を図るとともに，コンピュータや情報通信ネットワーク等の情報手段を活用するために必要な環境を整えることが示されています。

　一方で，いじめや体罰，不登校，暴力行為など，教育現場の問題もあいかわらず取り沙汰されており，教員に求められるスキルは，今後さらに高いものになっていくことが予想されます。

　本書は，教員採用試験を受験する人が，より効率よく学習できるように構成されています。本書は，各自治体の過去問を徹底分析した上で，巻頭に，各自治体の出題傾向と学習法，出題例，類題等を掲載しております。第1章以降では，各自治体の出題傾向に基づいて，頻出の項目を精選して掲載しております。また各科目の学習指導要領及び学習指導法につきましては，各項目の末のQRコードから，学習指導要領及び学習指導要領解説（文部科学省）の原文がご覧いただけます。

　編集上の都合により，掲載しきれず，割愛している内容もありますので，あらかじめご了承ください。なお本書は，2023年度（2022年夏実施）の試験を基に編集しています。最新の情報につきましては，各自治体が公表している募集要項やWebサイト等をよくご確認ください。

　最後に，この「参考書」シリーズは，「過去問」シリーズとの併用を前提に編集されております。参考書で要点整理を行い，過去問で実力試しを行う，セットでの活用をおすすめいたします。

　みなさまが，この書籍を徹底的に活用し，難関試験である教員採用試験の合格を勝ち取って，教壇に立っていただければ，それはわたくしたちにとって最上の喜びです。

協同教育研究会

教員採用試験「参考書」シリーズ

静岡県・静岡市・浜松市の 小学校教諭 参考書

CONTENTS

静岡県・静岡市・浜松市の小学校教諭出題傾向と学習法

効率よく試験対策を進めるために

1 ポイントを確実に理解して例題を解く

　教員採用試験の専門教養の筆記試験対策として最重要なのは，受験する自治体の出題形式や傾向に合った学習法を知ることである。本書は過去問を分析し頻出分野を中心に構成されている。各節の冒頭で学習のポイントを示し，例題を解きながら知識を身につけるようになっている。したがって，まず，各節のポイントを確実に理解するようにしよう。

　専門教養とはいえ，学習指導要領の内容から大きく離れた「難問」が出題されることはほとんどない。志望する学校種の問題レベルを把握し，十分に対応できるまでの知識を身につけることが求められる。試験対策としては，苦手な分野や触れたことのない内容を残さないようにすることも大切だが，まずは本書の例題や過去問などに積極的に取り組んで，頻出分野の知識を身につけてほしい。

2 出題傾向から効率よい学習法を導き出す

　過去問を見ると，頻出分野だけでなく，解答形式といった特徴がうかがえる。静岡県においては，全問とも記述式である。

　例えば静岡県では各教科の「学習指導要領・具体的指導法」のほか，「国語　現代文読解」，「社会　日本史」，「算数　図形」などが頻出であり，いわば，これらの分野・内容が，静岡県の特徴といえる。こうした分野については過去問等から類題を解き，確実に得点できるようにしよう。

　ここでは，実際に出題された問題を，いくつか示す(出題例参照)。

　静岡県では国語，社会，算数，理科が全員必須，音楽，図画工作，家庭，体育，外国語・外国語活動は任意の2科目を選択して解答する。学習指導要領については，複数の教科で出題される。教科問題の難易度は全般的に普通，もしくは平易な部類と思われるため，小・中学校教科書レベルの知識を広く学習し，弱点がないようにしておきたい。学習指導要領は目標や内容の空欄補充形式が多いため，まず，学習指導要領の

内容を学習しておくこと。また，複数の教科で指導法に関する問題も出題されているため，学習指導要領解説などを使ってどのように児童に伝えるか，また学習の留意点などの具体的な指導方法などを学んでおくことも必要になる。特に理科では，実験に関して方法や理由を説明する問題が例年出題されているので，いろいろな状況を想定しながら根拠を考える訓練をしておこう。選択教科でも指導法に関する出題があるので，記述解答に慣れておく必要がある。以上を考えると，計算問題や読解などの教科問題は「落とせない問題」であり，合否を分けるのは学習指導要領，学習指導法関連の問題と見てよいだろう。そのため，早くから教科問題に取り組むこと，同時に学習指導要領を学習することが重要となる。

3 過去問題集との併用等で実践力をつける

　　以上のように，本書の使い方としては，効率的に試験対策を進めるために頻出分野のポイントを押さえ，例題を通して解法を理解していくことになるが，本試験でその学習成果が発揮できるかどうかは，実践的な問題をどれだけ解いているかが重要である。その対策として，一通り基礎の確認ができたら時間を計って各年度の過去問を解くこと，模試を活用するといったことが考えられる。そこで不正解だった問題については，本書の該当箇所を参照して，繰り返し学んでほしい。そうすることで，出題傾向に合わせた実践的な力が必ずつくはずである。

まずは出題例を見ていこう！

本自治体の出題例：始めにチャレンジ！① (2022年度実施問題改)

次の文章を読んで，以下の問いに答えなさい。

　無理をさせると子どもの心に負荷がかかる，幼い子どもに負荷がかかると，子どもの心は折れてしまい，ときにトラウマになる，などという。だが，それは虐待のような深刻な事態について当てはまることであって，ふつうに負荷がかかることとはまったく関係のない話である。

　むしろ，厳しい状況を耐え抜くことによって，「諦めずに頑張り抜く心」が鍛えられていくのである。きつい状況の中，諦めずに頑張ることによって，何とか逆境を乗り越えることができた。そんな経験が自信になって，「諦めない心」が育つのである。

　わが子を過保護に扱う親が目立つが，その気持ちはわかる。私も2人の子どもを育てた親である。わが子に降りかかる火の粉は払いのけてやりたいと思うのが親心であろう。だが，過保護にするだけでは子どもに力がつかない。人生は思い通りにならないことだらけである。そんな人生を力強く前向きに生きていってもらわねばならない。そのためには，思い通りにならない状況に置かれたときも，粘り強く自力で頑張り抜く力をつけさせることが必要である。

　その意味において，子どもに挫折を味わわせたくない親や教師の考え方は，間違っていると言わざるを得ない。

　頑張ることで逆境を乗り越えた場合，達成感を得られるし，それは自己効力感につながる。究極まで頑張って得た成功体験は諦めない心を強化してくれる。

　ただし，いくら頑張ったところでうまくいかないこともある。その場合，やっぱりダメだということで，挫折感を味わうことになる。そうなると，頑張ったってダメだということで，「諦めない心」の発達を阻害するのではないかと思われるかもしれない。そうした思いが，挫折を未然に防ぐために過保護にする必要がある，子どもたちを挫折体験から守らなければ，といった過保護な姿勢につながっているのだろ

う。

だが，それは一面的な見方にすぎない。成果主義の認知の枠組みをもつ場合は，頑張ってもダメだったということで，無力感をもつようになると考えられる。それはたしかに「諦めない心」の発達を阻害する。

一方，プロセスを重視する認知の枠組みをもつ場合は，結果的にはうまくいかなかったものの，一所懸命に頑張ったことのすがすがしさや充実感に目を向けることになる。それは「諦めない心」を強化してくれる。

大切なのは，認知，すなわちものごとの受け止め方なのである。「諦めない心」を育てようというなら，逆境を経験させないというのでなく，逆境に負けないものの見方を身につけさせるという方向で考えるべきだろう。

〈榎本博明『伸びる子どもは○○がすごい』日経BP〉

問　この文章を読んで，あなたは具体的にどのようなことを考えますか。次の〔条件〕に従って書きなさい。

〔条件〕① あなたの考えの基となる部分を，文章中からかぎ(「　」)を用いて引用して書くこと。

② 引用した部分と自分の知識や経験を結び付けてあなたの考えを支える理由を書くこと。

③ 段落を変えずに120字以上，150字以内で書くこと。

解答：筆者は「プロセスを重視する」と述べているが，私も結果ではなく，そこまでの過程でどう取り組んだかに目を向けることが大切だと考える。私自身，中学生のとき，部活動で良い結果を残せなかったが，日々の練習で成長を実感することができたという経験があるからだ。(123字)

第6学年「聖武天皇と大仏づくり」の学習における話し合いの様子である。あとの問いに答えなさい。

A：聖武天皇は伝染病や貴族の反乱で世の中が混乱していたから，仏教の力で国を守ろうと考えていたんだね。

B：聖武天皇は僧の（　a　）に大仏づくりに協力するように働きかけたことが調べ学習で分かったよ。（　a　）は，仏教の教えを広めて歩いたり，ため池や橋などの土木工事を行ったりして人々に慕われていたんだね。

C：完成した大仏は，大きくてびっくりしたよ。<u>きっとたくさんの人や物資が必要だったんだろうな。</u>

D：大仏の開眼式には，1万人をこえる人々が参加したんだって。開眼式の際に使われた道具や聖武天皇の愛用したものが，東大寺の（　b　）に収められているんだよ。

[資料]　大仏づくりに関する資料

聖武天皇の命令

「仏教をますますさかんにし，人々を救うために大仏をつくる決心をした。国じゅうの銅を使って大仏をつくり，大きな山をくずして大仏殿を建てる。そうすることで，人々とともに，仏のめぐみを受けたいと思う。わたしは天下の富と力を独占している。この富と力で大仏をつくるのである。

　一本の草，ひとつかみの土をもって，大仏づくりを助けたいと思う者には，これを許す。」

(743年に出された命令)

(教育出版「小学社会6」より作成)

(1)　（　a　）に当てはまる人物名を漢字で書きなさい。

(2)　下線部について，聖武天皇がたくさんの人や物資を集めることができた理由を，[資料]を基に簡潔に書きなさい。

(3)　（　b　）に当てはまる宝物庫の名称を，漢字で書きなさい。

解答：(1) 行基 (2) 天皇が，富と力をもっていたから。
(3) 正倉院

本自治体の出題例：始めにチャレンジ！③ (2022年度実施問題)

問 次図は三つの正方形を隣り合わせで並べたものである。三つの正方形の面積の合計を求めなさい。

解答：109cm²

本自治体の出題例：始めにチャレンジ！④ (2023年度実施問題改)

5つの水溶液A～Eがあり，これらは，塩酸，アンモニア水，食塩水，石灰水，炭酸水のいずれかである。次郎さんは，A～Eがそれぞれどの水溶液かを調べるため，実験を行い表にまとめた。以下の問いに答えなさい。

表

	A	B	C	D	E
においをかぐ	においがしない	においがしない	刺激臭	においがしない	刺激臭
水を蒸発させる	何も残らない	白い粉が残る	何も残らない	白い粉が残る	何も残らない
鉄をとかす	とけない	とけない	泡を出してとける	とけない	とけない

(1) 水を蒸発させたとき何も残らない水溶液について，何も残らない理由を書きなさい。

(2) A，C，Eの水溶液は何か，書きなさい。

(3) B，Dの水溶液が何かを調べるための実験方法を書きなさい。

解答：(1) 気体が溶けている。 (2) A 炭酸水 C 塩酸
E アンモニア水 (3) リトマス紙の反応を調べる。

本自治体の出題例：始めにチャレンジ！⑤（2023年度実施問題改）

次の英文は，「My Best Memory From Traveling」というテーマのスピーチである。英文を読み，(1)～(3)の問いに対する適切な答えをそれぞれ一つ選び，記号で答えなさい。

I am Mikoto. I'm a teacher at Seinan Junior High School. I'm going to give a speech about my best memory abroad.

My hobby is traveling. When I was a university student, my friend and I went to Florida in the U.S. We drove around Florida. It was so fun! On the last day, we rented a car from the airport because it was easy to return the car and take a flight.

We went to many places and enjoyed ourselves. The time to return the car came. We started going back to the airport. But we (　　①　　). We couldn't tell where we were. We stopped the car in a parking area and checked the map. We were thinking about how we could get to the airport. But we couldn't find the answer. After a while, an American man approached us. "Hello. Are you looking for somewhere?" We hesitated to speak because he was a stranger. But we decided to tell him about what happened to us. He said "I'll guide you to the airport! Follow my car. My wife is Japanese. I want to help Japanese people if they (　　②　　)." We were a little scared. We were worried he would guide us to a place we didn't know. We were thinking about whether or not to follow him. But we couldn't do anything here, so we decided to ask him to guide us to the airport. While driving behind him, we were worried and nervous.

After twenty minutes passed, we saw the airport! We felt so relieved.

After arriving at the airport, we shook hands with him and said "Thank you." Thanks to him, we took the airplane in time and came back to Japan. I thought I should have apologized to him for doubting him.

This was a very heartwarming experience I had abroad and I still remember his kindness.

(1) （ ① ）に最も適する語を選び，記号で答えなさい。

ア　got along

イ　missed each other

ウ　spotted an error

エ　got lost

(2) （ ② ）に最も適する語を選び，記号で答えなさい。

ア　drive a car

イ　are in trouble

ウ　like traveling

エ　can speak Japanese

(3) 下線部 "his kindness" の内容として適する文を選び，記号で答えなさい。

ア　An American man drove Mikoto and her friend to the airport.

イ　An American man guided Mikoto and her friend around Florida.

ウ　An American man followed Mikoto and her friend.

エ　An American man led Mikoto and her friend to the airport.

解答：(1)　エ　　(2)　イ　　(3)　エ

15

過去３カ年の出題傾向分析

　ここでは，過去３カ年で出題された科目と分類を表にまとめている。学習する前に，大まかな傾向をつかんでおこう。

年度	科目	分類
2023年度	国語	ことば，現代文読解，指導法
	社会	日本史：奈良時代，地図，学習指導要領，指導法
	算数	式の計算，方程式と不等式，図形，確率，変化と関係・データの活用，指導法
	理科	地層と化石，運動，物質の状態：溶液，物質の変化：酸塩基，その他，指導法
	生活	
	音楽	音楽の基礎，日本音楽：明治〜，学習指導要領
	図画工作	図画工作の基礎，西洋の美術・芸術：19世紀，学習指導要領，指導法
	家庭	食物，被服，その他，指導法
	体育	学習指導要領，指導法
	外国語・外国語活動	英文解釈，学習指導要領
2022年度	国語	ことば，現代文読解，指導法
	社会	日本史：安土桃山，地図，世界の地域：その他，日本の自然，世界遺産，指導法
	算数	数の計算，式の計算，方程式と不等式，関数とグラフ，図形，変化と関係・データの活用，指導法
	理科	生物の種類，運動，物質の状態：溶液，指導法
	生活	
	音楽	音楽の基礎，日本音楽：明治〜，学習指導要領

年度	科目	分類
	図画工作	図画工作の基礎, 西洋の美術・芸術：20世紀, 学習指導要領, 指導法
	家庭	被服, その他, 学習指導要領, 指導法
	体育	保健, 体育, 指導法
	外国語・外国語活動	英文法, 英文解釈, 学習指導要領
2021年度	国語	ことば, 現代文読解, その他, 指導法
	社会	日本史：昭和時代, 日本の自然, 日本のくらし, 民主政治, 日本国憲法, 指導法
	算数	式の計算, 方程式と不等式, 関数とグラフ, 図形, 変化と関係・データの活用, その他, 指導法
	理科	生物の種類, 電磁気, その他, 学習指導要領, 指導法
	生活	
	音楽	音楽の基礎, 日本音楽：明治〜, 学習指導要領
	図画工作	図画工作の基礎, 西洋の美術・芸術：19世紀, 西洋の美術・芸術：20世紀, 学習指導要領, 指導法
	家庭	食物, 被服, 学習指導要領, 指導法
	体育	指導法
	外国語・外国語活動	対話文, 英文解釈, 学習指導要領

※「科目」「分類」は，過去問シリーズに掲載されている出題傾向分析に該当する。

　次に，ここで紹介した分類の類題を掲載しておくので，学習の第一歩としてほしい。

類題を解いてみよう！

類題で問題演習の幅を広げよう！①

次の文章を読んで，以下の問いに答えなさい。

　子どもはもともと発見，創造を得意としている。しかし，飽きっぽい。子どものうちに鍛えなければならないのは，創造性よりもむしろ，難しいことをすぐにあきらめず，同じことを繰り返すことに飽きたりせず，粘り強くつづける力なのである。その「粘り強さ」を育むのが遊びだ。

　遊びの効用はいろいろある。遊びは，人をリフレッシュさせ，人との社会的な関係を築いていくのに役立つ。運動をともなう遊びは運動能力の発達にも重要だ。しかし，それ以上に，子どもの時の遊びは知性の発達に非常に重要なのである。

　知性の発達の根幹は，象徴する能力である。人間以外の動物と比べて人間が格段に違っているのは，この「象徴能力」であると言ってもよいだろう。一般的には「象徴」ということばは「ハトは平和の象徴」というように使われる。ここでの「象徴」は，目に見えない抽象的な概念をある具体物に代表させる機能という意味で使われている。しかし，本来「象徴」というのはその逆の方向，つまり具体から情報のエッセンスだけを取り出し抽象化したものなのである。私たちが目の前にしているモノや出来事は，膨大な情報を含んでいる。同じモノでも光の当たり方によって目に入ってくる情報は違う。膨大な情報を必要最小限のエッセンスに圧縮し，抽象化したものが象徴（シンボル）である。

　私たちは絵を描くとき，程度の差はあれ，すべて自分で観た世界をシンボル化している。どんなに精密な具象画でも，目にした世界をある一定の光や環境のもとで切り取り，自分の解釈を加えて「心で観た世界」を描くのである。

　言語は究極の象徴だ。ことばはモノや動作，出来事に対し，絞り込まれた特定の基準だけに注目してカテゴリーをつくる。つまり，言語は世界を多様な，しかし一貫した基準で切り取り，まとめ，象徴化し，さらに個々の象徴を関連づけてシステムをつくっているのである。世

界の膨大な情報の中で不必要なものを捨象し，象徴にすることによっ
て，私たちは一つの象徴を他の象徴と組み合わせ，新しい象徴，つま
り「新しい知識」をつくることができるようになる。

　子どもは自然と「ごっこ遊び」をする。ごっこ遊びの中で子どもは，
モノの特徴に惑わされずにモノを象徴的に扱う能力を発達させていく。
例えば，子どもが，コップがないのに何かをコップに見立てて(あるい
はモノなしで)コップで飲む真似をしていたら，コップの色や形に関係
なく，コップの機能を理解し，それを象徴化して「コップで飲むふり」
をしていたということだ。子どもは遊びを通じて，ことばを学ぶため
に必要な世界の様々な様相を切り取り象徴化することを試していると
言ってもよい。

　実際，ごっこ遊びと言語の発達は連動して起こっている。最初は哺
乳瓶の形をしたおもちゃがないと人形にミルクを飲ませることができ
なかったのが，少し大きくなると積み木などの機能が定まっていない
モノで代用できるようになる。そのうち，モノがなくても「ふり」だ
けで人形にミルクをあげることができる。あるいは哺乳瓶とはまった
く形も機能も違うものを哺乳瓶に見立てることができるようになる。
このように，ことばと象徴能力は遊びを仲介にしていっしょに発達し
ていくのである。

　　(今井むつみ『学びとは何か──〈探究人〉になるために』より。設
　　問の都合上，表記を改めた箇所がある。)

問　子どもの言語の発達について，筆者は本文でどのように述べてい
　　るか，次の条件に従って書きなさい。

【条件】　①　一文で書くこと。
　　　　　②　本文中の言葉を使って書くこと。
　　　　　③　25字以上35字以内で書くこと。(句読点等の符号も一
　　　　　　　字に数える。)

解答：子どものことばと象徴能力は遊びを仲介にしていっしょに発達
　　　していく。(33字)

類題で問題演習の幅を広げよう！②

次の資料1～資料3を見て，(1)～(4)の問いに答えよ。

資料1

> 政敵を倒した後，難波宮を建設し，公地公民の方針を打ち出した。後に（　A　）で即位して天皇となり，国の制度の整備に力を入れた。

資料2

> 長岡京，平安京と都を移し，班田収授に力を入れた。また，朝廷の支配に従おうとしない東北地方の蝦夷に対して大軍を送った。

資料3

> 国ごとに国分寺・国分尼寺を建て，奈良では（　B　）の大仏をつくって，政治や社会の安定をはかろうとした。

(1)　資料1の（　A　）にあてはまるものを次のア～エから選び，記号で答えよ。

　ア　大津宮　　イ　恭仁宮　　ウ　平城京　　エ　藤原京

(2)　資料2の班田収授について説明した内容として正しいものを次のア～エから選び，記号で答えよ。

　ア　6歳以上の男女には口分田を割り当て，死ぬと国に返させた。

　イ　全国の人々の性別や年齢を記録するとともに，身分を分けた。

　ウ　貴族や寺社が，各地の豪族や有力農民の力を借りて開墾を進め，私有地を広げた。

　エ　売ったり質流れしたりした土地を，もとの持ち主にただで返させた。

(3)　資料3の（　B　）にあてはまる寺を次のア～エから選び，記号で答えよ。

　ア　法隆寺　　イ　四天王寺　　ウ　東大寺　　エ　延暦寺

(4)　資料1～資料3を年代の古い順に並べ替えよ。ただし，解答は資料の数字で答えること。

　　　　　　解答：(1)　ア　　　(2)　ア　　　(3)　ウ　　　(4)　1→3→2

類題で問題演習の幅を広げよう！③

問　正方形ABCDの対角線の交点をOとし，図のように，正方形ABCDと合同な正方形OPQRをつくり，辺BCと辺OPとの交点をS，辺CDと辺ORとの交点をTとする。

　このとき，四角形OSCTの面積は，正方形ABCDの面積の何倍になるか求めなさい。

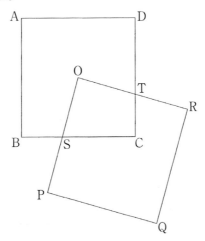

① $\dfrac{4}{25}$倍　　② $\dfrac{3}{16}$倍　　③ $\dfrac{2}{9}$倍　　④ $\dfrac{1}{4}$倍　　⑤ $\dfrac{4}{9}$倍

解答：④

類題で問題演習の幅を広げよう！④

問　5種類の水溶液A〜Eは，塩酸，アンモニア水，食塩水，砂糖水，炭酸水のいずれかである。これらの水溶液について次の実験1〜4を行った。水溶液A〜Eは何か，それぞれ書きなさい。

実験1　各水溶液を蒸発皿に少量とり，アルコールランプで加熱したところ，A，B，Eの水溶液をとった蒸発皿には何も残らなかった。

実験2　各水溶液に電圧をかけたところ，Cの水溶液のみ電流が流れなかった。

実験3　各水溶液のにおいを確認したところ，AとEの水溶液から刺激臭がしたが，他の水溶液は無臭であった。

実験4　赤色リトマス紙に各水溶液をつけたところ，Aの水溶液のみ色が変化した。

解答：A　アンモニア水　　B　炭酸水　　C　砂糖水　　D　食塩水
　　　E　塩酸

類題で問題演習の幅を広げよう！⑤

次の英文を読んで，以下の問に答えよ。

A teacher teaching math to seven-year-old Laiq asked him, "If I give you one apple and one apple and one apple, how many apples will you have?" Within a few seconds, Laiq replied confidently, "Four!" The dismayed teacher was expecting an effortless correct answer, three. She was upset. "Maybe he did not listen properly." − she thought. She repeated, "Laiq, listen carefully. If I give you one apple and one apple and one apple, how many apples will you have?" Laiq had seen the disappointment on his teacher's face. He calculated again on his fingers. But within him he was also searching for the answer that would make the teacher happy. His search for the answer was not for the correct one, but the one that would make his teacher happy.

This time hesitatingly he replied, "(A)."

The disappointment stayed on the teacher's face. She remembered that Laiq liked strawberries. She thought maybe he didn't like apples and that was making him loose focus.

This time with an exaggerated excitement and twinkling in her eyes she asked, "If I give you one strawberry and one strawberry and one strawberry, then how many you will have?"

Seeing the teacher happy, young Laiq calculated on his fingers again. There was no pressure on him, but a little on the teacher. She wanted her new approach to do well.

With a hesitating smile, young Laiq replied, "(B)?"

The teacher now had a victorious smile. Her approach had succeeded. She wanted to congratulate herself.

But one last thing remained. Once again, she asked him, "Now if I give you one apple and one apple and one more apple, how many will you have?"

Promptly Laiq answered, "Four!"

The teacher was shocked. "How Laiq, how?" she demanded in a little stern and irritated voice.

In a voice that was low and hesitating, young Laiq replied, "Because I already have (C) in my bag."

問1　本文中の(A), (B), (C)に入る最も適切な数字を英語で書け。

問2　本文から読み取れる教訓として最も適切なものを次のア～ウの中から一つ選び，記号で答えよ。

　ア　The importance of using fingers to calculate in math classes

　イ　The importance of understanding the reasons for children's unexpected answers

　ウ　The importance of eliciting a correct answer from children

解答：問1　A　Four　　B　Three　　C　one　　問2　イ

23

第 1 章

国語科

国語科 漢字

ポイント

1 出題されやすい部首

へん(偏)			つくり(旁)			かまえ(構)		
阝	こざとへん	隣・防	刂	りっとう	別・利	勹	つつみがまえ	包・勾
彳	ぎょうにんべん	往・役	卩	ふしづくり	即・印	匸	かくしがまえ	区・医
忄	りっしんべん	快・性	阝	おおざと	郡・都	囗	くにがまえ	国・囲
犭	けものへん	猛・犯	攵	ぼくづくり	教・改	行	ぎょうがまえ	術・街
月	にくづき	肝・脈		(のぶん)		門	もんがまえ	間・開
歹	かばねへん	残・死	欠	あくび	歌・欲			
礻	しめすへん	社・祈	殳	るまた	段・殿	**かんむり(冠)**		
牛	うしへん	牧・特		(ほこづくり)		亠	なべぶた	京・亭
衤	ころもへん	複・補	隹	ふるとり	集・雄	冖	わかんむり	冠・写
耒	すきへん	耕・耗	頁	おおがい	順・項	戸	とかんむり	戻・扉
あし(脚)			**たれ(垂)**				(とだれ)	
儿	にんにょう	兄・元	厂	がんだれ	原・厚	癶	はつがしら	発・登
	(ひとあし)		广	まだれ	店・庁	穴	あなかんむり	空・究
灬	れんが(れっか)	熱・烈	尸	かばね	尽・局	罒	あみがしら	置・羅
皿	さら	盆・盛		(しかばね)		虍	とらがしら	虚・虐
小	したごころ	慕・恭	疒	やまいだれ	病・痛		(とらかんむり)	

2 誤りやすい筆順

左	一ナ左左左	馬	丨厂厂厂馬馬馬馬
以	丨し以以以	発	フヌスヌ癶癶癶発発
必	丶ソ必必必	狂	ノイオ狂狂狂狂
成	丨厂厅成成成	飛	飞飞飞飞飞飞飛飛飛
何	ノイ亻仁仃何何	情	丶丶忄忄忄忰情情情情
非	ノ丿丿丿非非非非	衆	丶丶血血血血血衆衆衆
書	フユヨヨ聿書書書	感	丿厂厂厂厄咸咸咸感感

26

③　出題されやすい四字熟語（故事成語を含む）

暗中模索	あんちゅうもさく	何の手がかりもなく，探しまわること
異口同音	いくどうおん	多くの人がみな同じことを言うこと
以心伝心	いしんでんしん	黙っていても，相手に気持ちが通じていること
一日千秋	いちじつせんしゅう	待ち遠しいこと
一網打尽	いちもうだじん	一味の者を一度に全部捕らえること
一陽来復	いちようらいふく	悪いことが続いたあと，よい方へ向かうこと
一蓮托生	いちれんたくしょう	結果が良くても悪くても運命をともにすること
有為転変	ういてんぺん	あらゆる物が常に変化してやまないこと
栄枯盛衰	えいこせいすい	盛んになったり，衰えたりすること
温故知新	おんこちしん	古い事柄や学説などを研究して，そこから新しい知識や現代的意義を見出すこと
危機一髪	ききいっぱつ	髪の毛一本ほどの差で危険がせまっている状態
旧態依然	きゅうたいいぜん	元通りで，少しも変化・進展がない
捲土重来	けんどちょうらい	物事に一度失敗した者が，勢いを盛り返すこと
呉越同舟	ごえつどうしゅう	仲の悪い者同士が同じ場所に居合わせること
五里霧中	ごりむちゅう	物事に迷って判断や方針がつかないこと
言語道断	ごんごどうだん	言葉で言い表せないほどひどいこと
試行錯誤	しこうさくご	失敗を重ねながら解決策を見出していくこと
四面楚歌	しめんそか	敵に囲まれて孤立し，助けがないこと
首尾一貫	しゅびいっかん	最初から最後まで一つの考え方で貫き通すこと
新進気鋭	しんしんきえい	その分野に新たに登場し勢いが盛んであること
絶体絶命	ぜったいぜつめい	追いつめられ，逃れる方法がないこと
千載一遇	せんざいいちぐう	千年に一度しか会えないほどの恵まれた機会
前代未聞	ぜんだいみもん	今まで聞いたことがないような珍しいこと
大器晩成	たいきばんせい	大人物は，世に出るまで時間がかかること
大言壮語	たいげんそうご	できそうもないことや大きなことを言うこと
泰然自若	たいぜんじじゃく	落ち着いていて，少しも物事に動じないさま
朝三暮四	ちょうさんぼし	口先で人をごまかすこと
徹頭徹尾	てっとうてつび	最初から最後まで一貫するさま

天衣無縫	てんいむほう	詩歌などが自然につくられており，美しいさま
二律背反	にりつはいはん	一つの判断から互いに矛盾する二つの考えが導き出されること
付和雷同	ふわらいどう	自分に考えがなく，他人に同調すること
粉骨砕身	ふんこつさいしん	力の限り努力すること
傍若無人	ぼうじゃくぶじん	他人を無視して，自分勝手にふるまうこと
本末転倒	ほんまつてんとう	大事なこととささいなことを取り違えること
明鏡止水	めいきょうしすい	心にわだかまりがなく，落ち着いた静かな心境
無我夢中	むがむちゅう	心を奪われ，ひたすら熱中すること
無味乾燥	むみかんそう	面白みも風情もないこと
竜頭蛇尾	りゅうとうだび	最初は勢いが盛んだが，最後はふるわないこと
臨機応変	りんきおうへん	状況に応じて適した方法や手段をとること

例題 1 〈漢字〉

(1) 次の漢字はア～カのうちどれが部首にあたるか。それぞれ選べ。

① 衡　② 改　③ 局　④ 兄　⑤ 空

　ア．偏（へん）　　イ．旁（つくり）　　ウ．冠（かんむり）

　エ．脚（あし）　　オ．垂（たれ）　　　カ．構（かまえ）

(2) 次の漢字の部首名をひらがなで答えよ。

① 慕　② 匂　③ 亭　④ 肝　⑤ 羅　⑥ 歓

⑦ 集　⑧ 礼　⑨ 別

解答　(1) ①　カ　②　イ　③　オ　④　エ　⑤　ウ

　　　(2) ①　したごころ　②　つつみがまえ　③　なべぶた

　　　④　にくづき　⑤　あみがしら　⑥　あくび　⑦　ふる

とり　⑧　しめすへん　⑨　りっとう

解説　(1) ①　ぎょうがまえ　②　ぼくづくり（のぶん）　③　かばね

（しかばね）　④　にんにょう（ひとあし）　⑤　あなかんむり

(2) ①は「くさかんむり」としないこと。　⑧は「ころもへん」

と間違えないこと。

━━━━━ 例題 2 〈筆順〉 ━━━━━

(1) 次の漢字の太く書かれた部分は，何画目に書くか答えよ。

①馬　②感　③以　④狂　⑤非

(2) 次の漢字の総画数を答えよ。
　①危　②区　③延　④都　⑤巻

解答 (1) ①　3画目　②　2画目　③　4画目　④　3画目
⑤　1画目　(2)①　6画　②　4画　③　8画　④　11
画　⑤　9画

解説 (2) 匚（かくしがまえ）は2画，廴（えんにょう），阝（おおざと）
は3画で書く。

━━━━━ 例題 3 〈四字熟語〉 ━━━━━

(1) 次の四字熟語の誤りを指摘せよ。
　①　短刀直入　②　傍弱無人　③　旧態已然　④　千載一偶
　⑤　万場一致　⑥　一綱打尽　⑦　不和雷同　⑧　温古知新

(2) 次の意味を表す四字熟語の□に，あてはまる漢字を答えよ。
　①　□日□秋…待ち望む気持ちが強いこと。
　②　□船□馬…あちこちと旅を続けること。
　③　□器□成…真に偉大な人物は世に出るのが遅いこと。
　④　四□楚□…周囲が敵ばかりで，孤立すること。
　⑤　□中模□…手がかりもなく探しまわること。

(3) 次のそれぞれの□の中に同じ漢字を入れ，四字熟語を完成させよ。
　①　□朝□夕　②　□画□賛　③　四□八□
　④　右□左□

29

(4) 次の故事成語の□にあてはまる漢字を答えよ。また，その意味を
ア〜キから選べ。

① 臥□嘗胆　② 玉□混淆　③ 竜頭蛇□　④ □頭狗肉

　ア．書物を何度も繰り返して読むこと。

　イ．見かけは立派だが，実質が伴わないこと。

　ウ．初めは勢いがあるが，終わりは振るわないこと。

　エ．復讐のために苦労を耐え忍ぶこと。

　オ．物事を完成させるための最後の仕上げのこと。

　カ．結婚の仲人のこと。

　キ．良いものとつまらないものが入り混じっていること。

解答 (1) ① 短→単　② 弱→若　③ 已→依　④ 偶→遇

　　　⑤ 万→満　⑥ 綱→網　⑦ 不→付(附)　⑧ 古→故

　　(2) ① 一，千　② 南，北　③ 大，晩　④ 面，歌

　　　⑤ 暗，索　(3) ① 一　② 自　③ 苦　④ 往

　　(4) ① 薪・エ　② 石・キ　③ 尾・ウ　④ 羊・イ

解説 (4) ア　韋編三絶　オ　画竜点睛　カ　月下氷人

国語科 読解

ポイント

① 修辞法

<table>
<tr><td rowspan="5">比喩</td><td>直喩法
（明喩）</td><td>「たとえば」「ように」などの語を用いて，他の物事にたとえる</td><td>例 滝のように涙を流す。</td></tr>
<tr><td>隠喩法
（暗喩）</td><td>「たとえば」「ように」などの語を用いずに，たとえるものと直接に結びつける</td><td>例 人間は考える葦だ。</td></tr>
<tr><td>擬人法</td><td>人間以外のものを，人間にたとえる</td><td>例 海が呼んでいる。</td></tr>
<tr><td rowspan="2">擬態法
（声喩）</td><td rowspan="2">擬声語（音や声を言葉に表したもの）や擬態語（状態の感じを言葉に表したもの）を用いて，物音，事物の状態などを音声的にたとえる</td><td>例 雨がざあざあと降る。</td></tr>
<tr><td>例 子どもがすくすくと育つ。</td></tr>
<tr><td colspan="2">倒置法</td><td>語順を逆にして，言いたいことを強調する</td><td>例 急ごう，始まってしまうから。</td></tr>
<tr><td colspan="2">体言止め</td><td>文末を体言（名詞）で止め，強調したり，余韻を残したりする</td><td>例 今日の天気は晴れ。</td></tr>
<tr><td colspan="2">対句法</td><td>一対になる語句（よく似たもの・反対のもの）を用い，対照的に表現する</td><td>例 菜の花や　月は東に　日は西に</td></tr>
<tr><td colspan="2">反復法</td><td>同じ語句や似た言葉を何度も繰り返して強調する</td><td>例 かもめ　かもめ　去りゆく　かもめ</td></tr>
</table>

② 詩の形式

<table>
<tr><td colspan="2">（1）文体上の分類</td></tr>
<tr><td>文語詩</td><td>文語体で書かれた詩</td></tr>
<tr><td>口語詩</td><td>口語体（現代語）で書かれた詩</td></tr>
<tr><td colspan="2">（2）形式上の分類</td></tr>
<tr><td>定型詩</td><td>一句が五・七（七・五）音など，音数や行数に決まりがある詩</td></tr>
<tr><td>自由詩</td><td>音数など決まりのない自由な形式の詩</td></tr>
<tr><td>散文詩</td><td>文章形式であるが，詩情をもつ詩</td></tr>
</table>

(3) 内容上の分類	
叙情詩	作者の感情を中心にうたった詩
叙景詩	風景を写生的にうたった詩
叙事詩	事件などを，主観を交えずにうたった詩

3　主な接続詞

順接	前後が自然な関係で連結	だから，すると	選択	前後のどちらかを選ぶ	あるいは，または
逆説	前後が逆の関係で連結	しかし，ところが	換言	前の文を言い換える	つまり，すなわち
並列	前後が対等	そして，また	説明	前の文の理由	なぜなら
添加	前につけ加える	しかも，なお	転換	話題をかえる	ところで

4　読解の解法

(1) 空欄補充問題の解き方

　① 空欄の前後の文意を把握

　　空欄の前後の論旨や，筆者の意見をとらえる。

　② 選択肢がある場合，すべての選択肢を確認

　　すべての選択肢を代入して，論旨や意見にあっているかを確かめ，最適なものを選ぶ。

(2) 指示語の内容を問う問題の解き方

　① 直前の部分に着目

　　指示語を含む文に目を通し，指示語よりも前の文や文節へ少しずつさかのぼって探していく。ただし，まれに指示語の後ろにある場合もあるので要注意。

　② 指示語の部分に代入して確認

　　指示語のさす内容を見つけたら，指示語の部分にそれをあてはめて，文章が自然につながっているかを確認する。

(3) 語句を説明する問題の解き方
　① 文脈をつかむ
　　　指定された部分が文脈の中でどのような位置を占めているのかを考えながら読み，手がかりを見つける。
　② 理由を示す接続詞や言葉に着目
　　　理由を示す「〜だから，〜ので」や「というのは，なぜなら，それゆえ」などの言葉に着目して，理由や説明をつかむ。
　③ 頻出する内容に注意
　　　繰り返し出てくる語句や内容に注意する。論説文では，このような語句や内容は本文の主題にかかわっている場合が多い。

■■■■■■■■■■■■■■■ 例題 1 〈現代文〉 ■■■■■■■■■■■■■■■

次の文章を読んで，下の問いに答えよ。
　人に何かを伝えるためには，現象を数多く知っていなければならない。その現象の原因がわかっていなければならない。（　A　），どう説明すればすっとわかってもらえるかの技巧も持っていなければならない。
　まずは，そういう修行をして，曇りなくわかる文章というものを目標にすることだろうと思う。
　それが仮に自在にできるようになった時に，もうひとつの憧れの要素，利口に見えるという美点がいつの間にか発生しているのではないだろうかと思うのだ。あまりにもよくわかる文章なので，達人の技巧の冴えすら感じられてしまう，という形で。
　そのうまさは，初めから技をしかけて，ひねりにひねって書く利口ぶりとは別のものであって，よくある失敗であるところの，（　B　）のただ難解な悪文になることが少ないのではないだろうか。
　利口そうに見えるように，という願望はひとまず忘れよう，ということだ。それよりも，誰にでもちゃんとわかること，伝わることをめざして書く。そうして思い通りに文章が書けるようになったら，自然にうまさも手に入っているのでは，と思うのである。

（清水義範『大人のための文章教室』）

(1) （　A　）にあてはまる言葉を，次から選べ。

　ア．しかし　　イ．そして　　ウ．たとえば　　エ．あるいは

(2) 下線部の「それ」とは何か。文章中の語句を使って答えよ。

(3) （　B　）にあてはまる言葉を，次から選べ。

　ア．ひとりよがり　　イ．むりやり　　ウ．徹頭徹尾

　エ．おくればせ

(4) 筆者は，どうすればうまい文章が書けるとしているか。文章中から
　26字で抜き出して答えよ。

解答　(1) イ　　(2) 曇りなくわかる文章を書くこと。　　(3) ア
　　　　　(4) 誰にでもちゃんとわかること，伝わることをめざして書く

━━━━━━━━━━━━━━　**例題 2〈現代文〉**　━━━━━━

次の文章を読んで，あとの（1）～（4）の各問いに答えよ。

　小林秀雄は，『私の人生観』の中で次のようなことを書いている。

　「阿含経」の中に，かういふ意味の話がある。ある人が釈迦に，この
世は無常であるか，常住であるか，有限であるか，無限であるか，生
命とは何か，肉体とは何か，さういふ形而上学的問題をいろいろ持ち
出して解答を迫つたところが，釈迦は，さういふ質問には自分は答へ
ない，お前は毒矢に当つてゐるのに，医者に毒矢の本質について解答
を求める負傷者の様なものだ，どんな解答が与へられるにせよ，それ
はお前の苦しみと死とには何の関係もない事だ，自分は①毒矢を抜く
事を教へるだけである。さう答へた。これが，所謂如来の不記であり
ます。

　生きている限り，人間は様々な毒矢を受け続ける。それは，仕方が
ないことである。人間の心は，傷つけば交換可能なプラスティックで
出来ているのではない。傷ついたなら傷ついたなりに，なんとかその
状態を引き受けて生きていくしかないのである。②毒矢を抜くことよ
りも，毒矢はどのように出来ているかの解明に専念してきたのが科学

である。科学が，魂の救済の問題に関心を持たないのは当然のことである。喜びも，悲しみも，嘆きも，怒りも，すべては科学がその方法論の適用の対象とはしない，数に置き換えることのできない主観的経験の中にあるからである。

　特定の宗教を信じるかどうかは，個人の自由である。（　Ａ　），③人間が生み出す仮想の切実さを信じられない人の精神生活は，おそらく貧しいものにならざるを得ないだろう。

　救済を求める心を，迷信だとして切り捨てて何になろう。世界の因果的理解がいくら進んだところで，自分がいつか死ぬということには変わりがない。

　科学は，多くの人が事故や病気さえなければ老境を迎えることのできる文明という安全基地を用意してくれた。（　Ｂ　），その居心地のよいぬくもりの中で，私たちはさまざまな仮想を生み出してきた人間の生の切実さを見失ってしまったのである。生の切実さを見失ったままで，どうして，現実にきちんと向き合うことができよう。

　仮想によって支えられる，魂の自由があって，はじめて私たちは過酷な現実に向かい合うことができるのである。それが，意識を持ってしまった人間の本性というものなのである。

（茂木健一郎『脳と仮想』）

(1) 下線部①と同じような意味で使われていることばを文章中から5字以内で抜き出せ。

(2) 下線部②のような「科学」が生み出したものは何か。文章中から40字以内で抜き出し，最初と最後の5文字を書け。

(3) 空欄Aと空欄Bに共通してあてはまる最も適当な語句を次のア～エから選び，記号を書け。

　ア．そして　　イ．つまり　　ウ．しかし　　エ．また

(4) 下線部③について，なぜそのように言えるのか。最も適当なものを次のア～エから選び，記号を書け。

　ア．主観的経験を無視する科学の考え方では，人間の心の豊かさに触れることができないから。

　イ．宗教を信じることができない人は，心安らかに人生を送ること

は絶対にできないから。

ウ．宗教よりも科学を重視してしまう人は，偏った物の見方で何事も考えてしまいがちだから。

エ．人の心の働きを扱わない科学は，人間の切実さに正面から向き合うことになってしまうから。

|解答| (1) 魂の救済　　(2) 多くの人が〜う安全基地　　(3) ウ
(4) ア

|解説| (1)「毒矢を抜く事」は3段落4文目「引き受けて生きていく」方法のことであり，それは，釈迦の対極にある「科学」が問題としない「魂の救済」である。　(2) 6段落冒頭に「科学」の成果が比喩的にまとめられている。　(3) いずれの空欄でも，後続文が直前文を否定的な観点で判断していることから，逆説の接続詞が適当である。　(4) 下線部「仮想の切実さ」は，本文中では「科学」の反意語としての役割を担っている。よって，「科学のみを価値基準とすること」が精神生活，すなわち「心」を「貧し」くする，と理解すればよい。

━━━━━━ 例題 3 〈近代詩〉 ━━━━━━

次の詩を読んで，あとの問いに答えよ。

冬が来た　　　　（　A　）
きっぱりと冬が来た
八つ手の白い花も消え
公孫樹（いてふ）の木も箒（はうき）になつた

きりきりともみ込むやうな冬が来た
人にいやがられる冬
草木に背（そむ）かれ，虫類に逃げられる冬が来た

> 冬よ
> 僕に来い，僕に来い
> 僕は冬の力，冬は僕の餌食（ゑじき）だ
>
> しみ透れ，つきぬけ
> 火事を出せ，雪で埋めろ
> （　B　）のやうな冬が来た

(1) （　A　）にあてはまるこの詩の作者名を答えよ。

(2) この詩の作者の作品を，次から選べ。
　　ア．豊饒の女神　　イ．月に吠える　　ウ．邪宗門
　　エ．智恵子抄

(3) この詩は，文体上・形式上の分類で，何とよばれるか。漢字5文字で答えよ。

(4) この詩は，内容上の分類で，何とよばれるか。次から選べ。
　　ア．叙情詩　　イ．叙景詩　　ウ．叙事詩

(5) （　B　）にあてはまる言葉を，次から選べ。
　　ア．闇夜　　イ．岩　　ウ．刃物　　エ．真綿

(6) 作者の心情が最もよく表れているのは第何連か。漢数字で答えよ。

解答 (1) 高村光太郎　　(2) エ　　(3) 口語自由詩　　(4) ア
(5) ウ　　(6) 三

解説 (2) アの『豊饒の女神』は西脇順三郎，イの『月に吠える』は萩原朔太郎，ウの『邪宗門』は北原白秋の作品。　(3) 高村光太郎は萩原朔太郎とともに，口語自由詩の確立者といわれている。

国語科 学習指導要領

ポイント

━━━━ 平成29年改訂の要点 ━━━━

1 目標の改善について

(1) 教科の目標

　国語科において育成を目指す資質・能力については，中央教育審議会答申（平成28年12月21日）にて「知識・技能」，「思考力・判断力・表現力等」，「学びに向かう力・人間性等」の3つの柱に沿った整理が行われた。これを受け，教科の目標は次のように示された。

> 　言葉による見方・考え方を働かせ，言語活動を通して，国語で正確に理解し適切に表現する資質・能力を次のとおり育成することを目指す。
> (1) 日常生活に必要な国語について，その特質を理解し適切に使うことができるようにする。
> (2) 日常生活における人との関わりの中で伝え合う力を高め，思考力や想像力を養う。
> (3) 言葉がもつよさを認識するとともに，言語感覚を養い，国語の大切さを自覚し，国語を尊重してその能力の向上を図る態度を養う。

　従前より示し方が変更され，先述の3つの柱に対応して(1)～(3)の目標が示された。それぞれ(1)が「知識・技能」，(2)が「思考力・判断力・表現力等」，(3)が「学びに向かう力・人間性等」による。

(2) 各学年の目標

〔第1学年及び第2学年〕
(1) 日常生活に必要な国語の知識や技能を身に付けるとともに，我が国の言語文化に親しんだり理解したりすることができるようにする。

(2) 順序立てて考える力や感じたり想像したりする力を養い，日常生活における人との関わりの中で伝え合う力を高め，自分の思いや考えをもつことができるようにする。

(3) 言葉がもつよさを感じるとともに，楽しんで読書をし，国語を大切にして，思いや考えを伝え合おうとする態度を養う。

〔第3学年及び第4学年〕

(1) 日常生活に必要な国語の知識や技能を身に付けるとともに，我が国の言語文化に親しんだり理解したりすることができるようにする。

(2) 筋道立てて考える力や豊かに感じたり想像したりする力を養い，日常生活における人との関わりの中で伝え合う力を高め，自分の思いや考えをまとめることができるようにする。

(3) 言葉がもつよさに気付くとともに，幅広く読書をし，国語を大切にして，思いや考えを伝え合おうとする態度を養う。

〔第5学年及び第6学年〕

(1) 日常生活に必要な国語の知識や技能を身に付けるとともに，我が国の言語文化に親しんだり理解したりすることができるようにする。

(2) 筋道立てて考える力や豊かに感じたり想像したりする力を養い，日常生活における人との関わりの中で伝え合う力を高め，自分の思いや考えを広げることができるようにする。

(3) 言葉がもつよさを認識するとともに，進んで読書をし，国語の大切さを自覚して，思いや考えを伝え合おうとする態度を養う。

　(1) は全学年共通の目標で，答申で示された「知識・技能」の内容を反映している。同様に，各学年の (2) は「思考力・判断力・表現力等」の，(3) は「学びに向かう力・人間性等」の内容を反映している。

2 内容の改善について

　内容について，従前のものは「話すこと・聞くこと」，「書くこと」，「読むこと」の3領域及び〔伝統的な言語文化と国語の特質に関する事項〕で構成されていた。現行の学習指導要領では，〔知識及び技能〕〔思考力・判断力・表現力等〕に再編されている。

━━━━━━ 例題 1 〈学習指導要領〉 ━━━━━━

小学校学習指導要領（平成29年3月告示）「国語」について，次の各問いに答えよ。

(1) 次の文は，国語科の目標の一部である。〔 ① 〕にあてはまる言葉を，下のア～エから1つ選び，その記号を答えよ。

　　　言葉がもつよさを認識するとともに，〔 ① 〕を養い，国語の大切さを自覚し，国語を尊重してその能力の向上を図る態度を養う。

　　ア．表現力　　イ．思考力　　ウ．文章力　　エ．言語感覚

(2) 次の文は，「思考力・判断力・表現力等」における「C　読むこと」の，自分の考えの形成及び交流に関する指導事項を表したものである。〔 ① 〕〔 ② 〕〔 ③ 〕にあてはまる語句を下のア～ケから1つずつ選び，記号で答えよ。

　　（第1学年及び第2学年）

　　オ　文章の内容と自分の〔 ① 〕とを結び付けて，感想をもつこと。

　　（第3学年及び第4学年）

　　カ　文章を読んで感じたことや考えたことを共有し，一人一人の〔 ② 〕などに違いがあることに気付くこと。

　　（第5学年及び第6学年）

　　カ　文章を読んでまとめた意見や感想を共有し，自分の〔 ③ 〕を広げること。

　　ア．体験　　　　イ．考え　　ウ．資料　　エ．情報
　　オ．テキスト　　カ．経験　　キ．思い　　ク．感じ方
　　ケ．知識

解答 (1) エ　　(2) ① ア　　② ク　　③ イ

解説 (1) 言語感覚とは，言語で理解したり表現したりする際の正誤・適否・美醜などについての感覚のことである。話したり聞いたり書いたり読んだりする具体的な言語活動の中で，相手，目的

や意図，場面や状況などに応じて，どのような言葉を選んで表現するのが適切であるかを直観的に判断したり，話や文章を理解する場合に，そこで使われている言葉が醸し出す味わいを感覚的にとらえたりすることができることである。　(2)　①　従前では「自分の経験」とあったが，改訂され「自分の体験」と示されるようになった。「文章の内容と自分の体験とを結び付け」るとは，本や文章の内容や構成を自分が既にもっている知識や経験，特に読書体験などと結び付けて解釈し，想像を広げたり理解を深めたりすることである。　②　同じ文章を読んでも，一人一人の感じ方などに違いがあることに気付くとともに，互いの感じたことや考えたことを理解し，他者の感じ方などのよさに気付くことが大切である。　③　読書によって多様な視点から物事を考えることができるようになることに気付くことである。

例題2〈学習指導要領〉

　小学校学習指導要領（平成29年3月告示）「国語」の「第3　指導計画の作成と内容の取扱い」について，次の文中の各空欄に適する語句を答えよ。

　　低学年においては，（中略）他教科等との関連を積極的に図り，指導の効果を高めるようにするとともに，幼稚園教育要領等に示す（　①　）までに育ってほしい姿との関連を考慮すること。特に，小学校入学当初においては，（　②　）科を中心とした合科的・関連的な指導や，弾力的な時間割の設定を行うなどの工夫をすること。

解答　①　幼児期の終わり　②　生活

解説　①　「幼稚園教育要領」に第1章総則第2「幼稚園教育において育みたい資質・能力及び「幼児期の終わりまでに育ってほしい姿」が新たに示されている。国語科との関連が特に深いと考えられるのは，第2の3（6）思考力の芽生え，（8）数量や図形，標識や文字などへの関心・感覚，（9）言葉による伝え合い，（10）豊か

な感性と表現についての記述である。必ず目を通しておきたい。
② 「弾力的な時間割の設定」との文言は現行の学習指導要領で
新たに示されたものである。

<hr>

例題3 〈学習指導要領〉

小学校学習指導要領(平成29年3月告示)「国語」について，次の(1),(2)
に答えよ。
- (1) 次の文は，各学年の「思考力・判断力・表現力等」における「C
  読むこと」の内容に関する記述である。文中の（ a ）〜（ d ）
  にあてはまる語句を下の〔　　〕の中から選んで答えよ。
  (第1学年及び第2学年)
  　場面の様子や登場人物の（ a ）など，内容の大体を捉えるこ
  と。
  (第3学年及び第4学年)
  　登場人物の気持ちの変化や（ b ），（ c ）について，場面
  の移り変わりと結び付けて具体的に想像すること。
  (第5学年及び第6学年)
  　登場人物の（ d ）や心情などについて，描写を基に捉えるこ
  と。
  〔　性格　　会話　　相互関係　　行動　　情景　〕
- (2) 第3学年及び第4学年で取り扱う「B　書くこと」に関する言語活動
  の例を，次のア〜オから2つ選び，記号で答えよ。
  　ア．行事の案内やお礼の文章を書くなど，伝えたいことを手紙に
  　　書く活動。
  　イ．事象を説明したり意見を述べたりするなど，考えたことや伝
  　　えたいことを書く活動。
  　ウ．短歌や俳句をつくるなど，感じたことや想像したことを書く
  　　活動。
  　エ．身近なことや経験したことを報告したり，観察したことを記
  　　録したりするなど，見聞きしたことを書く活動。

オ．調べたことをまとめて報告するなど，事実やそれを基に考え
　たことを書く活動。

解答　(1) a　行動　　b　性格　　c　情景　　d　相互関係
　　　(2) ア，オ

解説　(1) 学年ごとの文言の違いについての知識を問う問題は頻出であ
　　　る。文脈のみでは適切な単語を判断しかねる場合があるので，
　　　熟読し違いを正確に把握しておきたい。　(2) イ・ウは第5学年
　　　及び第6学年，エは第1学年及び第2学年で取り扱う「B　書くこ
　　　と」に関する言語活動の例である。

●小学校学習指導要領(平成29年3月告示)

国語科　学習指導法

ポイント

　小学校における指導法の問題は，概括的に述べる問題が多い。6年間を通して共通に言えることは，教科目標に集約されている。教科目標の内容については，「知識・技能」「思考力・判断力・表現力等」「学びに向かう力・人間性等」に関わるもので構成されていることを押さえておく必要がある。設問に対して，これらの点を踏まえた指導の在り方について，具体的に記述したい。

　そのためには，学習指導要領の内容がそれぞれどのように配列されたものとなっているかについて，その系統性を自分なりに整理しておくとよい。内容は，学年は2学年ごとの構成になっており，それぞれ〔知識及び技能〕と〔思考力，判断力，表現力等〕に大別される。〔知識及び技能〕は（1）言葉の特徴や使い方に関する事項，（2）話や文章に含まれている情報の扱い方に関する事項，（3）我が国の言語文化に関する事項の3要素からなる。〔思考力，判断力，表現力等〕は「A　話すこと・聞くこと」，「B　書くこと」，「C　読むこと」の3要素からなる。要素ごとに各学年の内容を確認すると，学年発達の論理がみえてくる。前後のつながりや，当該学年の発達段階を念頭に，自分が教育実習で目にした授業や，演習等で見聞した指導法などを生かして解答を作成したい。

　例えば〔知識及び技能〕（3）我が国の言語文化に関する事項の「書写に関する事項」では，第3学年及び第4学年の前後で，「毛筆」の使用経験の有無など内容に大きな違いがある。混同した解答を作成しないよう留意したい。

　国語科の指導そのものは，国語科だけの枠内にとどまるものではなく，各教科の底辺に流れる力（国語学力）としても機能している。合科的，総合的学習指導などと呼ばれるものにおいても，国語科は重要な基礎となることは頭に置いておきたい。

━━━━━━ 例題 1 〈学習指導法〉 ━━━━━━

　小学校6年生の児童が調べ学習をしているときに,「鋼鉄」の「鋼」という言葉の意味が分からずに困っていた。「鋼」の読みが分からない場合,どのように漢和辞典を引かせるとよいか。「索引」という言葉を使って,調べ方の一例を簡潔に書け。

解答 ・総画索引を使い, 画数が16画の漢字の中から「鋼」の出ているページを探させる。　・部首索引で「かねへん」の部首がついているページを探し, その後, 部首以外の部分の画数の順を追って「鋼」の字の出ているページを見つけさせる。(いずれかひとつ)

解説 漢和辞典の引き方には,「総画引き」「部首引き」「音訓引き」があり, 状況によって適当な方法を用いることになる。また, 問題文のような状況に対応できるようにするため, 日頃から児童に正しい部首や, 画数の数え方を教えておく必要性が高いことにも留意すべきである。

━━━━━━ 例題 2 〈学習指導法〉 ━━━━━━

　第5学年及び第6学年の児童に, 学習指導要領で示されている「日常生活における人との関わりの中で伝え合う力を高め, 自分の思いや考えを広げることができる」ことを指導するにあたっては, どのような学習活動が考えられるか。具体的に2つ書け。

解答 ①　インタビューなどをして必要な情報を集め, それらを発表する活動　②　説明や解説などの文章を比較するなどして読み, 分かったことや考えたことを, 話し合ったり文章にまとめたりする活動　等

解説 出題の「日常生活における人との関わりの中で伝え合う力を高め, 自分の思いや考えを広げることができる」は,「思考力・判断力・表現力等」の内容を反映して設定された目標である。し

　たがって，話し合う活動や，意見や感想を文章にまとめたものを共有する活動などが主に考えられる。目標と対応した活動を解答する。

━━━━━━━━━━ 例題3〈学習指導法〉 ━━━━━━━━━━

小学校「国語」の指導に関して述べた次の(1)〜(3)の問いに答えよ。
(1) 第2学年〔思考力，判断力，表現力等〕「C　読むこと」の学習において，物語文の内容を読み取ったあとに，学習のまとめとして，その物語文の好きなところを紹介するためのカードを作る活動を設定した。この活動の「読むこと」に関するねらいを2つ書け。
(2) 第3学年〔知識及び技能〕(3) エの「書写」について，「文字の組立て方を理解し，形を整えて書くこと」の学習を設定した。1つの文字が部首と他の部分から組み立てられるという仕組みに，児童が自ら気付くようにするための学習活動を1つ書け。
(3) 第6学年〔思考力，判断力，表現力等〕「A　話すこと・聞くこと」の学習において，対立する立場で討論する学習を設定し，討論の準備としてインタビューやアンケート調査を児童に行わせた。そのねらいは何か，2つ書け。

解答 (1)　・カードを作ることを通して，物語に対する自分の思いや考えを深めること。　・カードを用い他の人に好きな場面を紹介することを通して，感想を共有すること。　等　(2)　・部首が同じ漢字を集めると，漢字の仲間分けができることを体験させること。　・「左と右」「上と下」「内と外」等の組立ての漢字を見せて，分けられる部分を考えさせること。　等
(3)　・自分の考えの根拠となる裏づけを把握すること。　・情報を収集することにより，自分の考えの幅を広げたりすること。等

解説 (1)　第1学年及び第2学年の「C　読むこと」の内容より，出題の活動は「イ　場面の様子や登場人物の行動など，内容の大体を

捉えること。」や「カ　文章を読んで感じたことや分かったことを共有すること。」といった事項と関連が深いと考えられる。

(2)「文字の組立て方」とは，点画の組立て方から部首や部分相互の組立て方までを指す。この指導では，主に後者に重点が置かれている。中学年では，部首と他の部分の組立て方，すなわち左と右，上と下，内と外などの関係において一つの文字が組み立てられるという仕組みを理解させる。　(3) インタビューやアンケート調査は，第5学年及び第6学年の「A　話すこと・聞くこと」に関する事項のうち，「ア　目的や意図に応じて，日常生活の中から話題を決め，集めた材料を分類したり関係付けたりして，伝え合う内容を検討すること。」や「ウ　資料を活用するなどして，自分の考えが伝わるように表現を工夫すること。」といった活動と特に関連が深い。インタビューやアンケート調査を行うことで，討論のための材料を収集することや，自分の考えに説得力を持たせることが可能になる。

●小学校学習指導要領 (平成 29 年告示) 解説「国語編」(平成 29 年 7 月)

第 2 章

社会科

社会科 地理【地図】

ポイント

① **地球と地図**

(1) 地球の表面

地球の表面積…約5.1億km² 　　　全周（赤道の長さ）…約4万km

陸地と海洋の面積比…3：7

(2) 世界地図

種類	利用法	例
正角図法	航海図	**メルカトル図法**
方位図法	航空図	**正距方位図法**
正積図法	分布図	**グード図法**（サンソン図法とモルワイデ図法）

② **地形図**

(1) 縮尺

縮尺の分母の数が小さいほど，実際の距離に近くなる。

> 実際の距離＝地図上の長さ×縮尺の分母

(2) 等高線

同じ高度の地点を結んだ線で，土地の起伏を表現する方法の1つ。等高線の間隔が**広い**ところは傾斜が**緩やか**で，**狭い**ところは傾斜が急。

等高線	線	2万5千分の1	5万分の1
計曲線	———————	50mごと	100mごと
主曲線	———————	10mごと	20mごと
補助曲線	- - - - - - -	5mか2.5mかごと	10mごと
	- - - - - - - - -		5mごと

※2.5mの補助曲線には，等高線数値を表示する。

(3) 地図記号

土地利用		建物・施設	
‖ ‖ ‖	田（水田）	◎	市役所
		⚘	風車

˅ ˅ ˅	畑・牧草地	⊗	警察署	⌂	老人ホーム
◔ ◔ ◔	果樹園	Y	消防署	⛩	神社
⍦ ⍦ ⍦	竹林	㊤	郵便局	卍	寺院
∴ ∴	茶畑	⇧	裁判所	⚊	電子基準点
℺ ℺ ℺	広葉樹林	◇	税務署	▯	自然災害伝承碑
⋏ ⋏ ⋏	針葉樹林	📖	図書館	△	三角点
ılı ılı	荒地	🏛	博物館	⊡	水準点

③ **経緯度**

(1) 日本と同じ経緯度の国

(2) 経度と時刻

① 標準時

　　時刻は**経度15度ごとに1時間ずつずれる**ので，国や地域ごとに標準時を定めている。世界の時刻の基準は，ロンドン近郊の旧グリニッジ天文台を通る経度0度（**本初子午線**）。日本は，兵庫県明石市を通る**東経135度線が標準時子午線**。

51

② 日付変更線

太平洋上の180度の経線に沿って引かれている線。この線を東から西に越えるときは日付を1日進め，西から東へ越えるときには日付を1日遅らせる。

③ 時差の求め方

2つの地点の経度の差を15で割って計算する。日付変更線をまたがずに位置関係をみた場合，東にある方が時間が進んでいて，西にある方が時間が遅れている。

◆日本とイギリスの時差◆

イギリス(標準時子午線0度)と日本(標準時子午線135度)とでは，経度差135度。135÷15＝9より，**9時間の時差**がある。イギリスは日本より西にあるので，日本の時刻から9時間遅らせればよい。

例題 1 〈世界地図〉

(1) 地図Ⅰ中のA－B間の実際の直線距離を選び，記号で答えよ。

ア．約10,000km　　イ．約15,000km

ウ．約20,000km　　エ．約25,000km

地図Ⅰ

(2) 地図Ⅰ中のア～エの陸地のうち，実際の面積が最も小さいものを選び，記号で答えよ。

(3) 地図Ⅱ中の都市のうち，東京から見て北西約7,000kmに位置する都市名を答えよ。

(4) 次の文が示す図法の名称を答えよ。

この図法は，単円錐図法を改良した正積図で，緯線はすべて等間隔の同心円として示され，経線は中央経線が直線のほかは縮尺に比例した緯線上の点を結ぶ曲線として表される。主に中緯度の地方図や大陸図などに用いられる。

地図Ⅱ

解答　(1) ア　　(2) イ　　(3) モスクワ　　(4) ボンヌ図法

解説　(1) A―B間の経度差は90度。赤道の全周は約40,000kmなので，(90÷360)×40000と計算する。

────── 例題 2 〈地形図〉 ──────

(1) 5万分の1の縮尺で表された地図上では，5cmの長さは実際の距離にすると何kmになるか。

(2) 次の文中の①・②のア・イから正しい語句を選び，記号で答えよ。
地形図において，標高の高いほうから見て，等高線が凸型に出っ張っているところが①〔ア．谷／イ．尾根〕，凹型に引っ込んでいるところが②〔ア．谷／イ．尾根〕である。

(3) 次の地図記号はそれぞれ何を表しているか答えよ。

①　　②　　③　　④　　⑤

解答 (1) 2.5km　(2) ① イ　② ア　(3) ① 果樹園
　② 税務署　③ 図書館　④ 電子基準点　⑤ 博物館

解説 (1) 5〔cm〕×50000＝250000〔cm〕＝2500〔m〕＝2.5〔km〕

─────── 例題3〈経緯度〉 ───────

(1) 地図Ⅰ中のア〜エのうち，東京の
　　ほぼ真裏にあたる地点を選び，記号
　　で答えよ。

(2) 地図Ⅰ中のA〜Dの都市のうち，
　　12月22日の昼間の時間が最も長い都
　　市を選び，記号で答えよ。また，そ
　　の都市を選んだ理由を説明せよ。

(3) 地図Ⅱ中のXを出航した船が，東
　　へ向かい，アフリカ大陸の南端を回っ
　　て，インド洋を通ってYに到着した。
　　この航路について誤って述べたもの
　　を選び，記号で答えよ。

地図Ⅰ

地図Ⅱ

地図Ⅲ

ア．この船は本初子午線を通過した。

イ．この船は赤道を通過した。

ウ．この船は日付変更線を通過した。

エ．この船は東経90度線を通過した。

(4) 南半球に全範囲が含まれる大陸は，南極大陸ともう1つはどこか。地図Ⅱ・Ⅲをもとに答えよ。

(5) 地図Ⅲ中のア〜エのうち，本初子午線を選び，記号で答えよ。

解答 (1) エ　(2) 都市：D　理由：この時期，南半球は夏であり，Dは最も緯度が高い（南極に近い）から。　(3) ウ
(4) オーストラリア大陸　(5) ウ

解説 (2) 12月22日ごろ，南半球では夏至，北半球では冬至を迎える。
(3) 西半球から東回りで東半球へ向かった航路である。

━━━━━━━ **例題 4〈時差〉** ━━━━━━━

(1) Nさんが，仕事で知り合った南アフリカ共和国の友人に説明した次の文の空欄にあてはまる日時を選び，記号で答えよ。

　東経135度を標準時子午線とする日本は今，3月2日の正午ですが，南アフリカ共和国では東経30度を基準にした標準時を使っているので，（　　）ですね。

　ア．3月1日の午後5時　　イ．3月1日の午後11時
　ウ．3月2日の午前5時　　エ．3月2日の午後7時

(2) 次の文中の空欄にあてはまる経度を答えよ。

　サンフランシスコは，夏時間（サマータイム）を採用していない時期には，日本との時差は17時間である。日本は東経135度を標準時子午線としている。よって，サンフランシスコの標準時子午線は（　　）である。

解答 (1) ウ　(2) 西経120度

解説 (1)（135−30）÷15＝7より，時差は7時間。南アフリカ共和国は日本より西にあるので，日本の時刻より7時間遅れている。
(2)（17×15）−135＝120により，西経120度とわかる。

社会科 地理【日本の国土】

ポイント

1 日本の領域

(1) 国家の領域

領土	国家の主権の及ぶ土地。日本の国土面積は**約38万km²**
領海	領土の沿岸から12海里（1海里＝1852m）以内。沿岸から**200 海里までの（排他的）経済水域**あり
領空	領土・領海の上空

※竹島は，韓国による占拠が続いているが，島根県に所属する日本固有の領土であり，韓国政府に返還を要求している。

※尖閣諸島は，中国が領有権を主張しているが，沖縄県に所属する日本の領土であり，領有権問題は存在しない。 　　　　　　　　　　　　　　　　　「新編 詳解地理B 改訂版」（二宮書店）

(2) ロシアとの北方領土問題

　　択捉島，国後島，色丹島，歯舞群島は日本固有の領土であるが，ロシアが占拠。

(3) 日本周辺の海流

　　暖流の**黒潮（日本海流），対馬海流**，寒流の**親潮（千島海流）**，リマン海流など。

② **日本の気候区分**

北海道の気候	冬の平均気温が0℃以下
日本海側の気候	冬に雪で降水量が多い
内陸性の気候	気温の年較差大きく，少雨
太平洋側の気候	夏に高温多湿
瀬戸内の気候	気温の年較差小さく，少雨
南西諸島の気候	冬でも温暖で，多雨

③ **日本各地の月別平均気温と降水量（1991 ～ 2020年の平均）**

（『日本国勢図会2023/24』より作成）

④ 都道府県の主な特色

	北海道（札幌）	ばれいしょ，小麦の生産日本一。十勝平野で畑作が盛ん
東北地方	青森県（青森）	りんご，にんにくの生産日本一。八戸は日本有数の漁港
	岩手県（盛岡）	北海道に次いで面積が大きい。やませによる冷害
	宮城県（仙台）	政令指定都市の仙台は東北地方の行政の中心
	秋田県（秋田）	青森県との境に世界自然遺産の白神山地がある
	山形県（山形）	おうとう，あけび，西洋なしの生産日本一
	福島県（福島）	もも，養殖鯉の生産が盛ん。工業製品の出荷額は東北一
関東地方	茨城県（水戸）	れんこん，メロンの生産日本一。つくば市に学園都市
	栃木県（宇都宮）	いちごの生産日本一。内陸県。足尾銅山がある
	群馬県（前橋）	世界文化遺産「富岡製糸場」がある。冬にからっ風
	埼玉県（さいたま）	ひな人形の生産日本一。内陸県。人口増加率が高い
	千葉県（千葉）	らっかせい，合成ゴム，しょうゆの生産日本一
	東京都（東京）	日本の首都。全人口の約10分の1が集中
	神奈川県（横浜）	横浜港は日本有数の貿易港。相模原，厚木に工業団地
	新潟県（新潟）	米菓，金属洋食器の生産日本一。越後平野で米作
	富山県（富山）	チューリップ（球根）の生産日本一
	石川県（金沢）	金属はくの生産日本一。金沢の兼六園が有名

中部地方	福井県（福井）	リアス式海岸の若狭湾岸に原子力発電所が建設
	山梨県（甲府）	もも，ぶどうの生産日本一。内陸県
	長野県（長野）	レタスの生産日本一。内陸県。高原野菜・果実栽培盛ん
	岐阜県（岐阜）	内陸県。包丁，ちょうちんの生産日本一
	静岡県（静岡）	茶，ピアノの生産日本一。牧ノ原台地で茶の栽培
	愛知県（名古屋）	製造品出荷額日本一。自動車工業中心に機械工業が盛ん
近畿地方	三重県（津）	さつきの出荷量，液晶パネルの生産日本一
	滋賀県（大津）	内陸県。県の面積の約6分の1を琵琶湖が占める
	京都府（京都）	既製和服の生産日本一。清酒やうちわも有名
	大阪府（大阪）	自転車の生産日本一。面積は全国で2番目に小さい
	兵庫県（神戸）	清酒の生産日本一。近畿地方で面積が最大
	奈良県（奈良）	内陸県。南北で気候の差が大きい
	和歌山県（和歌山）	はっさく，うめの生産日本一。森林が8割を占める
中国地方	鳥取県（鳥取）	らっきょうの生産日本一。人口が最も少ない県
	島根県（松江）	しじみの生産日本一。宍道湖は汽水湖
	岡山県（岡山）	岡山平野で米，ぶどう，ももの生産が盛ん
	広島県（広島）	レモン，養殖かきの生産日本一。広島市は「平和都市」
	山口県（山口）	秋吉台は石灰石のカルスト地形で，日本有数の鍾乳洞
四国地方	徳島県（徳島）	スダチの生産日本一。吉野川は四国一の長流
	香川県（高松）	うどん（生めん）の生産日本一。はまちの養殖もさかん
	愛媛県（松山）	いよかんの生産日本一。四国山地の斜面でみかん栽培
	高知県（高知）	しょうが，なすの生産日本一。黒潮の影響で温暖多雨
九州・沖縄地方	福岡県（福岡）	九州の玄関口。第三次産業人口割合多い
	佐賀県（佐賀）	養殖のりの生産が盛ん。有明海でのりの養殖
	長崎県（長崎）	養殖ふぐ類，あじ類，たい類の漁獲量が盛ん
	熊本県（熊本）	い草，トマト，すいかの生産が多い
	大分県（大分）	乾しいたけの生産日本一。大分に臨海工業地域
	宮崎県（宮崎）	黒潮の影響で1年中比較的温暖
	鹿児島県（鹿児島）	豚肉，甘藷，養殖ぶりの生産日本一
	沖縄県（那覇）	さとうきび，パインアップルの生産日本一

━━━━━ **例題 1 〈日本の領域〉** ━━━━━

次の文を読んで，各問いに答えよ。

　日本の国土は，本州・北海道・<u>九州</u>・四国をはじめとする多くの島によって成り立ち，約（　A　）万km²の面積を持つ。領海は領土に接している一定幅の海域であり，沖合（　B　）海里までとする国が多い。領海の外側の海域には，沖合（　C　）海里までの水産資源や海底資源の管轄権を沿岸国に認める（　①　）が設定されている。その外側は（　②　）とされ，船舶の航行などは自由とされている。

(1) 下線部の島とほぼ同じ緯度に位置する国を選び，記号で答えよ。

　ア．ベルギー　　イ．ベネズエラ　　ウ．ガーナ

　エ．チュニジア

(2) 文中の（　A　）〜（　C　）にあてはまる数字を1つずつ選び，記号で答えよ。

　ア．3　　イ．12　　ウ．38　　エ．45　　オ．100　　カ．200

(3) 文中の（　①　）・（　②　）にあてはまる語句を答えよ。

解答　(1) エ　　(2) A．ウ　　B．イ　　C．カ　　(3) ①　排他的
経済水域（EEZ）　　②　公海

解説　(3) ①　経済水域の設定によって，遠洋漁業が急速に衰えた。

━━━━━ **例題 2 〈日本の気候〉** ━━━━━

右の地図を見て，各問いに答えよ。

(1) 地図中のア〜エのうち，リアス（式）海岸が見られる地域を選び，記号で答えよ。

(2) 地図中のAは，日本を分断する巨大な断層であり，ユーラシアプレートと（　　）プレートの境目とされている。

（　　　）にあてはまる語句を答えよ。

(3) 地図中のBとCの山地にはさまれた地域の気候（2020年）を示した
雨温図を選び，記号で答えよ。

(4) 地図中のDの地域に見られる住居の工夫を選び，記号で答えよ。

ア．窓を二重にしている。

イ．屋根に水のタンクを備えている。

ウ．屋根に赤瓦を用いている。

エ．屋根を漆喰でぬり固めている。

解答　(1) ウ　　(2) 北アメリカ　　(3) エ　　(4) ア

解説　(2) 本州中央部を横断する地溝帯で，フォッサマグナのことである。西縁は糸魚川＝静岡構造線にあたる。　(3) ア．札幌市　イ．名瀬市　　ウ．高田市　　エ．高松市

━━━━━ 例題 3 〈降水量〉 ━━━━━

瀬戸内の気候について述べた文として適切なものを次のア〜エから1つ選び，記号で答えよ。

ア．冬の季節風により晴天が多く，夏の季節風により降水量が多い。

イ．沿岸を流れる黒潮などの影響で冬でも温暖で，1年をとおして降水量が多い。

ウ．冬の季節風により降水量が多く，夏の季節風により降水量が少ない。

エ．夏も冬も季節風が山地にさえぎられ，一年中温暖で降水量が少ない。

|解答| エ

|解説| 冬は中国山地，夏は四国山地に季節風がさえぎられる。

━━━━━ 例題 4 〈都道府県の特色〉 ━━━━━

(1) 枠内に示した8県の共通点を選び，記号で答えよ。

ア．東日本に位置する。

イ．北緯35度線が通っている。

ウ．海に面していない。

エ．東経140度線が通っている。

栃木県	群馬県
埼玉県	山梨県
長野県	岐阜県
滋賀県	奈良県

(2) 枠内の8県のうち，面積が最も大きい県名を答えよ。

(3) 枠内の8県の多くが含まれていた，古代の行政区分を選び，記号で答えよ。

ア．東海道　　イ．東山道　　ウ．北陸道　　エ．山陽道

|解答| (1) ウ　　(2) 長野県　　(3) イ

|解説| (3) 山梨県と奈良県を除く6県が東山道に含まれていた。

社会科 地理【日本の産業】

ポイント

① 日本の農業

(1) 食料自給率の推移

【国内消費仕向量に対する国内生産量の割合（％）】

年度	米	小麦	大豆	野菜	果実	肉類	鶏卵	牛乳・乳製品	食料自給率
1960	102	39	28	100	100	91	101	89	79
1980	100	10	4	97	81	81	98	82	53
2000	95	11	5	81	44	52	95	68	40
2010	97	9	6	81	38	56	96	67	39
2015	98	15	7	80	41	54	96	62	39
2020	97	15	6	80	38	53	97	61	37
2021	98	17	7	79	39	53	97	63	38

※2021は概算

(2) 農業生産

【米・小麦・野菜の主産地の生産割合（2021年）（％）】

※米と小麦は2022年

産物名	第1位		第2位		第3位		第4位	
米	新　潟	8.7	北海道	7.6	秋　田	6.3	山　形	5.0
小麦	北海道	61.8	福　岡	7.6	佐　賀	5.7	愛　知	3.0
にんじん	北海道	31.7	千　葉	17.7	徳　島	7.9	青　森	6.7
ねぎ	埼　玉	11.9	千　葉	11.9	茨　城	11.9	北海道	4.9
ピーマン	茨　城	22.5	宮　崎	18.0	鹿児島	9.0	高　知	8.8
ほうれんそう	埼　玉	10.8	群　馬	10.2	千　葉	8.8	茨　城	8.5
レタス	長　野	32.7	茨　城	15.9	群　馬	10.0	長　崎	6.4
キャベツ	群　馬	19.7	愛　知	18.0	千　葉	8.1	茨　城	7.4
ブロッコリー	北海道	16.3	埼　玉	9.3	愛　知	8.5	香　川	7.8

（『日本国勢図会2023/24』より作成）

【果実などの主産地の生産割合（2021年）（%）】

産物名	第1位		第2位		第3位		第4位	
みかん	和歌山	19.7	愛 媛	17.1	静 岡	13.3	熊 本	12.0
りんご	青 森	62.8	長 野	16.7	岩 手	6.4	山 形	4.9
ぶどう	山 梨	24.6	長 野	17.4	岡 山	9.1	山 形	8.8
もも	山 梨	32.2	福 島	22.6	長 野	9.9	山 形	8.3
いちご	栃 木	14.8	福 岡	10.1	熊 本	7.3	愛 知	6.7
かき	和歌山	21.1	奈 良	15.1	福 岡	8.4	岐 阜	6.7

（『日本国勢図会2023/24』より作成）

2 **日本の工業**

(1) 主な工業地帯・工業地域

(2) 日本の工業の歩みと近年の状況

　日本の工業は，高度経済成長期の際に重化学工業を中心に発展し，1970年代には機械製品に電子技術を組み込む**メカトロニクス化**を世界に先がけて進めていった。1980年代には，自動車などの貿易摩擦が激しくなり，アメリカでの現地生産を進める動きが進んでいった。その後，電気機器などの組み立てなどを人件費の安い東南アジアや中国で行うようになり，大手企業を中心とした日本メーカーは，国内生産→海外輸出型の産業から，海外での生産比率を高めていき，世界でもっとも適した場所での生産を進めるようになった。

3 　日本の水産業

(1) 近年の状況

　　世界有数の漁業国であるが，魚介類の輸入はアメリカ，中国に次いで世界第3位。かつて盛んであった遠洋漁業は，排他的経済水域の設定や石油危機による燃料費負担増で衰退し，沖合漁業も漁獲量の制限や魚の減少で不振。漁獲量全体に占める養殖業の割合は，1990年の12％から2019年には24％に上昇している。

【漁業種類別生産量と魚介類輸入量の推移】

（『日本国勢図会2023/24』より作成）

(2) 水産業の盛んな地域

　　三陸海岸沖合の千島海流（親潮）と日本海流（黒潮）がぶつかる**潮目**や，東シナ海の大陸棚の海域。

(3) とる漁業から，育てる漁業へ

養殖漁業	稚魚・稚貝を人工のいけすなどで管理しながら，販売できる大きさまで育てる漁業
栽培漁業	人工的にふ化させた稚魚・稚貝を海や川に放流し，成長してからとる漁業

━━━━━ 例題 1 〈日本の農業〉 ━━━━━

　次の表は，日本の農畜産物について，2020年の品目別産出額上位5道県（単位：億円）を表したものである。これを見て，各問いに答えよ。

順位	A		B		C		D	
1位	北海道	2,145	新潟	1,503	青森	906	北海道	7,337
2位	茨城	1,645	北海道	1,198	長野	894	鹿児島	3,120
3位	千葉	1,383	秋田	1,078	和歌山	759	宮崎	2,157
4位	熊本	1,221	山形	837	山形	729	岩手	1,628
5位	愛知	1,011	宮城	795	山梨	650	茨城	1,270

（『データでみる県勢2023』より作成）

(1) 表中のA〜Dは，果実・米・野菜・畜産のいずれかを示している。果実および米にあたるものをA〜Dからそれぞれ選び，記号で答えよ。

(2) 表中に░░░で示した県などで見られる，大都市周辺で生鮮野菜などを栽培する農業を何というか。漢字4字で答えよ。

(3) 北海道内で酪農が基幹農業となっている地域を選び，記号で答えよ。
　ア．根釧台地　　イ．上川盆地　　ウ．石狩平野　　エ．夕張山地

(4) 表中のA〜Dの農業の経営効率を比べる場合，各農産物の上位5道県のどのような統計をさらに入手すればよいか。次から選び，記号で答えよ。
　ア．食料自給率　　イ．農家数　　ウ．耕地利用率
　エ．65歳以上の農業従事者数

(5) 右のグラフは，日本の農畜産物の自給率の推移を表したものである。グラフ中のア〜エは野菜・米・肉類・小麦のいずれかを示している。ア〜エのうち，上の表中のAの農畜産物を示したものはどれか。記号で答えよ。

（『日本国勢図会2023/24』より作成）

66

解答 (1) 果実：C　米：B　(2) 近郊農業　(3) ア　(4) イ
(5) ウ

解説 (1) 野菜：A　畜産：D　(3) 根釧台地は，火山灰地のため稲作
や畑作にも適さない土壌であり，必然的に酪農が基幹農業となっ
ている。　(4) 農業産出額÷農家数で，農家1戸あたりの産出額
を求める。　(5) ア．小麦　イ．肉類　エ．米

例題2〈日本の工業〉

　次の表は，5つの都道府県の工業製品出荷額上位4品目（2019年，数値は
構成比（％））を表したものである。これを見て，各問いに答えよ。

順位	A		B		C		D		E	
1位	輸送用機械	16.4	石油・石炭製品	15.6	輸送用機械	55.4	食料品	36.3	情報通信機械	17.5
2位	電気機械	10.6	化学	14.2	電気機械	5.8	石油・石炭製品	12.8	電子部品	11.9
3位	印刷	10.5	輸送用機械	13.0	鉄鋼	5.0	鉄鋼	6.5	生産用機械	11.4
4位	食料品	10.0	鉄鋼	12.4	生産用機械	4.9	パルプ・紙	6.3	食料品	9.5

(『データでみる県勢2023』より作成)

(1) 表中のA～Eは，北海道・東京・長野・愛知・岡山のいずれかである。長野および愛知にあたるものをA～Eから選び，記号で答えよ。
(2) 表中のAの品目から読み取れる，Aの都道府県の特色を選び，記号で答えよ。
　　ア．基礎素材型産業の発達　　イ．情報・文化の集積
　　ウ．火力発電所の立地　　　　エ．工業団地の立地
(3) 表中のBの石油製品や化学，鉄鋼などについて，生産性向上のために原料や燃料，生産設備などを計画的・有機的に結合させた工業地域あるいは企業集団を何というか。
(4) 表中のEの電子部品は，航空路線や高速道路を用いて輸送されることが多い。その理由を，製品価格と輸送費の2つの面から説明せよ。

解答 (1) 長野：E　愛知：C　(2) イ　(3) コンビナート
(4) 軽量なわりに製品価格が高いため，輸送費の高い航空機や
高速道路を用いて運んでも採算がとれるから。

67

解説 (1) 北海道：D　東京：A　岡山：B　(4) 集積回路（IC）など
の電子部品の工場は，太平洋ベルトから離れた九州・中央高地・
東北地方などの内陸部にも多く分布する。

━━━ 例題 3 〈日本の漁業〉 ━━━

(1) 右のグラフは，銚子港の令和3
年度における魚種別の水揚高の
割合を表している。さばは，銚
子港の水揚高第2位を占める魚種
だが，銚子港ではさばをとるま
き網漁業を丸1日休む休漁を，定
期的に実施している。このよう
な休漁を実施する理由を1つ選
び，記号で答えよ。

（『銚子市漁業協同組合HP』より作成）

ア．サバの漁獲を減らして，まいわしの水揚高の割合を高めるため。

イ．漁獲のしすぎで，さばが減っていかないようにするため。

ウ．さばを品薄にして，市場でのさばの値段を引き上げるため。

エ．漁業従事者の労働環境を改善するため。

(2) 銚子港沖合における漁業に大きな影響を与えている海流を2つ選び，
記号で答えよ。

ア．リマン海流　　イ．親潮（千島海流）　　ウ．対馬海流

エ．黒潮（日本海流）

(3) 日本の漁業について誤って述べた文を1つ選び，記号で答えよ。

ア．漁業従事者の高齢化が問題となっている。

イ．漁業種類別漁獲量では，沖合漁業が第1位を占めている。

ウ．魚の消費の低下により，漁獲量・輸入量ともに減少傾向にある。

エ．養殖漁業ではバイオテクノロジーによる技術の向上が見られる。

解答 (1) イ　　(2) イ・エ　　(3) ウ

解説 (3) 国内での漁獲量の低下に伴い魚介類の輸入が急増している。

社会科 歴史【近世】

ポイント

① **安土桃山時代**

(1) ヨーロッパ人の来航

・鉄砲の伝来…1543年，種子島に漂着したポルトガル人が伝える。

・キリスト教の伝来…1549年，イエズス会の宣教師**フランシスコ＝ザビエル**が鹿児島に来航して伝える。西日本を中心に信者を獲得。

(2) **織田信長**

・桶狭間の戦いで今川義元を破る。

・足利義昭を京都から追放して，室町幕府を滅ぼす。

・**長篠の戦い**で，徳川家康との連合軍が鉄砲隊を有効に使い武田勝頼軍を破る。

・**楽市・楽座**を安土城下で実施。

▲「長篠合戦図屏風」

(3) **豊臣秀吉**

・全国の田畑の面積やよしあしを調べ石高を検地帳に記録し年貢を徴収する**太閤検地**を実施。

・農民から武器を取り上げる**刀狩令**で，兵農分離を進める。

・1590年，大坂城を拠点に全国を統一。関白・太政大臣となる。

・朝鮮侵略を企て，1592年（文禄の役）と1597年（慶長の役）の2度にわたり出兵したが失敗。

> 〈刀狩令〉
>
> 一，諸国百姓，刀，脇差，弓，やり，てつはう，其外武具のたぐい所持候事，堅御停止候。

(4) 桃山文化

大名や大商人の気風を反映した，豪華・雄大で活気にあふれた文化。

建 築	天守閣を備えた豪壮な城（安土城，大坂城，姫路城）
障壁画	狩野永徳「唐獅子図屏風」
茶の湯	千利休が大成。茶器・茶室建築が発達
芸 能	出雲阿国が，かぶき踊りを始める
工 芸	朝鮮の陶工によって有田焼，萩焼，薩摩焼などが誕生

② 江戸時代

(1) 江戸幕府

・関ヶ原の戦い⇒**徳川家康**が征夷大将軍に⇒江戸幕府成立（1603年）

・**武家諸法度**により，大名を統制。

・3代将軍徳川家光のときに**参勤交代**を制度化。大名の経済的負担大。

・親藩（徳川氏の一門），譜代大名（関ヶ原の戦い以前からの家臣）と外様大名（関ヶ原の戦い以降の家臣）に分けて配置。

・年貢の納入や犯罪の取り締まりで共同責任を負わせる**五人組**で農民や町人を統制。

> 〈武家諸法度〉
>
> 一，文武弓馬の道，専ら相嗜むべき事。
>
> 一，諸国の居城，修補をなすと雖も，必ず言上すべし。
>
> 一，私に婚姻を締ぶべからざる事。

(2) **鎖国**（1639年完成）

キリスト教禁止の徹底と幕府による貿易の独占が目的。ポルトガル船の来航が禁止され，海外との交易はオランダ，清，朝鮮に限られた。

(3) 幕府政治の改革

享保の改革	1716 ~45	〔8代将軍〕 徳川吉宗	目安箱の設置，公事方御定書の制定，新田開発の奨励，上げ米の制
田沼意次の政治	1767 ~86	〔老中〕 田沼意次	株仲間の奨励，印旛沼の干拓による新田開発，長崎貿易の奨励
寛政の改革	1787 ~93	〔老中〕 松平定信	囲い米，棄捐令（旗本や御家人の借金帳消し），昌平坂学問所
天保の改革	1841 ~43	〔老中〕 水野忠邦	株仲間の解散，人返しの法（農民の出稼ぎ禁止），上知令（天領化構想）

(4) 元禄文化と化政文化

元禄文化		化政文化
上方（京都・大坂）を中心とした，はなやかな町人文化	特色	江戸を中心とした，庶民性の強い成熟した文化
井原西鶴『日本永代蔵』（浮世草子） 松尾芭蕉『奥の細道』（俳諧） 近松門左衛門『曽根崎心中』（人形浄瑠璃）	文学	十返舎一九『東海道中膝栗毛』 滝沢馬琴『南総里見八犬伝』 与謝蕪村，小林一茶（俳諧）
俵屋宗達「風神雷神図屏風」 尾形光琳「紅白梅図屏風」 菱川師宣「見返り美人図」	絵画	喜多川歌麿「婦女人相十品」（美人画） 葛飾北斎「富嶽三十六景」 歌川(安藤)広重「東海道五十三次」

━━━━━━━━ **例題 1 〈安土桃山時代〉** ━━━━━━━━

右の年表を見て，各問い
に答えよ。

(1) 次の①～③のできご
とがあてはまる時期を，
年表中のア～オからそ
れぞれ選び，記号で答
えよ。

① 室町幕府が滅びる。

② フランシスコ＝ザ
ビエルによってキリ
スト教が伝えられる。

③ 慶長の役が起こる。

西暦	できごと
1543	ポルトガル人が漂着する…………A
	↓ア
1550	ポルトガル船が平戸に来航する
	↓イ
1563	ルイス＝フロイスが来日する ……B
	↓ウ
1582	天正遣欧使節が出発する…………C
	↓エ
1587	バテレン追放令が出される
	↓オ
1600	オランダ船リーフデ号が漂着する

(2) 年表中のAのとき，日本にもたらされたものを選び，記号で答え
よ。

ア．活版印刷術　　イ．絹織物　　ウ．ガラス製品　　エ．鉄砲

(3) 織田信長は年表中のBのころ，各地の関所を廃止した。これと同じ
目的で信長が行った政策を選び，記号で答えよ。

ア．指出検地　　イ．刀狩　　ウ．楽市・楽座　　エ．身分統制令

(4) 年表中のBのころ，織田信長に屈服した自治都市はどこか。

(5) 年表中のCのころ，豊臣秀吉は全国の田畑の広さや土地の良し悪し
を調べ，予想される生産量を石高で表した。この政策が行われた結
果を，「土地の権利」という語句を用いて説明せよ。

解答 (1) ① ウ　　② ア　　③ オ　　(2) エ　　(3) ウ
(4) 堺　　(5) 荘園領主などが持っていた複雑な土地の権利が否
定され，直接耕作する農民に土地の権利が認められた。

解説 (1) ①は1573年，②は1549年，③は1597年。

━━━━━ 例題 2 〈江戸時代〉 ━━━━━

(1) 次の文を読んで，各問いに答えよ。

　　a徳川家康は，関ヶ原の戦いで（　Ａ　）を破り，江戸幕府を開き，
その孫の（　Ｂ　）の時代には，幕府の職制が整備された。政務統括の
職としては（　Ｃ　）があり，それを補佐する職として若年寄が設けら
れた。その他，一般政務にはb寺社奉行・町奉行・（　Ｄ　）奉行の三奉
行があたった。c1635年には幕府の最高司法機関として評定所が定めら
れた。地方では，京都所司代が朝廷や西国大名の監視を行った。

①　文中の空欄にあてはまる語句・人名を答えよ。

②　下線部aについて，家康はある国との国交の実務を対馬藩に担当さ
　せるとともに貿易を許した。この国はどこか。

③　下線部bには，1万石以上の譜代大名が任命されていた。譜代大名
　に関する説明を選び，記号で答えよ。

　　ア．徳川氏一門の大名

　　イ．関ヶ原の戦い以前から徳川氏の家臣であった大名

　　ウ．関ヶ原の戦い以後に徳川氏に臣従した大名

④　下線部cの年に実施された外交政策を1つ選び，記号で答えよ。

　　ア．平戸のオランダ商館を長崎の出島に移した。

　　イ．ポルトガル船の来航を禁止した。

　　ウ．日本人の海外渡航と海外からの帰国を全面禁止した。

　　エ．スペイン船の来航を禁止した。

(2) 次の①・②の下線部ア～ウから誤っている語句・人名をそれぞれ選
　び，その記号および正しい語句・人名を答えよ。

①　幕府の財政を支えたのは，ア水呑百姓とよばれる自営農民が耕作す
　る田畑の収穫に課せられたイ年貢であったので，幕府は1643年にウ田
　畑永代売買の禁令を出し，自営農民の没落を防いだ。

②　幕府や藩はア新田開発を積極的に進めた。それとともに耕作具とし
　てイ備中ぐわなどが普及し，福岡藩士ウ安藤昌益の著した『農業全書』
　による農業技術の普及などが農業生産の向上をもたらした。

(3) 江戸時代の文化について，次の①〜④の説明にあたる人物を選び，記号で答えよ。

① 「風神雷神図屏風」などで装飾画への道を開いた。

  ア．菱川師宣 イ．尾形光琳 ウ．俵屋宗達 エ．狩野探幽

② 『猿蓑』などの句集で正風（蕉風）を打ち立てた。

  ア．井原西鶴 イ．与謝蕪村 ウ．松尾芭蕉 エ．西山宗因

③ 風景画に優れ，「富嶽三十六景」などの名作を残した。

  ア．鈴木春信 イ．葛飾北斎 ウ．安藤広重

  エ．喜多川歌麿

④ 勧善懲悪的な読本の『南総里見八犬伝』を著した。

  ア．十返舎一九 イ．為永春水 ウ．式亭三馬

  エ．滝沢馬琴

(4) 次のA〜Dの史料に関連の深い人物を，下のア〜クからそれぞれ選び，記号で答えよ。また，A〜Dを年代の古い順に並べよ。

A.「株仲間成員証の鑑札行使はもちろん，その他総て問屋仲間や問屋組合の名称を使うことを禁止する。」

B.「日本人に対して犯罪を犯したアメリカ人は，アメリカの領事裁判所において取り調べのうえ，アメリカの法律によって罰する。」

C.「必ず門下生の異学修得を禁止し，朱子学の講義や研究をして，人材を養育するように心がけなさい。」

D.「持高1万石当たり米100石の率で提出しなさい。これにより，参勤交代の江戸在府期間を半年ずつ免除する。」

  ア．新井白石 イ．徳川吉宗 ウ．徳川慶喜 エ．松平定信

  オ．井伊直弼 カ．徳川綱吉 キ．水野忠邦 ク．田沼意次

解答 (1) ① A．石田三成 B．（徳川）家光 C．老中

  D．勘定 ② 朝鮮（国） ③ イ ④ ウ

  (2) ① ア，本百姓 ② ウ，宮崎安貞

  (3) ① ウ ② ウ ③ イ ④ エ (4) A．キ

  B．オ C．エ D．イ D→C→A→B

解説 (4) Bは日米修好通商条約，Cは寛政異学の禁，Dは上げ米の制。

社会科 歴史【近代・現代】

ポイント

① 近代

(1) 日本の開国
- アメリカ使節**ペリー**が浦賀に来航し，開国を要求（1853年）。
- **日米和親条約**（1854年）で**下田・箱館**を開港（事実上の開国）。
- **日米修好通商条約**（1858年）を大老井伊直弼と総領事ハリスが締結。**箱館・神奈川・長崎・新潟・兵庫**の5港を開き貿易を開始。アメリカの**治外法権（領事裁判権）**を認め，**関税自主権**のない不平等条約。

(2) 新政府の政策

五箇条の御誓文	1868	新政府の政治の基本方針
版籍奉還	1869	大名が所有する土地と人民を天皇に返上
廃藩置県	1871	藩を廃止して府・県をおき，中央から府知事・県令（のちの知事）を派遣
学制	1872	6歳以上の男女すべてが小学校教育を受ける
徴兵令	1873	富国強兵の考えに沿って**満20歳以上の男子**に兵役の義務
地租改正	1873	土地の所有者と地価を定め，地券を発行し，所有者に税金として**地価の3%**を現金で納めさせる

(3) **自由民権運動**
- 新政府に不満をもつ士族が西郷隆盛を中心として**西南戦争**を起こす。
- 板垣退助らが**民撰議院設立の建白書**を政府に提出。
- 自由民権派が国会開設に備えて政党を結成。

自由党	**板垣退助**	フランス流の民権思想（急進的）
立憲改進党	**大隈重信**	イギリス流の立憲思想（穏健的）

(4) 大日本帝国憲法と帝国議会
- 内閣制度を創設し，**伊藤博文**が**初代内閣総理大臣**に就任。

・君主権の強いドイツ憲法を手本に天皇主権の**大日本帝国憲法**を制定。

・第1回衆議院議員総選挙の有権者は，**直接国税15円以上を納める25歳以上の男子**に限られ，総人口の約1.1％にすぎなかった。

(5) 条約改正

・1894年，**陸奥宗光**が**治外法権（領事裁判権）**の撤廃に成功。

・1911年，**小村寿太郎**が**関税自主権の回復**に成功。

(6) 日清戦争と日露戦争

戦争	背景	講和条約	講和条約の内容
日清戦争 (1894～95年)	**甲午農民戦争**がきっかけ	**下関条約**	・清は朝鮮の独立を認める ・清は遼東半島・台湾を日本に譲る ・清は2億両の賠償金を日本に支払う
日露戦争 (1904～05年)	ロシアの南下に対抗し，**日英同盟**締結	**ポーツマス条約**	・樺太の南半分を日本に割譲 ・南満州鉄道の権利を日本に譲る ・朝鮮における日本の優越権を認める ・旅順・大連の租借権を日本に譲る

・**三国干渉**…ロシア，ドイツ，フランスが日本に遼東半島返還を要求。

(7) 第一次世界大戦と日本

三国協商（イギリス，フランス，ロシア）と三国同盟（ドイツ，オーストリア，イタリア）がバルカン半島で対立。**サラエボ事件**をきっかけに世界大戦となる。日本は日英同盟を理由に参戦し，その後中国に**二十一か条の要求**を認めさせる。ベルサイユ条約で終戦となり，**国際連盟**が成立。

(8) **大正デモクラシー**

護憲運動や**民本主義**（吉野作造）。原敬が初の本格的な**政党内閣**を組織。加藤高明内閣のとき**普通選挙法**により25歳以上のすべての男子に選挙権を付与。

(9) 日本の大陸侵略

・柳条湖事件をきっかけとする**満州事変**で国際連盟脱退。盧溝橋事件から**日中戦争**に突入し南京を占領。国家総動員法で戦時体制強化。

・政党政治が終わり，軍部が政治を支配。

五・一五事件	1932年	海軍将校が**犬養毅首相ら**を暗殺
二・二六事件	1936年	陸軍将校が首相官邸などを襲撃

② 現代

(1) 日本の民主化

- マッカーサーを最高司令官とする連合国軍最高司令官総司令部（GHQ）が，**ポツダム宣言**に基づき民主化政策を進める。
- 普通選挙法改正により**満20歳以上のすべての男女**に選挙権を付与。
- **財閥解体**（独占禁止法制定など），農地改革，日本国憲法制定。

(2) 日本の独立

- **サンフランシスコ平和条約**で独立を回復。日米安全保障条約も調印。
- **日ソ共同宣言**によりソ連と国交を回復。**国際連合**への加盟が実現。

━━━━━━ **例題 1 〈明治維新〉** ━━━━━━

(1) 次の史料を読んで，各問いに答えよ。

> ア　_A広ク会議ヲ興シ，万機公論ニ決スヘシ
> イ　上下心ヲ一ニシテ盛ニ経綸ヲ行ナフヘシ
> ウ　切支丹邪宗門ハ旧ニ倍リテ之ヲ厳禁ス
> エ　旧来ノ陋習ヲ破リ，天地ノ公道ニ基クヘシ
> オ　_B知識ヲ世界ニ求メ，大ニ皇基ヲ振起スヘシ

① 下線部Aについて，後に国民の政治参加を求めて民撰議院設立の建白書を提出し，立志社を設立した人物名を答えよ。

② 下線部Bについて，岩倉具視を全権大使として欧米に派遣された使節団に参加しなかった人物を選び，記号で答えよ。

　　ア．大久保利通　　イ．西郷隆盛　　ウ．木戸孝允
　　エ．伊藤博文

③ 史料中のア〜オのうち，五箇条の御誓文の内容としてあてはまらないものを選び，記号で答えよ。

(2) 中津藩（大分県）の出身で，後に慶應義塾を創設して人材の育成にあたり，「天は人の上に人を造らず，人の下に人を造らずと云へり」の書き出しで始まる書物を著した人物名とその書物名を答えよ。

(3) 次の文A・Bを読んで，各問いに答えよ。

> A. 日本は1875年の_ア江華島事件を契機に，_イ日朝修好条規を結び，朝鮮を開国させた。これにより清と日本の緊張は高まったが，朝鮮国内でも親清派と親日派の争いが生じた。日本は親日派の_ウ独立党に加勢して勢力の伸長をはかった。1894年に_エ義和団が蜂起して甲午農民戦争が起こると，日清両国は出兵し，_a日清戦争が始まった。

> B. _bポーツマス条約の結果，日本は_カ山東半島の一部の租借権や_キ南満州鉄道の利権を得た。韓国に対する保護権が認められた日本は，_ク統監府を置き，韓国の軍隊を解散させ，韓国国内の義兵運動を弾圧した。韓国統監_ケ伊藤博文がハルビンで暗殺されると，それを口実に韓国併合を行い，朝鮮総督府を設置した。

① 文Aの下線部ア～エ，文Bの下線部カ～ケから，誤っている語句をそれぞれ1つずつ選び，記号で答えよ。

② 下線部aの結果，清から得た賠償金をもとに，北九州に建設された官営工場を何というか。

③ 下線部bの条約は，何という戦争の講和条約か。

④ 文Aの時期と文Bの時期の間に起きたできごとを選び，記号で答えよ。

ア．日清修好条規の締結　　イ．徴兵令の布告
ウ．関税自主権の回復　　　エ．日英同盟の締結

解答 (1) ① 板垣退助　② イ　③ ウ　(2) 福沢諭吉，学問のすゝめ　(3) ① A．エ　B．カ　② 八幡製鉄所③ 日露戦争　④ エ

解説 (1) ③ 資料中のウは五榜の掲示の第三札。 (3) ① Aのエは東学党，Bのカは遼東半島（日本は遼東半島南部の港市，旅順と大連の租借権を得た）が正しい。 ④ ア．1871年 イ．1873年 ウ．1911年 エ．1902年

例題 2 〈近現代〉

(1) 次の①〜③の説明にあてはまる内閣総理大臣の名前を答えよ。

① 立憲政友会の創設に参加し，1918年に米騒動で寺内正毅内閣が倒れた後，内閣総理大臣に就任した。ほとんどの大臣が政党出身者で構成される，日本で初めての本格的な政党内閣を組閣した。

② 首相に就任すると，協調外交の方針を復活させ，ロンドン海軍軍縮条約の調印に踏み切り，補助艦の保有量を取り決めた。この外交が統帥権干犯だと非難され，東京駅で狙撃されて重傷を負った。

③ 第三次近衛文麿内閣崩壊後，現役の陸軍大将として内閣総理大臣に就任し，太平洋戦争を開始した。国内では大政翼賛選挙を実施し，国民の思想取り締まりを強化した。

(2) 次の文章中の空欄にあてはまる語句を答えよ。

　　敗戦後の日本では，（　A　）最高司令官総司令部（GHQ）の指令・勧告に基づいて財閥解体，農地改革などの民主化政策が実施された。冷戦と東アジアにおける社会主義勢力の伸張により，GHQは占領政策を転換し始め，（　B　）戦争が始まると日本を早期に独立させ西側の一員としようとした。

　　1951年，サンフランシスコ平和条約の締結により独立を回復した日本は，同時にアメリカと（　C　）を結び，アメリカの軍の駐留を認めた。アメリカ軍がベトナム北爆を開始した1965年には，日本は（　D　）との国交を正常化し，東アジアにおける資本主義陣営の結束を強めた。その後まもなく小笠原諸島が日本に返還され，祖国復帰運動が続けられた（　E　）も1972年に復帰を果たした。

　　ベトナム戦争の長期化で財政的に苦しんだアメリカの経済は，1973年の（　F　）でさらに打撃を受けた。一方，アフガニスタン侵攻に失

敗したソ連は，ゴルバチョフのもとで改革を行うが混乱は収まらず，構成共和国の離脱により解体に追い込まれた。米ソ間の冷戦は1980年代に終結するが，以後，民族紛争や宗教紛争が噴出し始めた。1990年代には日本の自衛隊も国際連合の（　G　）に参加するようになり，カンボジアや東ティモールなどに派遣され，国際貢献を行ってきた。

解答 (1) ① 原敬　② 浜口雄幸　③ 東条英機　(2) A. 連合国軍　B. 朝鮮　C. 日米安全保障条約　D. 大韓民国(韓国)　E. 沖縄　F. 石油危機（石油ショック）　G. 平和維持活動（PKO）

解説 (1) ① 華族の爵位のない最初の首相で，平民宰相と呼ばれた。
② 「ライオン宰相」と呼ばれ，庶民の人気が高かった。
③ 戦後，A級戦犯として絞首刑となった。

社会科 公民【日本国憲法】

ポイント

1 日本国憲法の内容

(1) 三大原理
　・**国民主権**…天皇は日本国と日本国民統合の**象徴**。内閣総理大臣の任命などの**天皇の国事行為**は，内閣の助言と承認が必要
　・**基本的人権の尊重**…「侵すことのできない永久の権利」として保障
　・**平和主義**…非核三原則「持たず，作らず，持ち込ませず」

(2) 国民の三大義務
　　子女に教育を受けさせる義務，勤労の義務，納税の義務

2 基本的人権

(1) 基本的人権の分類

自由権	精神的自由	思想・良心の自由，集会・結社の自由　など
	経済的自由	居住・移転・職業選択の自由，財産権の保障
	人身の自由	奴隷的拘束・苦役からの自由，住居の不可侵　など
社会権		生存権，教育を受ける権利
		勤労の権利，労働三権（団結権・団体交渉権・団体行動権）
平等権		法の下の平等，両性の本質的平等
		選挙の平等
参政権		選挙権・被選挙権，公務員の選定・罷免権
		最高裁判所裁判官国民審査，憲法改正の国民投票　など
受益権 （請求権）		裁判を受ける権利，刑事補償請求権
		国家賠償請求権，請願権

(2) **新しい人権**
　　日本国憲法に明文規定はないが，人権に対する考え方の深まりや社会・経済の変革に伴い新たに主張されるようになった人権。

プライバシーの権利	私事・私生活をみだりに公開されず，かつ自己に関する情報を自分でコントロールする権利
環境権	健康で快適な環境の回復・保全を求める権利
知る権利	国民が国家に対し政府情報などの公開を求める権利
アクセス権	国民がマス・メディアに対し，自己の意見について発表の場を提供することを要求する権利

③ 地方自治

(1) 地方自治の構成

首長 (任期4年)	被選挙権は**知事が満30歳以上，市町村長は満25歳以上**。議会の議決に対しては拒否権，**不信任決議には議会の解散権**を有する。
地方議会議員 (任期4年)	被選挙権は**満25歳以上**。**条例**の制定・改廃，予算の議決，首長に対する不信任決議などを行う。

※**条例**…憲法・法律の範囲内で地方議会の議決によって制定されるきまり。その地方公共団体のみに適用される。

(2) 直接請求権

地方自治法によって住民に認められた，地方自治に直接参加する権利。

分類	請求の種類	必要署名数	請求先	処理手続
イニシアティブ	条例の制定・改廃	有権者の50分の1以上	首長	議会の過半数で議決
	監査請求		監査委員	監査結果を公表
リコール	議会の解散	有権者の3分の1以上	選挙管理委員会	住民投票で過半数の賛成で解散（解職）
	議員・首長の解職			
	主要公務員の解職		首長	議会で総議員の3分の2以上出席，その4分の3以上の賛成で解職

(3) 地方財政

地方交付税交付金	地方公共団体間の財政格差の是正を目的として，国が交付。**使途に制限はない。**
国庫支出金	**国が使途を限定して**地方公共団体に支出。義務教育費や生活保護費の国家負担金などがある。

(4) **オンブズマン制度**

　　行政に対する住民の苦情を処理したり，行政が適正に行われているかどうかを監視したりする行政監察官を置く制度。

④ **憲法改正**

　　日本国憲法は，法律改正手続きよりも厳格な手続きが必要な**硬性憲法**。

> 各議院の総議員の**3分の2以上の賛成**で**国会が発議**⇒**国民投票**で過半数の賛成⇒天皇により国民の名で公布

―――――――― 例題 1 〈三大原理〉 ――――――――

(1) 次の①〜③で示した日本国憲法の三大原理は，ア〜ウのような理念で表すことができる。①〜③にあてはまる理念をア〜ウからそれぞれ選び，記号で答えよ。

　① 国民主権　　② 基本的人権の尊重　　③ 平和主義

　　ア．国民のための政治　　イ．国際協調　　ウ．国民による政治

(2) 日本国憲法では，国民がなすべき義務として，子女に（　A　）を受けさせる義務，（　B　）の義務，（　C　）の義務の3つをあげている。このうち，（　A　）と（　B　）の義務は，同時に国民の権利でもある。空欄にあてはまる語句を答えよ。

解答　(1) ① ウ　② ア　③ イ　(2) A．教育　B．勤労
　　　　C．納税

解説　(2) 子女に教育を受けさせる義務は第26条第2項，勤労の義務は第27条，納税の義務は第30条。

83

━━━━━━━━━ 例題 2 〈基本的人権〉 ━━━━━━━━━

(1) 次の日本国憲法条文中の空欄にあてはまる語句を答えよ。

第11条　国民は，すべての基本的人権の享有を妨げられない。この憲法が国民に保障する基本的人権は，侵すことのできない（　　）の権利として，現在及び将来の国民に与へられる。

(2) 次の日本国憲法条文のうち，社会権に含まれるものをすべて選び，記号で答えよ。

ア．何人も，外国に移住し，又は国籍を離脱する自由を侵されない。

イ．何人も，いかなる奴隷的拘束も受けない。

ウ．すべて国民は，健康で文化的な最低限度の生活を営む権利を有する。

エ．何人も，裁判所において裁判を受ける権利を奪はれない。

オ．勤労者の団結する権利及び団体交渉その他の団体行動をする権利は，これを保障する。

(3) 次の事例において問題となった人権を，下のア～エから選び，記号で答えよ。

小説の主人公のモデルが実在の人物であることが明らかとなり，作家は損害賠償と謝罪広告を求める訴えをおこされた。

ア．プライバシーの権利　　イ．知る権利

ウ．環境権　　　　　　　　エ．アクセス権

(4) 男女差別を人権侵害として禁止し，家事や育児などへの男性の参加を促した，1999年施行の法律を何というか。

解答 (1) 永久　　(2) ウ・オ　　(3) ア　　(4) 男女共同参画社会基本法

解説 (2) ア・イ．自由権　エ．受益権（請求権）(3) イ．国民は必要な情報を自由に知ることができるという権利。　ウ．きれいな水や空気，日照など，人間の生存にとって必要な生活環境を享受する権利。　エ．国民の言論の自由を実現するため，国民がマスメディアに参入し利用する権利。

━━━━ 例題 3 〈地方自治〉 ━━━━

(1) 次の文章を読んで，各問いに答えよ。

> ₐ民主政治を実現するために，地方自治は重要な役割を持っている。地方公共団体の運営について定めた地方自治法では，さまざまなᵦ直接請求権を認めている。地方自治を進めていくためには，住民がᴄ自分たちの手で地域をつくり，自ら支えていくという自覚が必要である。1999年には地方自治法など数百の法律改正案からなる（　D　）一括法が成立し，ₑ中央政府と地方政府の関係は対等の関係に変わりつつある。

① 下線部Aについて，「地方自治は民主主義の（　　）」とよばれている。空欄にあてはまる語句を答えよ。

② 下線部Bについて，有権者の3分の1以上の署名を必要とし，選挙管理委員会に対して請求するものを選び，記号で答えよ。

　ア．条例の制定　　　　　イ．首長や議員の解職

　ウ．条例の改正・廃止　　エ．事務の監査

③ 下線部Cについて，行政に対する住民の苦情を処理したり，行政が適正に行われているかどうかを監視する人を何というか。

④ 文中の（　D　）にあてはまる語句を答えよ。

⑤ 下線部Eについて，地方公共団体ごとの財政の不均衡を正すため国から支給されているものをア〜エから選び，記号で答えよ。

　ア．地方税　　イ．地方交付税　　ウ．地方債　　エ．国庫支出金

(2) 現在の選挙は，普通選挙，一人一票の平等選挙，議員を直接選出する直接選挙，無記名で投票を行う（　　）の4原則で行われている。空欄にあてはまる語句を答えよ。

(3) 日本の選挙制度についての記述として誤っているものを選び，記号で答えよ。

　ア．衆議院議員選挙は小選挙区比例代表並立制で行われる。

　イ．都道府県知事の選挙権は18歳以上，被選挙権は30歳以上である。

　ウ．参議院議員は都道府県を選挙区とする選挙区選出議員選挙と，全

　国を11のブロックに分けた比例代表選挙で行われている。

　エ．都道府県および市町村議会の議員の選挙権は18歳以上，被選挙権は25歳以上である。

解答　(1) ① 学校　② イ　③ オンブズマン（オンブズパーソン）　④ 地方分権　⑤ イ　(2) 秘密選挙　(3) ウ

解説　(1) ②　ア・ウ．有権者の50分の1以上の署名により首長に請求する。　エ．有権者の50分の1以上の署名により監査委員に請求。⑤　ア．地方公共団体が徴収する租税で，地方財政の本来の財源。　ウ．地方公共団体が発行する債券。　エ．国が使途を限定して地方公共団体に支給するもの。　(3) ウ．全国を11ブロックに分けるのは衆議院議員の選挙方法。参議院議員選挙では全国を1つの選挙区として政党名か名簿に掲載されている候補者個人名のどちらかに投票する。

社会科 公民【国会・内閣・裁判所】

ポイント

1 三権分立

　　立法権（国会）・行政権（内閣）・司法権（裁判所）という3つの権力が互いに抑制し合い均衡を図るもので，権力の濫用を防ぎ，国民の権利をできる限り保障しようとするしくみ。

　　フランスの思想家**モンテスキュー**が，その著書『**法の精神**』の中で唱えた。

2 **国会**

国会の地位…国権の最高機関，国の唯一の立法機関

(1) 二院制

	衆議院		参議院	
議員定数	465人		248人	
	289人	176人	148人	100人
選挙制度	小選挙区選出	比例代表選出（全国11ブロック）	選挙区選出	比例代表選出（全国1単位）
	小選挙区比例代表並立制			
任　期	4年（解散あり）		6年（3年ごとに半数改選）	
被選挙権	満25歳以上		満30歳以上	

(2) 国会の権能

○法律案の議決　　○予算案の議決　　○条約の承認
○憲法改正の発議　○内閣総理大臣の指名
○弾劾裁判所の設置　○国政調査権（両議院がそれぞれ有する権限）

(3) 衆議院の優越

法律案の議決	両議院の議決が異なる⇒衆議院が**出席議員の3分の2以上の多数で再可決**⇒衆議院の議決のみで成立
予算 条約の承認 内閣総理大臣の指名	両議院の議決が異なる⇒**両院協議会でも不一致**。または，参議院が30日（内閣総理大臣の指名では10日）以内に議決せず⇒衆議院の議決が国会の議決

※**予算の先議権**と**内閣不信任決議**の権限は，衆議院のみに認められる。

3 **内閣**

(1) **議院内閣制**

国会の信任に基づいて内閣が存立するしくみ。内閣は，行政権の行使について，国会に対し連帯して責任を負う。

(2) 内閣の組織

内閣総理大臣と内閣総理大臣の任命する**国務大臣**で構成される。内閣総理大臣とその他の国務大臣は，**文民**でなければならない。

(3) 内閣の権能

> ○法律の執行と国務の総理　○外交関係の処理
> ○条約の締結　○官吏に関する事務の掌理
> ○予算の作成と国会への提出　○恩赦の決定
> ○政令（法律の規定を実施するための命令）の制定

(4) 内閣の総辞職

内閣は任意に総辞職できるが，次の場合には総辞職する必要がある。

衆議院で内閣不信任決議案を可決，または信任決議案を否決したとき，内閣が**10日以内に衆議院を解散**しない場合
内閣総理大臣が欠けた場合
衆議院議員総選挙後，**初めて国会が召集**された場合

4 **裁判所**

最高裁判所と**下級裁判所**（高等・地方・家庭・簡易裁判所）で構成。

(1) **違憲立法（法令）審査権**

国会で制定された法律や，内閣の政令や命令などが，憲法に適合しているかどうかを審査する権限。最高裁判所はこの権限の最終的な判断を下すことから「**憲法の番人**」と呼ばれる。

(2) **三審制**

裁判を慎重に行うことによって誤審を防ぎ，人権保障を確実にするためのしくみ。**控訴**と**上告**により**3回**まで**裁判**が受けられる。

【裁判官が罷免される場合】

公の弾劾で罷免を可とされた場合
裁判により，心身の故障のために職務を執ることができないと決定された場合
最高裁判所裁判官のみ，国民審査により罷免が可とされた場合

━━━━ 例題 1〈三権分立〉━━━━

次の図を見て，各問いに答えよ。

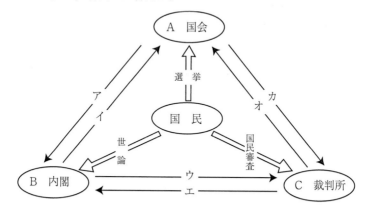

(1) 図のような権力分立のしくみを著書『法の精神』の中で主張した
人物はだれか。

(2) 図中のA～Cにあてはまる権限の正しい組み合わせを次のア～エ
から選び，記号で答えよ。

　　ア．A－行政権　　　B－立法権　　　C－司法権

　　イ．A－司法権　　　B－行政権　　　C－立法権

　　ウ．A－立法権　　　B－司法権　　　C－行政権

　　エ．A－立法権　　　B－行政権　　　C－司法権

(3) 次の①～④のはたらきかけを表す矢印はどれか。図中のア～カか
らそれぞれ選び，記号で答えよ。

　　①　裁判官の弾劾裁判　　　②　国会召集の決定

　　③　最高裁判所長官の指名　　　④　内閣不信任の決議

解答 (1) モンテスキュー　　(2) エ　　(3) ① カ　　② イ

　　③ ウ　　④ ア

解説 (3) エ　行政処分などの違憲・違法審査。　オ　違憲立法の審
　　査。

━━━━━━ 例題 2 〈国会〉 ━━━━━━

(1) 国会議員の任期や定数について，次の文中の下線部ア～エから誤っ
ているものを選び，記号で答えよ。

　衆議院議員の任期は_ア4年で，解散の場合は期間満了前に終了する。
参議院議員の任期は_イ8年で4年ごとに半数が改選される。両議院はそれ
ぞれ総議員の_ウ3分の1以上の出席がなければ議事を開くことができな
い。議事は原則として出席議員の_エ過半数により議決される。

(2) 国会の仕事としてあてはまるものを選び，記号で答えよ。
　ア．予算を作成する。　　イ．条約を締結する。
　ウ．裁判官を任命する。　エ．国政調査権を行使する。

(3) 国会における審議について，予算をはじめとする重要案件において
は，関係者や学識経験者などに意見を求めることがある。このとき開
かれる会議を何というか。

解答　(1) イ　　(2) エ　　(3) 公聴会
解説　(1) 任期6年で3年ごとに改選。　(2) ア・イ・ウ　内閣の仕事。

━━━━━━ 例題 3 〈内閣〉 ━━━━━━

(1) 衆議院の解散による総選挙後に開かれる，内閣総理大臣の指名を主
な議題とする国会を何というか。ア～エから選び，記号で答えよ。
　ア．臨時会　　イ．常会　　ウ．特別会　　エ．緊急集会

(2) 次のア～エのうち，内閣の権能にあてはまらないものを選び，記号
で答えよ。
　ア．最高裁判所長官の指名　　イ．政令の制定
　ウ．法律案の作成　　　　　　エ．条約の承認

(3) 内閣が国会の信任のもとに成り立ち，国会に対して連帯して責任を
負う制度を何というか。

解答　(1) ウ　　(2) エ　　(3) 議院内閣制

解説 (1) ア．内閣が必要と認めたときか，いずれかの議院の総議員の4分の1以上の要求があったときに召集される。　イ．年1回，定期的に召集される。　エ．衆議院の解散中に必要が生じた場合，内閣が召集する参議院の集会。　(2) エ．国会の権能。

━━━━━━━━ 例題 4 〈裁判所〉 ━━━━━━━━

(1) 日本の裁判官に関する記述として誤っているものを選び，記号で答えよ。
　ア．裁判官は，公の弾劾裁判または心身の故障のためでなければ罷免されない。
　イ．裁判官は，国会や内閣などの機関から広く意見を聞いて，職務にあたらなければならない。
　ウ．最高裁判所の裁判官は，衆議院議員総選挙の際に国民審査を受ける。
　エ．下級裁判所の裁判官は，最高裁判所が指名した者の名簿によって，内閣が任命する。
(2) 民事裁判において，簡易裁判所で第一審が行われた訴訟の控訴は，どの裁判所に対して行われるか。
(3) 裁判員制度について正しく説明したものを選び，記号で答えよ。
　ア．民事裁判と刑事裁判の双方で実施される。
　イ．裁判員は20歳以上の日本国民の中から選ばれる。
　ウ．裁判員6名と裁判官3人が1つの事件を担当する。
　エ　裁判員に選ばれた者は，辞退することはできない。

解答 (1) イ　　(2) 地方裁判所　　(3) ウ
解説 (1) イ　国会や内閣などの干渉で裁判がゆがめられないように，裁判官は自らの良心と憲法および法律のみに従って裁判を行う。
(3) ア　刑事裁判のみ。　イ　民法の改正により，令和4年4月1日から，裁判員になることができる年齢が20歳から18歳以上になった。　エ　裁判官の判断により辞退が認められることがある。

社会科 学習指導要領

ポイント

平成29年改訂の要点

① 目標の改善について

(1) 教科の目標

　社会科において育成を目指す資質・能力については，中央教育審議会答申（平成28年12月21日）にて「公民としての資質・能力」を育成することを目指すとされ，「知識・技能」，「思考力・判断力・表現力等」，「学びに向かう力・人間性等」の三つの柱に沿った整理が行われた。これを受け，教科の目標は次のように示された。

> 　社会的な見方・考え方を働かせ，課題を追究したり解決したりする活動を通して，グローバル化する国際社会を主体的に生きる平和で民主的な国家及び社会の形成者に必要な公民としての資質・能力の基礎を次のとおり育成することを目指す。
> (1) 地域や我が国の国土の地理的環境，現代社会の仕組みや働き，地域や我が国の歴史や伝統と文化を通して社会生活について理解するとともに，様々な資料や調査活動を通して情報を適切に調べまとめる技能を身に付けるようにする。
> (2) 社会的事象の特色や相互の関連，意味を多角的に考えたり，社会に見られる課題を把握して，その解決に向けて社会への関わり方を選択・判断したりする力，考えたことや選択・判断したことを適切に表現する力を養う。
> (3) 社会的事象について，よりよい社会を考え主体的に問題解決しようとする態度を養うとともに，多角的な思考や理解を通して，地域社会に対する誇りと愛情，地域社会の一員としての自覚，我が国の国土と歴史に対する愛情，我が国の将来を担う国民としての自覚，世界の国々の人々と共に生きていくことの大切さについての自覚などを養う。

　従前より示し方が変更され，先述の3つの柱に対応して (1) 〜 (3) の目標が示された。それぞれ (1) が「知識・技能」，(2) が「思考力・判断力・表現力等」，(3) が「学びに向かう力・人間性等」による。

(2) 各学年の目標

〔第3学年〕
　社会的事象の見方・考え方を働かせ，学習の問題を追究・解決する活動を通して，次のとおり資質・能力を育成することを目指す。
(1) 身近な地域や市区町村の地理的環境，地域の安全を守るための諸活動や地域の産業と消費生活の様子，地域の様子の移り変わりについて，人々の生活との関連を踏まえて理解するとともに，調査活動，地図帳や各種の具体的資料を通して，必要な情報を調べまとめる技能を身に付けるようにする。
(2) 社会的事象の特色や相互の関連，意味を考える力，社会に見られる課題を把握して，その解決に向けて社会への関わり方を選択・判断する力，考えたことや選択・判断したことを表現する力を養う。
(3) 社会的事象について，主体的に学習の問題を解決しようとする態度や，よりよい社会を考え学習したことを社会生活に生かそうとする態度を養うとともに，思考や理解を通して，地域社会に対する誇りと愛情，地域社会の一員としての自覚を養う。

〔第4学年〕
　社会的事象の見方・考え方を働かせ，学習の問題を追究・解決する活動を通して，次のとおり資質・能力を育成することを目指す。
(1) 自分たちの都道府県の地理的環境の特色，地域の人々の健康と生活環境を支える働きや自然災害から地域の安全を守るための諸活動，地域の伝統と文化や地域の発展に尽くした先人の働きなどについて，人々の生活との関連を踏まえて理解するとともに，調査活動，地図帳や各種の具体的資料を通して，必要な情報を調べまとめる技能を身に付けるようにする。

(2) 社会的事象の特色や相互の関連，意味を考える力，社会に見られる課題を把握して，その解決に向けて社会への関わり方を選択・判断する力，考えたことや選択・判断したことを表現する力を養う。

(3) 社会的事象について，主体的に学習の問題を解決しようとする態度や，よりよい社会を考え学習したことを社会生活に生かそうとする態度を養うとともに，思考や理解を通して，地域社会に対する誇りと愛情，地域社会の一員としての自覚を養う。

〔第5学年〕

社会的事象の見方・考え方を働かせ，学習の問題を追究・解決する活動を通して，次のとおり資質・能力を育成することを目指す。

(1) 我が国の国土の地理的環境の特色や産業の現状，社会の情報化と産業の関わりについて，国民生活との関連を踏まえて理解するとともに，地図帳や地球儀，統計などの各種の基礎的資料を通して，情報を適切に調べまとめる技能を身に付けるようにする。

(2) 社会的事象の特色や相互の関連，意味を多角的に考える力，社会に見られる課題を把握して，その解決に向けて社会への関わり方を選択・判断する力，考えたことや選択・判断したことを説明したり，それらを基に議論したりする力を養う。

(3) 社会的事象について，主体的に学習の問題を解決しようとする態度や，よりよい社会を考え学習したことを社会生活に生かそうとする態度を養うとともに，多角的な思考や理解を通して，我が国の国土に対する愛情，我が国の産業の発展を願い我が国の将来を担う国民としての自覚を養う。

〔第6学年〕

社会的事象の見方・考え方を働かせ，学習の問題を追究・解決する活動を通して，次のとおり資質・能力を育成することを目指す。

(1) 我が国の政治の考え方と仕組みや働き，国家及び社会の発展に大きな働きをした先人の業績や優れた文化遺産，我が国と関係の深い国の生活やグローバル化する国際社会における我が国の役割

> について理解するとともに，地図帳や地球儀，統計や年表などの各種の基礎的資料を通して，情報を適切に調べまとめる技能を身に付けるようにする。
>
> (2) 社会的事象の特色や相互の関連，意味を多角的に考える力，社会に見られる課題を把握して，その解決に向けて社会への関わり方を選択・判断する力，考えたことや選択・判断したことを説明したり，それらを基に議論したりする力を養う。
>
> (3) 社会的事象について，主体的に学習の問題を解決しようとする態度や，よりよい社会を考え学習したことを社会生活に生かそうとする態度を養うとともに，多角的な思考や理解を通して，我が国の歴史や伝統を大切にして国を愛する心情，我が国の将来を担う国民としての自覚や平和を願う日本人として世界の国々の人々と共に生きることの大切さについての自覚を養う。

　冒頭の「社会的事象の見方・考え方〜を目指す。」は全学年共通の文章である。各学年の (1) は答申で示された「知識・技能」の内容を，同様に各学年の (2) は「思考力・判断力・表現力等」の内容を，(3) は「学びに向かう力・人間性等」の内容を反映している。また，従前の学習指導要領では第3学年と第4学年の目標及び内容は共通で述べられていたが，現行の学習指導要領では個別に目標及び内容が示された。

② 内容の改善について

　各学年について3〜5つの領域が設定され，領域ごとに〔知識及び技能〕及び〔思考力・判断力・表現力等〕に関する指導事項を示す構成となっている。

━━━━━━━━━━ 例題 1 〈学習指導要領〉 ━━━━━━━━━━

　小学校学習指導要領（平成29年3月告示）「社会」について，次の各問いに答えよ。

　(1) 次の文は，社会科の目標である。文中の各空欄に適する語句の組

合せを下のア〜エから1つ選び，記号で答えよ。

社会的事象について，よりよい社会を考え主体的に問題解決しようとする態度を養うとともに，多角的な思考や理解を通して，地域社会に対する誇りと愛情，地域社会の一員としての自覚，我が国の（　①　）に対する愛情，我が国の将来を担う（　②　）の自覚，世界の国々の人々と共に生きていくことの大切さについての自覚などを養う。

ア．①　地理と歴史　　②　国民として
イ．①　地理と歴史　　②　公民として
ウ．①　国土と歴史　　②　国民として
エ．①　国土と歴史　　②　公民として

(2) 次の文は，各学年の目標の一部である。文中の各空欄に適する語句をあとのア〜コから1つずつ選び，記号で答えよ。

〔第3学年〕

(1) 身近な地域や市区町村の地理的環境，地域の安全を守るための諸活動や地域の産業と消費生活の様子，地域の様子の移り変わりについて，人々の生活との関連を踏まえて理解するとともに，調査活動，（　①　）や各種の具体的資料を通して，必要な情報を調べまとめる技能を身に付けるようにする。

〔第4学年〕

(3) 社会的事象について，主体的に学習の問題を解決しようとする態度や，よりよい社会を考え学習したことを社会生活に生かそうとする態度を養うとともに，思考や理解を通して，地域社会に対する（　②　），地域社会の一員としての自覚を養う。

〔第5学年〕

(1) 我が国の国土の地理的環境の特色や産業の現状，社会の（　③　）と産業の関わりについて，国民生活との関連を踏まえて理解するとともに，地図帳や地球儀，統計などの各種の基礎的資料を通して，情報を適切に調べまとめる技能を身に付けるようにする。

〔第6学年〕

(1) 我が国の政治の考え方と仕組みや働き，国家及び社会の発展に

大きな働きをした先人の業績や優れた文化遺産，我が国と関係の深い国の生活やグローバル化する国際社会における我が国の役割について理解するとともに，地図帳や地球儀，統計や年表などの各種の基礎的資料を通して，情報を適切に調べ（　④　）を身に付けるようにする。

　　ア．表現する技能　　　イ．理解と敬愛　　　ウ．地図帳
　　エ．国際化　　　　　　オ．情報化　　　　　カ．まとめる技能
　　キ．敬意と愛着　　　　ク．地球儀　　　　　ケ．発表する技能
　　コ．誇りと愛情

解答　(1) ウ　　(2) ① ウ　　② コ　　③ オ　　④ カ

解説　(2) ①　現行の学習指導要領では，第3学年から地図帳を取り扱うことが目標に示されている。なお地図帳は従前では第4学年から配布されていたが，グローバル化などへの対応を図る目的で繰り上げられた。　②　「地域社会に対する誇りと愛情を養う」とは，現在及び過去の地域の人々の工夫や努力によって生み出された，地域社会の特色やよさへの理解に基づいて，自分たちの住んでいる地域社会に対する誇りと愛情を育てるようにすることである。　③　中央教育審議会答申にて，教育内容の見直しの一例として「情報化等による産業構造の変化やその中での起業」が挙げられている。従前の第5学年の目標には「我が国の産業の発展や社会の情報化の進展に関心をもつようにする」とあったが，今回は「産業の現状，社会の情報化と産業の関わりについて国民生活との関連を踏まえて理解する」と改訂されていることから，社会の情報化についてより深い学習を求められていると考えられる。④　図表を適切に用い分かりやすさに留意してまとめることや，基礎的資料を目的に応じて分類・整理してまとめることが重要である。

例題 2 〈学習指導要領〉

　次のA～Dは，小学校学習指導要領「社会」の「各学年の目標及び内容」における「内容の取扱い」の一部である。下の各問いに答えよ。

A　「主な国」については，名称についても扱うようにし，近隣の諸国を含めて取り上げること。その際，我が国や諸外国には（　①　）があることを理解し，それを尊重する態度を養うよう配慮すること。

B　児童の興味・関心を重視し，取り上げる人物や（　②　）の重点の置き方に工夫を加えるなど，精選して具体的に理解できるようにすること。

C　「公共施設」については，市が公共施設の整備を進めてきたことを取り上げること。その際，（　③　）の役割に触れること。

D　「関係機関」については，県庁や市役所の働きなどを中心に取り上げ，（　④　）情報の発信，（　⑤　）体制の確保などの働き，自衛隊など国の機関との関わりを取り上げること。

(1)（　①　）～（　⑤　）にあてはまる語句を次のa～jから1つずつ選び，記号で答えよ。

　　a　防災　　b　地域社会　　c　救助　　d　領土　　e　国旗
　　f　災害　　g　行政　　　h　避難　　i　文化遺産　　j　租税

(2) A～Dは，それぞれ何学年のものか，あてはまる学年を次のア～エから選び，記号で答えよ。

　　ア．第3学年　　イ．第4学年　　ウ．第5学年　　エ．第6学年

解答　(1) ① e　② i　③ j　④ a　⑤ h
　　　　(2) A ウ　B エ　C ア　D イ

解説　小学校社会科の特徴の1つとして，学年ごとで学習内容が異なる点があげられる。それぞれの特徴を踏まえながら，学習したい。

━━━━━━ 例題 3 〈学習指導要領〉 ━━━━━━

　小学校学習指導要領「社会」の「第3　指導計画の作成と内容の取扱い」における指導計画上の配慮事項には，身近な地域及び国土の遺跡や文化財などの観察や調査を取り入れるようにすることが示されている。次の各問いに答えよ。

(1)　国宝・重要文化財をあわせて一番多く有する都道府県を①〜⑤から1つ選べ。

　　①　東京　　②　京都　　③　大阪　　④　奈良　　⑤　愛知

(2)　京都市・宇治市では，古都京都の世界文化遺産として17件が登録されている。次の中から，世界文化遺産に登録されていないものを①〜⑤から1つ選べ。

　　①　賀茂別雷神社　　②　三十三間堂　　③　清水寺

　　④　教王護国寺　　⑤　高山寺

(3)　世界文化遺産に登録されている枯山水で有名な龍安寺を創立したのは誰か。①〜⑤から1つ選べ。

　　①　足利義政　　②　山名持豊　　③　足利義満　　④　畠山政長

　　⑤　細川勝元

解答　(1)①　　(2)②　　(3)⑤

解説　(1) 1位：東京2834件，2位：京都2201件となる。(2023年6月現在)
　　　(2) 京都市東山区にある蓮華王院本堂の別称。　(3) 京都市右京区にある臨済宗妙心寺派の寺院。

━━━━━━━━━━━━━━━━━━━━━━

●小学校学習指導要領 (平成 29 年 3 月告示)

社会科 学習指導法

ポイント

　指導法に関する設問に対しては，各学年に応じた具体的な指導法や学習への配慮を答えることが求められる。それには，各学年の指導目標及び指導内容を正確に把握しておく必要がある。

　小学校の社会科では，学年によって指導目標・指導内容がかなり異なる。そのため，各学年の指導目標・指導内容に応じて，指導法を工夫することが求められる。例えば第3学年では，生活科の学習を踏まえ，具体的な体験的学習や活動を取り入れる必要がある。なお現行の学習指導要領から第3学年から地図帳を使用することとなった点には留意したい。第4学年においては，従前では第3学年と共通して指導目標・指導内容が示されていたが，現行の学習指導要領から個別に示されるようになったことに注意する。第3学年の内容と第4学年の内容の接続について自分なりに確認しておくとよい。第5学年の産業学習においては，児童の生活に密着していながらも，その生産過程が見えにくい産業の問題をいかに身近なものとしてとらえさせるかがポイントとなる。第6学年の歴史学習においては，網羅的な歴史的事象の取り上げを避け，人物や文化遺産を精選して具体的に理解させる必要がある。また政治学習では，政治の制度や機構に深入りすることのないように配慮し，政治の動きを国民生活と関連させて具体的に指導するようにしたい。また国際理解学習では，観念的・抽象的な指導にならないように留意し，具体的に2，3カ国を取り上げ，正しい国際理解と世界平和への努力が大切であることを理解させるように配慮したい。

　小学校社会科では，各学年に応じた具体的な指導法に応えることが求められるが，学年を通しての児童の発達段階を考慮して，社会的事象を公正に判断できるようにするとともに，個々の児童に社会的なものの見方や考え方が現れるようにしたい。具体的な方法としては，博物館・郷土資料館の活用，地域や国の遺跡・文化財の観察・調査及び，内容に関わる専門家や関係者・関係の諸機関との連携，地図の活用などが行われ

るよう配慮する必要がある。

―――――――― 例題1 〈学習指導法〉 ――――――――

　小学校学習指導要領（平成29年3月告示）「社会」の第6学年の内容（2）「我が国の歴史上の主な事象」について指導を行うとき，身に付けさせるべき知識及び技能について2つ書け。

解答　・狩猟・採集や農耕の生活，古墳，大和朝廷（大和政権）による統一の様子を手掛かりに，むらからくにへと変化したことを理解すること。　・大陸文化の摂取，大化の改新，大仏造営の様子を手掛かりに，天皇を中心とした政治が確立されたことを理解すること。

解説　歴史上の主な事象における「知識及び技能」については（ア）〜（シ）の12項目が挙げられている。また，それらの内容を総括して，「我が国の歴史上の主な事象を手掛かりに，大まかな歴史を理解するとともに，関連する先人の業績，優れた文化遺産を理解すること。」と示されていることにも留意する。

―――――――― 例題2 〈学習指導法〉 ――――――――

　第4学年の「廃棄物の処理」の学習について，次の（1），（2）の問いに答えよ。
（1）この学習で扱う廃棄物の例を2つ書け。
（2）この学習では，地域の人々が法やきまりを守って生活していることを取り上げる。その際に児童に気付かせたいことは何か，書け。

解答　（1）ごみ，下水　　（2）法や自分たちが決めたきまりを守ることが，地域の健康な生活や良好な生活環境の維持と向上を図る上で大切であること。

解説　（1）ごみ，下水のいずれかを選択して取り扱う旨が，「3　内容の

取扱い」に示されている。なお従前では「ごみ，下水のいずれかを選択して取り上げ，廃棄物を資源として活用していることについても扱うこと。」とされていたが，改訂後では廃棄物に関する資源活用について削除されている。これは，「2　内容」の中で廃棄物の資源活用について触れることを明記したためで，取り扱わなくなったということではない。　（2）ここでいう法には地方自治体が決める条例などが含まれる。また，「自分たちが決めたきまり」には町内会や管理組合が決めたルール等がある。

━━━━━━━ **例題3〈学習指導法〉** ━━━━━━━

地図帳を問題解決のための教材として必要に応じて活用できるようにするために，日常の指導の中で何について指導し，どのような力を身に付けさせることが大切か書け。

解　答　自分たちの住んでいる県（都・道・府）だけでなく，様々な県が出てくるたびに，その都度その県などの位置を確認させる。まずは，自分たちの住んでいる都道府県の市町村等を調べさせ，親しみを覚えさせる。次に，47都道府県についての構成を理解させる。その際に，地図記号を成り立ちから教え，それらを覚えさせる。そして，資料活用能力を培う。

解　説　現行の学習指導要領から，第3学年から地図帳を扱うこととなったため，同学年で方位や主な地図記号について取り扱うこととされている。方位や地図記号，地図帳の引き方についての知識を身に付けさせることで，各種の資料と組み合わせて必要な情報を調べる学習が可能になる。

━━━━━━━━━━━━━━━━━━━━━━━

●小学校学習指導要領（平成29年告示）解説「社会編」（平成29年7月）

第 3 章

算数科

算数科 数と式

ポイント

① **分数式**

(1) 乗法・除法

$$\frac{A}{B} \times \frac{C}{D} = \frac{AC}{BD} \qquad \frac{A}{B} \div \frac{C}{D} = \frac{A}{B} \times \frac{D}{C} = \frac{AD}{BC}$$

(2) 加法・減法

$$\frac{A}{B} + \frac{C}{D} = \frac{AD + BC}{BD} \qquad \frac{A}{B} - \frac{C}{D} = \frac{AD - BC}{BD}$$

② **因数分解**

(1) 共通因数をくくり出す

$$ma + mb = m\,(a + b)$$

(2) 乗法公式

① $a^2 + 2ab + b^2 = (a + b)^2$

② $a^2 - 2ab + b^2 = (a - b)^2$

③ $a^2 - b^2 = (a + b)(a - b)$

④ $x^2 + (a + b)\,x + ab = (x + a)(x + b)$

⑤ $acx^2 + (ad + bc)\,x + bd = (ax + b)(cx + d)$

(3) 因数分解の手順

共通因数でくくる

↓

置き換えができないか

↓

乗法公式が利用できないか

↓

まだ因数分解できないか

$$
\begin{array}{ll}
\boxed{例} \quad 2x^5 + 6x^3 - 8x & \text{共通因数 } 2x \text{ でくくる} \\
= 2x(x^4 + 3x^2 - 4) & x^2 = A \text{に置きかえ} \\
= 2x(\underline{A^2 + 3A - 4}) & \text{乗法公式④を利用} \\
= 2x(A + 4)(A - 1) & A = x^2 \text{に戻す} \\
= 2x(x^2 + 4)(x^2 - 1) & \text{因数分解する} \\
= 2x(x^2 + 4)(x + 1)(x - 1) &
\end{array}
$$

③ 平方根

(1) 平方根の乗法・除法

$$\sqrt{a} \times \sqrt{b} = \sqrt{ab} \qquad \frac{\sqrt{b}}{\sqrt{a}} = \sqrt{\frac{b}{a}} \qquad (a > 0,\ b > 0)$$

(2) $a\sqrt{b}$ の形への変形

$$\sqrt{a^2 b} = a\sqrt{b} \qquad (a > 0,\ b > 0)$$

(3) 分母の有理化

$$\frac{a}{\sqrt{b}} = \frac{a\sqrt{b}}{\sqrt{b} \times \sqrt{b}} = \frac{a\sqrt{b}}{b} \qquad (b > 0)$$

$$\frac{c}{\sqrt{a} \pm \sqrt{b}} = \frac{c}{\sqrt{a} \pm \sqrt{b}} \times \frac{\sqrt{a} \mp \sqrt{b}}{\sqrt{a} \mp \sqrt{b}} = \frac{c(\sqrt{a} \mp \sqrt{b})}{a - b} \qquad (a > 0,\ b > 0)$$

(4) 根号を含む式の計算のポイント

① $\sqrt{}$ の中をできるだけ簡単な数にする。

$$\boxed{例} \quad \sqrt{48} = \sqrt{16 \times 3} = \sqrt{4^2 \times 3} = 4\sqrt{3}$$

② 分母に $\sqrt{}$ を含まない形にする。

$$\boxed{例} \quad \frac{\sqrt{3}}{\sqrt{5}} = \frac{\sqrt{3} \times \sqrt{5}}{\sqrt{5} \times \sqrt{5}} = \frac{\sqrt{15}}{5}$$

③ 分配法則や乗法の公式を使って（　）をはずし，整理する。

$$\boxed{例} \quad \sqrt{3}(\sqrt{3} - 2) = \sqrt{3} \times \sqrt{3} - 2\sqrt{3} = 3 - 2\sqrt{3}$$

$$
\begin{aligned}
\boxed{例} \quad (\sqrt{2} + \sqrt{3})^2 &= (\sqrt{2})^2 + 2 \times \sqrt{2} \times \sqrt{3} + (\sqrt{3})^2 \\
&= 2 + 2\sqrt{6} + 3 = 5 + 2\sqrt{6}
\end{aligned}
$$

4 **数の性質**

(1) 素因数分解

整数を素数の積に分解する。

例　$60 = 2^2 \times 3 \times 5$

(2) 最大公約数と最小公倍数

ある2つの整数a，bの最大公約数をG，最小公倍数をLとすると，

$ab = GL$

例　$12 = 2^2 \times 3$と$18 = 2 \times 3^2$の最大公約数は$2 \times 3 = 6$，最小公倍数は$2^2 \times 3^2 = 36$で，$12 \times 18 = 6 \times 36$　が成り立つ。

―――――― **例題 1 〈四則混合計算〉** ――――――

$(-2x)^3 \div (-4x^2y) \times (-3xy^2)$ を計算せよ。

解 答　$-6x^2y$

解 説　$(-2x)^3 \div (-4x^2y) \times (-3xy^2)$

$= (-8x^3) \div (-4x^2y) \times (-3xy^2)$

$= -\dfrac{8x^3 \times 3xy^2}{4x^2y}$

$= -6x^2y$

―――――― **例題 2 〈分数式〉** ――――――

$\dfrac{1}{x} + \dfrac{1}{y} = 2$のとき，$\dfrac{5x + 2xy + 5y}{x + y}$の値を求めよ。

解 答　6

解 説　$\dfrac{1}{x} + \dfrac{1}{y} = 2$　$\Leftrightarrow$　$\dfrac{x + y}{xy} = 2$　$\Leftrightarrow$　$x + y = 2xy$　のとき，

$\dfrac{5x + 2xy + 5y}{x + y} = \dfrac{5(x + y) + 2xy}{x + y}$

$= \dfrac{5 \times 2xy + 2xy}{2xy}$

$$= \frac{12xy}{2xy}$$

$$= 6$$

例題 3 〈因数分解〉

$ax^2 - axy - 6ay^2$ を因数分解せよ。

解答 $a(x+2y)(x-3y)$

解説 共通因数をくくり出し，因数分解の公式を利用する。

$ax^2 - axy - 6ay^2$

$= a(x^2 - xy - 6y^2)$

$= a(x+2y)(x-3y)$

例題 4 〈平方根〉

$\sqrt{7}$ の小数部分を a とするとき，$a^2 + 4a + 5$ の値を求めよ。

解答 8

解説 $2^2 < 7 < 3^2$ だから $\sqrt{7}$ の整数部分は2

よって $a = \sqrt{7} - 2$

このとき

$a^2 + 4a + 5 = (a+2)^2 + 1$

$\qquad\qquad = (\sqrt{7} - 2 + 2)^2 + 1$

$\qquad\qquad = 8$

算数科 方程式・不等式

ポイント

1 **方程式の応用**

(1) 速さの問題

道のり＝速さ×時間

(2) 濃度の問題

$$食塩水の濃度〔\%〕＝\frac{食塩の重さ}{食塩水の重さ}×100$$

⇒ $a\%$の食塩水x〔g〕に含まれている食塩の量…$x×\dfrac{a}{100}$〔g〕

(3) 比率の問題

xのa割増 … $\left(1+\dfrac{a}{10}\right)x$

xの$a\%$減 … $(1-0.01a)x$

(4) 整数の問題

2けたの自然数 … $10x+y$ （xは1から9まで，yは0から9までの整数）

(5) 仕事算

① 1人で仕事をするとき

仕上げるのにかかる日数＝全仕事量÷1日の仕事量

② A，Bの2人で仕事をするとき

2人で仕上げるのにかかる日数

$$=1÷\left(\frac{1}{A1人の場合にかかる日数}+\frac{1}{B1人の場合にかかる日数}\right)$$

2 **不等式**

$ax>b$において，$\begin{cases} a>0のとき，x>\dfrac{b}{a} \\ a<0のとき，x<\dfrac{b}{a} \end{cases}$

110

例 　$2x-3 < 4x+7$
　　　$2x-4x < 7+3$　　　　移項する
　　　　$-2x < 10$　　　　　両辺を-2で割る
　　　　　$x > -5$　　　　　負の数で割ると,
　　　　　　　　　　　　　不等号の向きが変わる

③ 連立方程式

(1) 代入法 … 一方の方程式を他方の方程式に代入して文字を消去

例 　$\begin{cases} -x+y=1 & \cdots\cdots ① \\ x+2y=5 & \cdots\cdots ② \end{cases}$
　　①を$y=x+1$に変形して, これを②に代入
　　$x+2(x+1)=5$
　　$3x=3$　　$x=1$
　　①より, $y=2$

(2) 加減法 … 2つの方程式の辺々を加減して文字を消去

例 　$\begin{cases} 2x+3y=1 & \cdots\cdots ① \\ 3x-y=7 & \cdots\cdots ② \end{cases}$
　　①　　　　　　$2x+3y=1$
　②$\times 3$　　$+)\ 9x-3y=21$
　　　　　　　　　$11x\ \ \ \ \ =22$　　$x=2$
　　①より, $4+3y=1$　　　　　$y=-1$

④ 2次方程式の解き方

(1) 完全平方式の利用

$(x+m)^2=n$　$\cdots$　$x+m$を1つのものとみる。

$x+m=\pm\sqrt{n}$

$x=-m\pm\sqrt{n}$

(2) 因数分解の利用

$x^2 + px + q = 0$の左辺を，$(x-a)(x-b)$の形に因数分解する。

> 例 $x^2 - 6x + 8 = 0$
> $(x-2)(x-4) = 0$
> $x = 2,\ 4$

(3) 式の変形

$x^2 + px + q = 0$ … 式を変形して，$(x+m)^2 = n$の形にする。

> 例 $x^2 + 6x + 3 = 0$
> $x^2 + 6x\qquad = -3$　　　数の項を右辺に移項
> $x^2 + 6x + 3^2 = -3 + 3^2$　　xの係数の半分の2乗を両辺に加える
> $(x+3)^2 \qquad = 6$
> $x + 3 \qquad = \pm\sqrt{6}$　　　　　$x = -3 \pm \sqrt{6}$

(4) 解の公式の利用

$ax^2 + bx + c = 0$の解　　$x = \dfrac{-b \pm \sqrt{b^2 - 4ac}}{2a}$　$(a \neq 0)$

例題 1 〈1次方程式の応用①—速さの問題〉

　弟が家を出発して駅に向かった。その5分後に，姉が家を出発して自転車で弟を追いかけた。弟の歩く速さを毎分60m，姉の自転車の速さを毎分210mとする。姉は家を出発してから何分後に弟に追いつくか。

解答　2分後

解説　姉が出発してからx分後に弟に追いつくとすると

$\qquad 60(5 + x) = 210x$

これを解くと

$\qquad 300 + 60x = 210x$

$\qquad -150x = -300$

$\qquad x = 2$

姉が弟に追いつくのは，弟の進んだ道のりと姉の進んだ道のりが

等しくなるときである。

■■■ **例題 2 〈1次方程式の応用②—比率の問題〉** ■■■

ある商品に原価の3割の利益を見込んで定価をつけたが売れなかったので，定価の2割引きで売ったら売れて1200円の利益を得た。この商品の原価は何円か。

解答 30000円

解説 この商品の原価をx円とすると

$$1.3x \times 0.8 - x = 1200$$

これを解くと

$$104x - 100x = 120000$$
$$4x = 120000$$
$$x = 30000$$

定価は$x \times (1 + 0.3) = 1.3x$〔円〕
売価は$1.3x \times (1 - 0.2) = 1.04x$〔円〕

■■■ **例題 3 〈1次方程式の応用③—整数の問題〉** ■■■

画用紙を何人かの子どもに配るのに，1人に5枚ずつ配るには10枚足りない。また，1人に4枚ずつ配ると3枚余る。画用紙の枚数は何枚か。

解答 55枚

解説 子どもの人数をx人とすると

$$5x - 10 = 4x + 3$$

これを解くと

$$x = 13$$

よって，画用紙の枚数は

$$5 \times 13 - 10 = 55$$〔枚〕

子どもの人数をx人として，画用紙の枚数を2通りに表す。

113

別解　画用紙の枚数をx枚として子どもの人数を2通りに表すと

$$\frac{x+10}{5} = \frac{x-3}{4}$$

これを解くと　$x = 55$

====== 例題4 〈1次方程式の応用④—不等式の問題〉 ======

　1個140円のりんごと1個80円のみかんを合わせて20個買って箱につめてもらい，代金は箱代210円を含めて2500円以下にしたい。りんごをできるだけ多く買うことにすると，りんごは何個まで買うことができるか。

解答	11個まで

解説　りんごをx個買うとすると

$$140x + 80(20-x) + 210 \leq 2500$$

これを解くと

$$140x - 80x \leq 2500 - 1600 - 210$$
$$60x \leq 690$$
$$x \leq 11\frac{1}{2}$$

これを満たす最大の整数xは11
よって，りんごは11個まで買える。
りんごをx個買うとすると，みかんは$(20-x)$個買うことになる。

====== 例題5 〈連立方程式〉 ======

　4%の食塩水と7%の食塩水を混ぜ合わせて，5%の食塩水を600gつくりたい。それぞれ何gずつ混ぜ合わせればよいか。

解答	4%の食塩水400g，7%の食塩水200g

解説 4%の食塩水をx〔g〕，7%の食塩水をy〔g〕混ぜ合わせるとすると

$$\begin{cases} x+y=600 \quad \cdots\cdots ① \\ \dfrac{4}{100}x+\dfrac{7}{100}y=\dfrac{5}{100}\times 600 \quad \cdots\cdots ② \end{cases}$$

②を整理すると $4x+7y=3000 \quad \cdots\cdots ③$

③－①×4より $3y=600$

$$y=200$$

これを①に代入すると $x=400$

4%の食塩水x〔g〕，7%の食塩水y〔g〕に含まれる食塩の重さは

それぞれ$\dfrac{4}{100}x$〔g〕，$\dfrac{7}{100}y$〔g〕である。

例題6〈連立方程式の応用〉

A町から峠をこえて26km離れたB町まで行くのに，A町から峠までは時速4km，峠からB町までは時速5kmで歩いて合計で6時間かかった。A町から峠までの道のり，峠からB町までの道のりはそれぞれ何kmか。

解答 A町から峠まで16km，峠からB町まで10km

解説 A町から峠までの道のりをx〔km〕，峠からB町までの道のりをy〔km〕とすると

$$\begin{cases} x+y=26 \quad \cdots\cdots ① \\ \dfrac{x}{4}+\dfrac{y}{5}=6 \quad \cdots\cdots ② \end{cases}$$

②の両辺を20倍すると $5x+4y=120 \quad \cdots\cdots ③$

①×5－③より $y=10$

これを①に代入すると $x=16$

A町から峠まで，峠からB町まで行くのにかかった時間はそれぞれ$\dfrac{x}{4}$時間，$\dfrac{y}{5}$時間である。

━━━━━━━━ 例題 7 〈2次方程式〉 ━━━━━━━━

　連続する2つの奇数があり，小さい方の奇数を2乗して24を加えた数は，大きい方の奇数を7倍した数に等しい。小さい方の奇数を求めよ。

|解 答| 5

|解 説| 小さい方の奇数をxとすると

$$x^2 + 24 = 7(x+2)$$

これを解くと

$$x^2 - 7x + 10 = 0$$

$$(x-2)(x-5) = 0$$

$$x = 2 \text{ または } x = 5$$

xは奇数だから，$x=2$は適さないが，$x=5$は適する。

━━━━━━━━ 例題 8 〈2次方程式の応用〉 ━━━━━━━━

　縦の長さが横の長さより短い長方形の土地がある。この長方形の周の長さが26m，面積が36m²であるとき，縦の長さは何mか。

|解 答| 4m

|解 説| 縦の長さをx〔m〕とすると

$$0 < x < \frac{13}{2} \quad \cdots\cdots①$$

であり

$$x(13-x) = 36$$

これを解くと

$$x^2 - 13x + 36 = 0$$

$$(x-4)(x-9) = 0$$

$$x = 4 \text{ または } x = 9$$

$x=4$は①を満たすが，$x=9$は①を満たさない。

算数科　関数

ポイント

1　1次関数

(1) 1次関数　$y = ax + b$のグラフ

① 傾きa，切片bの直線

$a > 0$のとき

② $a > 0$のとき，右上がり（傾き正）

$a < 0$のとき，右下がり（傾き負）

③ 変化の割合 = $\dfrac{y \text{の増加量}}{x \text{の増加量}}$ = a（一定）

(2) 直線の式の決定

① 傾きaで，点$(x_1,\ y_1)$を通る直線

$$y - y_1 = a(x - x_1)$$

> 例　傾き2で点$(5,\ 3)$を通る直線
> $$y - 3 = 2(x - 5)$$
> $$y = 2x - 7$$

② 2点$(x_1,\ y_1)$，$(x_2,\ y_2)$を通る直線

$$y - y_1 = \frac{y_2 - y_1}{x_2 - x_1}(x - x_1)$$

> 例 2点 (1, 1), (3, 5) を通る直線
>
> $$y - 1 = \frac{5-1}{3-1}(x-1)$$
> $$y = 2(x-1)+1$$
> $$y = 2x-1$$

・直線の式を $y = ax + b$ とおき，連立方程式により求める。

(3) 2直線の関係

2直線 $y = mx + n,\ y = m'x + n'$

① 2直線が平行

$m = m'$（傾きが同じ）

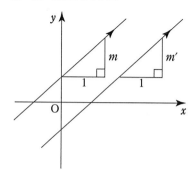

② 2直線が垂直

$mm' = -1$

③ 2直線の交点

2直線の交点の x 座標は，y を消去した

$mx + n = m'x + n'$ を解くことで求まる。

2 2次関数のグラフ

(1) $y = ax^2$ のグラフ

① 原点を通る放物線（原点は頂点）

② y 軸に対して対称

③ $a > 0$ のとき，下に凸（$y = 0$ が最小値）

$a < 0$ のとき，上に凸（$y = 0$ が最大値）

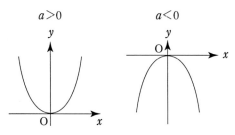

(2) $y=a(x-p)^2+q$のグラフ

① $y=ax^2$のグラフを，x軸方向にp，y軸方向にq平行移動した放物線

② $a>0$のとき下に凸なので，頂点において最小

$a<0$のとき上に凸なので，頂点において最大

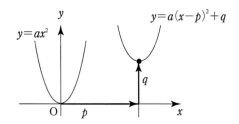

(3) 変化の割合

$y=ax^2$で，xの値がpからqまで変化したときの割合は，

$$変化の割合 = \frac{y の増加量}{x の増加量}$$

$$= \frac{aq^2-ap^2}{q-p} = \frac{a(q-p)(q+p)}{q-p} = a(q+p)$$

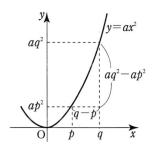

(4) 2次関数と直線の交点

　　$y = ax^2$ と $y = mx + n$ の2つのグラフの交点は，y を消去した $ax^2 = mx + n$ を解くことで求まる。

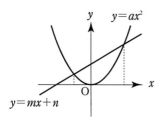

(5) 図形との融合

　① 　平行線との融合

　　　例 　次図で，AB//OP ならば，△OAB ＝ △PAB

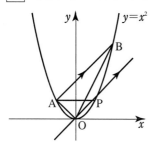

　② 　三平方の定理との融合

　　　例 　次図で，△OAB が正三角形となるのは，

　　　　　OC：OB：BC ＝ 1：2：$\sqrt{3}$

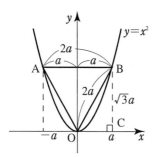

▰▰▰▰ 例題 1 〈1次関数―直線の式〉 ▰▰▰▰

点（-5，7）を通り，直線$y=-2x+5$に平行な直線の式を求めよ。

解 答 $y=-2x-3$

解 説 直線$y=-2x+5$に平行な直線の傾きは-2だから，求める直線の
式を$y=-2x+n$とする。
直線$y=-2x+n$は点（-5，7）を通るから
$$7=-2\times(-5)+n$$
が成り立つ。
これを解くと $n=-3$
したがって，求める直線の式は $y=-2x-3$

▰▰▰▰ 例題 2 〈1次関数―直線で囲まれた三角形の面積〉 ▰▰▰▰

次の図のように，直線l上に点A（2，4），B（6，2）がある。原点をOと
するとき，△OABの面積を求めよ。

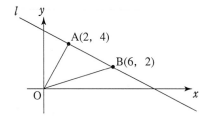

解 答 10

解 説 直線 l の式は
$$y-4=\frac{2-4}{6-2}(x-2)$$
すなわち $y=-\frac{1}{2}x+5$
直線lとy軸との交点をCとすると C（0，5）
$$\triangle OAB=\triangle OCB-\triangle OCA$$

121

$$= \frac{1}{2} \times 5 \times 6 - \frac{1}{2} \times 5 \times 2$$
$$= 15 - 5 = 10$$

例題3〈関数と変域〉

$a>0$とする。関数$y=ax^2$について，xの変域が$-2 \leqq x \leqq 4$のとき，yの変域は$b \leqq y \leqq 32$である。a，bの値をそれぞれ求めよ。

| 解答 | $a=2$，$b=0$ |

| 解説 | $a>0$であり，xの変域に$x=0$が含まれるので，関数$y=ax^2$の最大値は$x=4$のとき$y=32$だから |

$$a \times 4^2 = 32$$

これを解くと　$a=2$

また，関数$y=ax^2$の最小値は$x=0$のとき$y=0$である。

よって，$b=0$

例題4〈グラフと三角形の面積〉

次の図のように，関数$y=\frac{1}{2}x^2$のグラフ上に2点A，Bがあり，A，Bのx座標はそれぞれ-2，4である。直線ABとx軸との交点をCとするとき，点Cを通り，△OBCの面積を2等分する直線の式を求めよ。

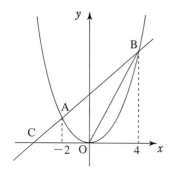

解答 $y = \dfrac{2}{3}x + \dfrac{8}{3}$

解説 2点A, Bは関数$y = \dfrac{1}{2}x^2$のグラフ上にあり, x座標がそれぞれ-2, 4だから, y座標はそれぞれ

$$\frac{1}{2} \times (-2)^2 = 2, \quad \frac{1}{2} \times 4^2 = 8$$

2点A$(-2, 2)$, B$(4, 8)$を通る直線の式は

$$y - 2 = \frac{8-2}{4-(-2)}(x+2)$$

すなわち $y = x + 4$

これに$y = 0$を代入すると $x = -4$

よって, 直線ABとx軸の交点Cの座標は$(-4, 0)$

点Cを通り, △OBCの面積を2等分する直線は, 線分OBの中点を通る。

線分OBの中点の座標は$(2, 4)$

したがって, 点Cを通り, △OBCの面積を2等分する直線の式は

$$y - 0 = \frac{4-0}{2-(-4)}(x+4) \quad \text{すなわち} \quad y = \frac{2}{3}x + \frac{8}{3}$$

算数科 図形

ポイント

1 角と平行線

(1) 平行線と角

　　2つの直線 l, mが平行なとき,

　$\angle a = \angle c$（同位角は等しい）

　$\angle b = \angle c$（錯角は等しい）

(2) 三角形と角

① 　内角の和は180°

② 　外角は，他の内角の和に等しい。

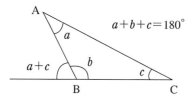

$a+b+c=180°$

(3) 多角形

① 　n角形の内角の和　…　$180° \times (n-2)$

② 　n角形の外角の和　…　$360°$

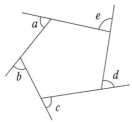

$a+b+c+d+e=360°$

2 三角形の性質

(1) 三角形と線分の比

△ABCにおいて，点D，Eを辺AB，AC上にとるとき，DE//BCならば，
△ABC∽△ADEで，

$$\frac{AD}{AB} = \frac{AE}{AC} = \frac{DE}{BC}, \quad \frac{AD}{DB} = \frac{AE}{EC}$$

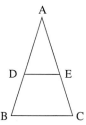

(2) 中点連結定理

三角形の2辺の中点をそれぞれM，Nとすると，

$$MN//BC \qquad MN = \frac{1}{2}BC$$

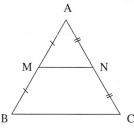

(3) 三角形と面積の比

三角形において高さが等しいとき，面積の比は，底辺の比に等しい。

$$△ABC : △ACD : △ABD = BC : CD : BD$$

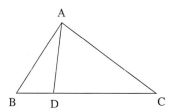

(4) 三平方の定理

直角三角形の直角をはさむ2辺の長さをa, b, 斜辺の長さをcとすると,

$$a^2 + b^2 = c^2$$

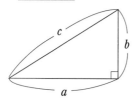

③ 円の性質

(1) 円周角と中心角

① 円周角は中心角の半分に等しい。

$$\angle APB = \frac{1}{2}\angle AOB$$

② 同じ弧に対する円周角は等しい。

$$\angle APB = \angle AQB$$

③ 直径に対する円周角は90°

(2) 円と接線

① 接線は,接点を通る半径に垂直。

② 1点から引いた2本の接線の長さは等しい。

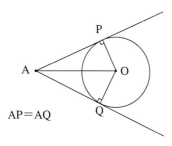

AP＝AQ

4 求積

(1) 扇形の弧の長さと面積

半径 r, 中心角 $a°$ の扇形の弧の長さを l, 面積を S, 円周率を π とすると,

$$l = 2\pi r \times \frac{a}{360}$$

$$S = \pi r^2 \times \frac{a}{360} = \frac{1}{2}lr$$

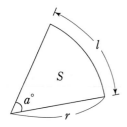

(2) 立体図形の求積

体積を V, 表面積を A, 底面積を S とする。

① 円すい（高さ h, 半径 r, 母線 l）

$$V = \frac{1}{3}Sh = \frac{1}{3}\pi r^2 h$$

$$側面積 = \pi l^2 \times \frac{中心角}{360} = \pi r l$$

$$A = \pi r^2 + \pi r l$$

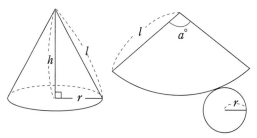

$$l : r = 360 : a$$
$$(中心角 a)$$

② 角すい（底面が長方形のとき）

$$V = \frac{1}{3}Sh = \frac{1}{3}abh$$

(3) 相似な図形の面積比・体積比

　辺の比が $m : n$ の相似な図形のとき，

　面積比 $= m^2 : n^2$

　体積比 $= m^3 : n^3$

════ **例題 1 〈平行線と角〉** ════

　次の図において，2直線 l, m は平行であり，△ABC は正三角形である。このとき，∠x の大きさを求めよ。

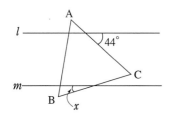

解答 16°

解説 右の図のように，点Cを通り，
直線*l*に平行な直線 *n* をひき，
点D ～ Hを定める。

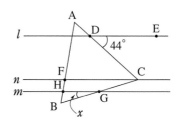

平行線の錯角は等しいから，
l//*n*より
　　∠DCF = ∠EDC = 44°
平行線の同位角は等しいから，
n//*m*より
　　∠GCF = ∠BGH = ∠*x*
正三角形の内角は60°だから
　　∠DCF + ∠GCF = 60°
　　　44° + ∠*x* = 60°
したがって　∠*x* = 60° − 44° = 16°

───────── 例題 2 〈多角形〉 ─────────

1つの内角が135°である正多角形は正何角形か。

解答 正八角形

解説 正*n*角形であるとすると，1つの内角が135°だから
　　180° × (*n* − 2) = 135° × *n*
これを解くと　*n* = 8　　よって　正八角形

例題3〈三角形と線分の比〉

次の図で，AB//PQ//CDであるとき，線分PQの長さを求めよ。

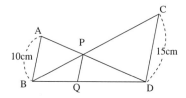

解答 6cm

解説 AB//CDだから

$$AP : DP = AB : DC$$
$$= 10 : 15 = 2 : 3$$

PQ//ABだから

$$PQ : AB = DP : DA$$
$$= 3 : (3+2) = 3 : 5$$

PQ=x〔cm〕とすると

$$x : 10 = 3 : 5$$

これを解くと　$x=6$

したがって　PQ=6〔cm〕

例題4〈中点連結定理〉

次の図の四角形ABCDは，AD//BCの台形であり，AD=6cm，BC=10cmである。辺ABの中点をEとし，Eから辺BCに平行な直線をひき，対角線DB，AC，辺DCとの交点をそれぞれF，G，Hとするとき，FGの長さを求めよ。

解答 2cm

解説 △BADにおいて，EF//ADより

BE：EA＝BF：FD

BE＝EAだから　BF＝FD

よって，点E，FはBA，BDの中点だから，中点連結定理より

$$EF = \frac{1}{2}AD = \frac{1}{2} \times 6 = 3 \text{ (cm)} \quad \cdots\cdots①$$

△ABCにおいて，EG//BCより

AE：EB＝AG：GC

AE＝EBだから　AG＝GC

よって，点E，GはAB，ACの中点だから，中点連結定理より

$$EG = \frac{1}{2}BC = \frac{1}{2} \times 10 = 5 \text{ (cm)} \quad \cdots\cdots②$$

①，②より

FG＝EG－EF＝5－3＝2 (cm)

〈別解〉台形の中点連結定理より

$$EH = \frac{10+6}{2} = 8 \text{ (cm)}$$

$$FG = \frac{10-6}{2} = 2 \text{ (cm)}$$

例題 5 〈相似な三角形の面積の比〉

次の図の△ABCで，点D，Eはそれぞれ辺AB，AC上の点であり，AD＝6cm，DB＝8cm，AE＝7cm，EC＝5cmである。△ADEの面積が19cm²であるとき，△ABCの面積を求めよ。

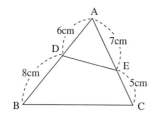

解答 76cm²

解説 △ABCと△AEDにおいて

AB：AE＝AC：AD＝2：1 ……①

∠BAC＝∠EAD ……②

①，②より，2組の辺の比が等しく，その間の角が等しいから

△ABC∽△AED

であり，相似比は2：1である。

したがって

$△ABC：△AED＝2^2：1^2＝4：1$

△AEDの面積が19cm²のとき

△ABC＝4△AED＝4×19＝76〔cm²〕

〈別解〉高さが等しい2つの三角形の面積比は底辺の比に等しいから，線分BEをひくと

$△ABE＝\dfrac{6+8}{6}△ADE$

$△ABC＝\dfrac{7+5}{7}△ABE$

したがって

$△ABC＝\dfrac{7+5}{7}×\dfrac{6+8}{6}△ADE＝4×19＝76$ 〔cm²〕

━━━━ **例題 6 〈三平方の定理〉** ━━━━

次の図の平行四辺形ABCDで，AB＝6cm，BC＝7cm，∠C＝120°である。平行四辺形ABCDの面積を求めよ。

解答 $21\sqrt{3}$ cm²

解説 次の図のように，頂点Dから辺BCの延長に垂線をひき，その交
点をHとすると，△DCHは∠DCH＝180°－120°＝60°，∠DHC＝
90°の直角三角形である。

よって　DH＝$\dfrac{\sqrt{3}}{2}$DC＝$3\sqrt{3}$〔cm〕

したがって，平行四辺形ABCDの面積は

BC×DH＝$7×3\sqrt{3}$＝$21\sqrt{3}$〔cm²〕

―――――――― 例題 7 〈円に内接する四角形〉 ――――――――

次の図の円Oで，4点A，B，C，Dは円周上の点であり，点Eは線分BC
の延長上の点である。∠BAC＝56°，∠CBD＝41°のとき，∠DCEの大き
さを求めよ。

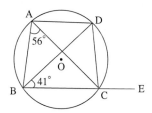

133

解答 97°

解説 ∠CAD, ∠CBDはいずれも$\overarc{DC}$に対する円周角だから

$$\angle CAD = \angle CBD = 41°$$

したがって

$$\angle BAD = \angle BAC + \angle CAD$$
$$= 56° + 41° = 97°$$

四角形ABCDは円に内接しているので，円に内接する四角形の外角はそれととなり合う内角の対角に等しいことより

$$\angle DCE = \angle BAD = 97°$$

例題 8 〈円と接線〉

次の図のように，円Oが∠A = 90°の直角三角形ABCの辺AB，BC，CAそれぞれに点P，Q，Rで接している。AB = 12cm，CA = 5cmであるとき，円Oの半径を求めよ。

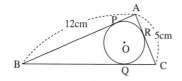

解答 2cm

解説 △ABCは∠A = 90°の直角三角形だから，三平方の定理より

$$BC = \sqrt{AB^2 + CA^2}$$
$$= \sqrt{12^2 + 5^2} = 13 〔cm〕$$

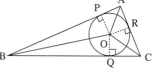

内接円の中心OとA，B，Cをそれぞれ結ぶ。

円の接線は接点を通る半径に垂直だから

$$\triangle OAB + \triangle OBC + \triangle OCA = \triangle ABC$$

円Oの半径をr〔cm〕とすると

$$\frac{1}{2}r \times 12 + \frac{1}{2}r \times 13 + \frac{1}{2}r \times 5 = \frac{1}{2} \times 12 \times 5$$

これを解くと　r=2
したがって，円Oの半径は2cm

例題 9 〈円すい〉

次の図は，円すいの展開図であり，側面は半径9cm，中心角240°の扇形である。これを組み立ててできる円すいの体積を求めよ。

解答 $36\sqrt{5}\,\pi$〔cm³〕

解説 側面の扇形の弧の長さと底面の円周の長さは等しいから，底面の半径をr〔cm〕とすると

$$2\pi \times 9 \times \frac{240}{360} = 2\pi \times r$$

これを解くと　$r=6$

組み立ててできる円すいの高さをh〔cm〕とすると，三平方の定理より

$$h = \sqrt{9^2 - 6^2} = 3\sqrt{5}\,〔cm〕$$

したがって，円すいの体積は

$$\frac{1}{3}\pi \times 6^2 \times 3\sqrt{5} = 36\sqrt{5}\,\pi\,〔cm³〕$$

例題 10 〈角すい〉

次の図の正四角すいOABCDにおいて，底面は1辺が6cmの正方形であり，4つの側面は面積が18cm²の合同な二等辺三角形である。正四角すい

OABCDの体積を求めよ。

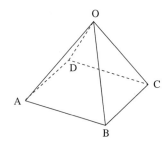

解答 $36\sqrt{3}$ cm³

解説 辺ABの中点をMとすると，二等
辺三角形OABの面積が18cm²だか
ら

$$OM = \frac{2 \times 18}{AB} = \frac{2 \times 18}{6} = 6 〔cm〕$$

底面の正方形ABCDの対角線の交
点をHとすると，△OMHは
∠OHM＝90°の直角三角形だか
ら，三平方の定理より

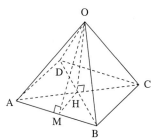

$$OH = \sqrt{OM^2 - MH^2}$$
$$= \sqrt{6^2 - 3^2} = 3\sqrt{3} 〔cm〕$$

正四角すいOABCDの体積は

$$\frac{1}{3} \times AB^2 \times OH = \frac{1}{3} \times 6^2 \times 3\sqrt{3} = 36\sqrt{3} 〔cm^3〕$$

═══ **例題 11 〈回転体の体積〉** ═══

次の図のようなAD//BCである台形ABCDを，直線 l を軸として1回転
させてできる円すい台の体積を求めよ。

解答 $171\sqrt{3}\ \pi$ 〔cm³〕

解説 次の図のように，頂点Aから辺BCに垂線AHをひくと，△ABHは
辺の比が

AB：BH＝6：（9－6）＝2：1 の直角三角形だから

$$AH = \sqrt{3}\ BH = \sqrt{3} \times 3$$
$$= 3\sqrt{3}\ \text{〔cm〕}$$

辺BAの延長とCDの延長との交点をEとすると，

AD//BCだから

△EAD∽△EBC

よって　ED：EC＝AD：BC

EC＝x〔cm〕とすると

$$(x - 3\sqrt{3}) : x = 2 : 3$$

これを解くと　$x = 9\sqrt{3}$

求める円すい台の体積は

$$\frac{1}{3} \pi \times 9^2 \times 9\sqrt{3} - \frac{1}{3} \pi \times 6^2 \times 6\sqrt{3}$$
$$= 171\sqrt{3}\ \pi\ \text{〔cm³〕}$$

例題 12 〈相似な図形の面積比〉

　次の図のように，平行四辺形ABCDの辺BCの延長上に点Eをとり，線分AEと辺DCとの交点をFとする。さらに，点DとEを結ぶ。△DEFの面積が6cm²，△CEFの面積が4cm²であるとき，平行四辺形ABCDの面積を求めよ。

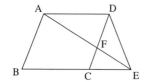

解答 30cm²

解説 高さが等しい2つの三角形の面積比は底辺の比に等しいから

DF：CF＝△DEF：△CEF＝6：4＝3：2

△DAFと△CEFにおいて

対頂角は等しいから　∠DFA＝∠CFE　……①

AD//CEだから　∠FDA＝∠FCE　……②

①，②より，2組の角がそれぞれ等しいから

△DAF∽△CEF

で，相似比は

DF：CF＝3：2

よって　△DAF：△CEF＝3²：2²＝9：4

ゆえに　△DAF＝$\frac{9}{4}$△CEF＝$\frac{9}{4}$×4＝9〔cm²〕

△BEAと△CEFにおいて

共通な角だから　∠BEA＝∠CEF　……③

AB//FCだから　∠BAE＝∠CFE　……④

③，④より，2組の角がそれぞれ等しいから

△BEA∽△CEF

で，相似比は

BA：CF＝(2＋3)：2＝5：2

よって　△BEA：△CEF＝5²：2²＝25：4

ゆえに　△BEA＝$\frac{25}{4}$△CEF＝$\frac{25}{4}$×4＝25〔cm²〕

したがって▱ABCD＝△DAF＋四角形ABCF

＝9＋(25－4)＝30〔cm²〕

算数科　データの活用

ポイント

1 データの整理

(1) 変量とデータ

・変量：ある集団を構成する人やものの特性を数量的に表したもの。

・データ：変量の観測値や測定値の集まりのこと。

(2) 資料

・階級：データの値の範囲を区切った区間のこと。

・階級の幅：区間の幅のこと。

・階級値：階級の真ん中の値。

・度数：各階級に入るデータの個数。

・度数分布表：各階級に階級値を対応させて整理した表。

・相対度数：各階級の度数の全体に占める割合。

・相対度数分布表：度数を相対度数で表した分布表。各段階の相対度
　　　　　　　　　数の総和は1となる。

・累積度数：各階級の度数を，最初の階級からある階級まで合計した
　　　　　　もの。

・累積度数分布表：階級とその累積度数を表にしたもの。

・ヒストグラム：階級の幅を横，度数を縦として度数分布表の値を柱
　　　　　　　　状グラフで表したもの。

度数分布表

階級			度数
以上		未満	
0	～	10	3
10	～	20	4
20	～	30	6
30	～	40	18
40	～	50	10
50	～	60	3
60	～	70	1
合計			45

相対度数分布表

階級			相対度数
以上		未満	
0	～	10	0.07
10	～	20	0.09
20	～	30	0.13
30	～	40	0.4
40	～	50	0.22
50	～	60	0.07
60	～	70	0.02
合計			1

累積度数分布表

階級			累積度数
以上		未満	
0	～	10	0.07
10	～	20	0.16
20	～	30	0.29
30	～	40	0.69
40	～	50	0.91
50	～	60	0.98
60	～	70	1.00
合計			4.1

2　データの代表値

・最大値：データの値の中で最も大きな値

・最小値：データの値の中で最も小さな値

・範囲　：データの最大値と最小値の差

・平均値：データの合計値をデータの数で割った値

・中央値：データを小さい順に並べたときの真ん中の値

・最頻値：データの値の中で最も多く現れる値

3　箱ひげ図

・範囲：データの最大値と最小値の差

・四分位数：データの値を小さい順に並べたとき，4等分した値

・第1四分位数：前半のデータの中央値

・第2四分位数：データ全体の中央値

・第3四分位数：後半のデータの中央値

・四分位範囲：（第3四分位数）−（第1四分位数）

・箱ひげ図：最小値，第1四分位数，中央値，第3四分位数，最大値を1
　　　　　つの図にまとめたもの

━━━━━━━━━ 例題 1 〈データの整理〉 ━━━━━━━━━

　あるクラスで通学時間について調査し，次の相対度数分布表にまとめた。このクラスの通学時間の中央値が含まれる階級と平均の組合せとして正しいものを，下の1～5から1つ選べ。

通学時間

時間(分)	相対度数
0以上 ～ 10未満	0.1
10　　～ 20	0.24
20　　～ 30	0.2
30　　～ 40	0.1
40　　～ 50	0.14
50　　～ 60	0.12
60　　～ 70	0.1
計	1

	階級	平均
1	10 ～ 20	32
2	20 ～ 30	27
3	20 ～ 30	32
4	30 ～ 40	27
5	30 ～ 40	32

解答 3

解説 中央値は，データを順番に並べた際の真ん中に位置する値である。したがって，中央値が含まれる階級は，累積相対度数が0.5を含む階級となる。10分以上20分未満の階級の累積相対度数は0.1＋0.24＝0.34, 20分以上30分未満の階級の累積相対度数は0.34＋0.2＝0.54だから，中央値が含まれる階級は20分以上30分未満の階級である。また，平均＝$(5 \times 0.1 + 15 \times 0.24 + 25 \times 0.2 + 35 \times 0.1 + 45 \times 0.14 + 55 \times 0.12 + 65 \times 0.1) \div 1 = 32$〔分〕

━━━━━ 例題 2 〈データの代表値〉 ━━━━━

　次の表は，児童A〜Eの5人が受けたテストの得点について，60点を基準として，それより高い場合を正の数，低い場合を負の数で表したものである。このとき，下の (1), (2) の問いに答えよ。

児童	A	B	C	D	E
基準との差(点)	+8	−12	+9	+3	−2

(1) 得点が最も高い児童と最も低い児童との得点差を求めよ。

(2) この児童5人の得点の平均を求めよ。

解答 (1) 21〔点〕　(2) 61.2〔点〕

解説 (1) 得点が最も高い児童は＋9点のCで，得点が最も低い児童は−12点のBなので，得点が最も高い児童と得点が最も低い児童との得点差は $(+9)-(-12)=21$〔点〕　(2)（得点の平均）＝（基準とした得点）＋{（基準との差）の平均}＝$60+\{(+8)+(-12)+(+9)+(+3)+(-2)\}\div5=60+(+6)\div5=61.2$〔点〕

━━━━━ 例題 3 〈データの代表値〉 ━━━━━

　次の表は，ある野球チームが昨年度行った20試合について，試合ごとの得点をまとめたものである。この資料の中央値，最頻値をそれぞれ求めよ。

3, 9, 2, 4, 1, 1, 2, 2, 3, 1,
2, 0, 11, 5, 4, 2, 3, 0, 3, 6

解答 中央値：2.5点　最頻値：2点

解説 試合ごとの得点を低い順に並べると，0, 0, 1, 1, 1, 2, 2, 2, 2, 2, 3, 3, 3, 3, 4, 4, 5, 6, 9, 11。中央値は資料の値を大きさの順に並べたときの中央の値。試合の数は20試合で偶数だか

ら，得点の低い方から10番目と11番目の平均値 $\dfrac{2+3}{2}=2.5$〔点〕が中央値。最頻値は資料の値の中で最も頻繁に現れる値だから，5試合で最も多く現れる2点が最頻値。

―――――――― **例題4〈箱ひげ図〉** ――――――――

AさんとBさんは，それぞれが所属する学級の図書の貸し出し数を調べた。このとき，次の (1)，(2) の各問いに答えなさい。

(1) Aさんが7日間調べた図書の貸し出し数は次のとおりである。これをもとに作成した箱ひげ図として正しいものを，下の1〜5から1つ選べ。

	1日目	2日目	3日目	4日目	5日目	6日目	7日目
貸し出し数（冊）	19	8	13	16	12	24	20

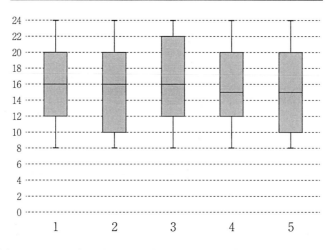

(2) Bさんは図書の貸し出し数を9日間調べて箱ひげ図を作成したところ，Aさんが作成した箱ひげ図と同じ図になった。7日間の図書の貸し出し数が次のとおりであるとき，残り2日間の貸し出し数として正しいものを，あとの1〜5から1つ選べ。

	1日目	2日目	3日目	4日目	5日目	6日目	7日目	8日目	9日目
貸し出し数 （冊）	15	9	16	24	19	18	8		

1　13, 19　　　2　14, 19　　　3　14, 20　　　4　15, 20　　　5　15, 21

解答　(1) 1　　(2) 5

解説　(1) 箱ひげ図とは，下の図のように，最小値，第1四分位数，第2四分位数（中央値），第3四分位数，最大値を箱と線（ひげ）を用いて1つの図に表したものである。Aさんが7日間調べた図書の貸し出し数を小さい順に並べると8, 12, 13, 16, 19, 20, 24　これより，最小値は8冊，第1四分位数は小さい方から2番目の12冊，第2四分位数（中央値）は小さい方から4番目の16冊，第3四分位数は小さい方から6番目の20冊，最大値は24冊。これらを表す図を選択する。　　(2) Bさんが調べた貸し出し数のうちの7日目までを小さい順に並べると，⑧, 9, 15, ⑯, 18, 19, ㉔で，最小値は8，第2四分位数（中央値）は16，最大値は24である。第1四分位数は，小さい方から2番目と3番目の平均で，12になる数だから，12×2−9＝15　第3四分位数は，小さい方から7番目と8番目の平均で，20になる数。それが18と19とすると平均が20にならないから，7番目が19の場合で8番目の数を求めると，20×2−19＝21

144

算数科 学習指導要領

ポイント

■■■■■ 平成29年改訂の要点 ■■■■■

① 目標の改善について

（1）教科の目標

　算数科において育成を目指す資質・能力については，中央教育審議会答申（平成28年12月21日）にて「知識・技能」，「思考力・判断力・表現力等」，「学びに向かう力・人間性等」の3つの柱に沿った整理が行われた。これを受け，教科の目標は次のように示された。

> 　数学的な見方・考え方を働かせ，数学的活動を通して，数学的に考える資質・能力を次のとおり育成することを目指す。
> （1）数量や図形などについての基礎的・基本的な概念や性質などを理解するとともに，日常の事象を数理的に処理する技能を身に付けるようにする。
> （2）日常の事象を数理的に捉え見通しをもち筋道を立てて考察する力，基礎的・基本的な数量や図形の性質などを見いだし統合的・発展的に考察する力，数学的な表現を用いて事象を簡潔・明瞭・的確に表したり目的に応じて柔軟に表したりする力を養う。
> （3）数学的活動の楽しさや数学のよさに気付き，学習を振り返ってよりよく問題解決しようとする態度，算数で学んだことを生活や学習に活用しようとする態度を養う。

　従前より示し方が変更され，先述の3つの柱に対応して（1）〜（3）の目標が示された。それぞれ（1）が「知識・技能」，（2）が「思考力・判断力・表現力等」，（3）が「学びに向かう力・人間性等」による。

　また，「数学的な見方・考え方」とは，中央教育審議会答申では「事象を数量や図形及びそれらの関係などに着目して捉え，論理的，統合的・発展的に考えること」として示している。

(2) 各学年の目標

〔第1学年〕

(1) 数の概念とその表し方及び計算の意味を理解し，量，図形及び数量の関係についての理解の基礎となる経験を重ね，数量や図形についての感覚を豊かにするとともに，加法及び減法の計算をしたり，形を構成したり，身の回りにある量の大きさを比べたり，簡単な絵や図などに表したりすることなどについての技能を身に付けるようにする。

(2) ものの数に着目し，具体物や図などを用いて数の数え方や計算の仕方を考える力，ものの形に着目して特徴を捉えたり，具体的な操作を通して形の構成について考えたりする力，身の回りにあるものの特徴を量に着目して捉え，量の大きさの比べ方を考える力，データの個数に着目して身の回りの事象の特徴を捉える力などを養う。

(3) 数量や図形に親しみ，算数で学んだことのよさや楽しさを感じながら学ぶ態度を養う。

〔第2学年〕

(1) 数の概念についての理解を深め，計算の意味と性質，基本的な図形の概念，量の概念，簡単な表とグラフなどについて理解し，数量や図形についての感覚を豊かにするとともに，加法，減法及び乗法の計算をしたり，図形を構成したり，長さやかさなどを測定したり，表やグラフに表したりすることなどについての技能を身に付けるようにする。

(2) 数とその表現や数量の関係に着目し，必要に応じて具体物や図などを用いて数の表し方や計算の仕方などを考察する力，平面図形の特徴を図形を構成する要素に着目して捉えたり，身の回りの事象を図形の性質から考察したりする力，身の回りにあるものの特徴を量に着目して捉え，量の単位を用いて的確に表現する力，身の回りの事象をデータの特徴に着目して捉え，簡潔に表現したり考察したりする力などを養う。

(3) 数量や図形に進んで関わり，数学的に表現・処理したことを振り

返り，数理的な処理のよさに気付き生活や学習に活用しようとする
態度を養う。

〔第3学年〕

(1) 数の表し方，整数の計算の意味と性質，小数及び分数の意味と表
し方，基本的な図形の概念，量の概念，棒グラフなどについて理解し，
数量や図形についての感覚を豊かにするとともに，整数などの計算
をしたり，図形を構成したり，長さや重さなどを測定したり，表や
グラフに表したりすることなどについての技能を身に付けるように
する。

(2) 数とその表現や数量の関係に着目し，必要に応じて具体物や図な
どを用いて数の表し方や計算の仕方などを考察する力，平面図形の
特徴を図形を構成する要素に着目して捉えたり，身の回りの事象を
図形の性質から考察したりする力，身の回りにあるものの特徴を量
に着目して捉え，量の単位を用いて的確に表現する力，身の回りの
事象をデータの特徴に着目して捉え，簡潔に表現したり適切に判断
したりする力などを養う。

(3) 数量や図形に進んで関わり，数学的に表現・処理したことを振り
返り，数理的な処理のよさに気付き生活や学習に活用しようとする
態度を養う。

〔第4学年〕

(1) 小数及び分数の意味と表し方，四則の関係，平面図形と立体図形，
面積，角の大きさ，折れ線グラフなどについて理解するとともに，
整数，小数及び分数の計算をしたり，図形を構成したり，図形の面
積や角の大きさを求めたり，表やグラフに表したりすることなどに
ついての技能を身に付けるようにする。

(2) 数とその表現や数量の関係に着目し，目的に合った表現方法を用
いて計算の仕方などを考察する力，図形を構成する要素及びそれら
の位置関係に着目し，図形の性質や図形の計量について考察する力，
伴って変わる二つの数量やそれらの関係に着目し，変化や対応の特
徴を見いだして，二つの数量の関係を表や式を用いて考察する力，

目的に応じてデータを収集し，データの特徴や傾向に着目して表やグラフに的確に表現し，それらを用いて問題解決したり，解決の過程や結果を多面的に捉え考察したりする力などを養う。

(3) 数学的に表現・処理したことを振り返り，多面的に捉え検討してよりよいものを求めて粘り強く考える態度，数学のよさに気付き学習したことを生活や学習に活用しようとする態度を養う。

〔第5学年〕

(1) 整数の性質，分数の意味，小数と分数の計算の意味，面積の公式，図形の意味と性質，図形の体積，速さ，割合，帯グラフなどについて理解するとともに，小数や分数の計算をしたり，図形の性質を調べたり，図形の面積や体積を求めたり，表やグラフに表したりすることなどについての技能を身に付けるようにする。

(2) 数とその表現や計算の意味に着目し，目的に合った表現方法を用いて数の性質や計算の仕方などを考察する力，図形を構成する要素や図形間の関係などに着目し，図形の性質や図形の計量について考察する力，伴って変わる二つの数量やそれらの関係に着目し，変化や対応の特徴を見いだして，二つの数量の関係を表や式を用いて考察する力，目的に応じてデータを収集し，データの特徴や傾向に着目して表やグラフに的確に表現し，それらを用いて問題解決したり，解決の過程や結果を多面的に捉え考察したりする力などを養う。

(3) 数学的に表現・処理したことを振り返り，多面的に捉え検討してよりよいものを求めて粘り強く考える態度，数学のよさに気付き学習したことを生活や学習に活用しようとする態度を養う。

〔第6学年〕

(1) 分数の計算の意味，文字を用いた式，図形の意味，図形の体積，比例，度数分布を表す表などについて理解するとともに，分数の計算をしたり，図形を構成したり，図形の面積や体積を求めたり，表やグラフに表したりすることなどについての技能を身に付けるようにする。

(2) 数とその表現や計算の意味に着目し，発展的に考察して問題を見

いだすとともに，目的に応じて多様な表現方法を用いながら数の表し方や計算の仕方などを考察する力，図形を構成する要素や図形間の関係などに着目し，図形の性質や図形の計量について考察する力，伴って変わる二つの数量やそれらの関係に着目し，変化や対応の特徴を見いだして，二つの数量の関係を表や式，グラフを用いて考察する力，身の回りの事象から設定した問題について，目的に応じてデータを収集し，データの特徴や傾向に着目して適切な手法を選択して分析を行い，それらを用いて問題解決したり，解決の過程や結果を批判的に考察したりする力などを養う。

(3) 数学的に表現・処理したことを振り返り，多面的に捉え検討してよりよいものを求めて粘り強く考える態度，数学のよさに気付き学習したことを生活や学習に活用しようとする態度を養う。

　各学年の (1) は答申で示された「知識・技能」の内容を，各学年の (2) は「思考力・判断力・表現力等」の，(3) は「学びに向かう力・人間性等」の内容を反映している。

② 内容の改善について

　内容について，従前のものは「A　数と計算」「B　量と測定」「C　図形」「D　数量関係」の4領域及び〔算数的活動〕〔用語・記号〕で構成されていた。現行の学習指導要領では，「A　数と計算」「B　図形」「C　測定（第4学年以降は「変化と関係」）」「D　データの活用」の4領域及び〔数学的活動〕〔用語・記号〕に再編されている。A～Dの各領域ごとに，〔知識及び技能〕〔思考力・判断力・表現力等〕に関する事項がそれぞれ示されている。

例題 1 〈学習指導要領〉

次の文は，小学校学習指導要領（平成29年3月告示）「算数」の目標である。これを読んで，下の各問いに答えよ。

> (2) 日常の事象を（　ア　）に捉え見通しをもち筋道を立てて考察する力，基礎的・基本的な数量や図形の性質などを見いだし（　イ　）・発展的に考察する力，数学的な表現を用いて事象を簡潔・明瞭・的確に表したり目的に応じて柔軟に表したりする力を養う。
> (3) 数学的活動の楽しさや数学のよさに気付き，学習を振り返ってよりよく（　ウ　）しようとする態度，算数で学んだことを（　エ　）や学習に活用しようとする態度を養う。

(1) （　ア　）・（　イ　）に該当する語句の組合せはどれか。次の①〜⑤から1つ選べ。

　①　ア　数理的　　イ　総合的
　②　ア　数学的　　イ　統合的
　③　ア　数学的　　イ　統一的
　④　ア　数理的　　イ　統合的
　⑤　ア　科学的　　イ　総合的

(2) （　ウ　）・（　エ　）に該当する語句の組合せはどれか。次の①〜⑤から1つ選べ。

　①　ウ　処理　　　　エ　生活
　②　ウ　問題解決　　エ　日常
　③　ウ　理解　　　　エ　生活
　④　ウ　処理　　　　エ　日常
　⑤　ウ　問題解決　　エ　生活

解答 (1) ④　　(2) ⑤

解説 (1) 中央教育審議会答申では，数学的に問題解決する過程として二つのサイクルを示している。一つ目が「日常生活や社会の事象を数理的に捉え，数学的に表現・処理し，問題を解決し，解

決過程を振り返り得られた結果の意味を考察する」というもの，もう一つが「数学の事象について統合的・発展的に捉えて新たな問題を設定し，数学的に処理し，問題を解決し，解決過程を振り返って概念を形成したり体系化したりする」というものである。これら二つのサイクルが相互に関わり合い，学習が展開することに留意する。　(2) 算数科の内容は，児童にとって時に抽象的で分かりにくいということもある。そのため，児童の発達段階に応じて具体物を用いた活動を行うなどして，日常における数学の有用性について認識できるよう配慮する。

═══════════ 例題 2 〈学習指導要領〉 ═══════════

　次の文は，小学校学習指導要領（平成29年3月告示）「算数」の「第3 指導計画の作成と内容の取扱い」の一部である。（　ア　），（　イ　）の中に入る語句の組合せとして適当なものを，下の①〜⑤から1つ選べ。

> 　第1章総則の第3の1の (3) のイに掲げるプログラミングを体験しながら（　ア　）を身に付けるための活動を行う場合には，児童の負担に配慮しつつ，例えば第2の各学年の内容の〔第5学年〕の「B図形」の (1) における（　イ　）の作図を行う学習に関連して，正確な繰り返し作業を行う必要があり，更に一部を変えることでいろいろな（　イ　）を同様に考えることができる場面などで取り扱うこと。

①　ア　問題解決能力　　イ　正多角形
②　ア　論理的思考力　　イ　四角形
③　ア　問題解決能力　　イ　円
④　ア　論理的思考力　　イ　正多角形
⑤　ア　問題解決能力　　イ　四角形

|解答| ④

|解説| 現行の学習指導要領からプログラミング教育を実施することとなった。「プログラミング的思考」とは「小学校段階におけるプ

ログラミング教育の在り方について（議論の取りまとめ）」（文部科学省内設置「小学校段階における論理的思考力や創造性，問題解決能力等の育成とプログラミング教育に関する有識者会議」，平成28年6月）によると「自分が意図する一連の活動を実現するために，どのような動きの組合せが必要であり，一つ一つの動きに対応した記号を，どのように組み合わせたらいいのか，記号の組合せをどのように改善していけば，より意図した活動に近づくのか，といったことを論理的に考えていく力」と考えられる。このような能力と，算数科で身に付ける論理的な思考とを関連付けるなどの活動を取り入れることが有効である。

例題 3 〈学習指導要領〉

次の文は，小学校学習指導要領（平成29年3月）「算数」第6学年の「内容」からの抜粋である。誤っているものはどれか。①～⑤から1つ選べ。
① 乗数や除数が整数や分数である場合も含めて，分数の乗法及び除法の意味について理解すること。
② 円グラフや帯グラフの特徴とそれらの用い方を理解すること。
③ 身の回りにある形について，その概形を捉え，およその面積などを求めること。
④ 数量を表す言葉や□，△などの代わりに，a, xなどの文字を用いて式に表したり，文字に数を当てはめて調べたりすること。
⑤ 目的に応じてデータを収集したり適切な手法を選択したりするなど，統計的な問題解決の方法を知ること。

解答 ②

解説 ②は第5学年の内容である。円グラフや帯グラフについては第5学年で扱う。第6学年では，代表値の意味や求め方，度数分布を表す表やグラフの特徴などについて扱う。

例題 4 〈学習指導要領〉

　小学校の学習指導要領「算数」（平成29年3月告示）について，次の各空欄に適する数字を答えよ。
(1) 各学年の内容で，そろばんによる数の表し方については，第（　①　）学年で取り扱う。
(2) 各学年の内容で，四捨五入については，第（　②　）学年で取り扱う。
(3) 各学年の内容で，立方体及び直方体の体積の求め方については，第（　③　）学年で取り扱う。

解答　(1) ①　3　　(2) ②　4　　(3) ③　5

解説　(1) そろばんを用いた数学的活動は第3学年及び第4学年で指導する。第3学年ではそろばんの数の表し方や仕組み，簡単な計算の仕方について指導する。　(2) 第4学年の内容における，概数に関わる数学的活動を通して指導する事項の1つである。
(3) 立方体及び直方体の体積の計算による求め方については第5学年で，基本的な角柱及び円柱の体積の計算による求め方については第6学年で指導する。

●小学校学習指導要領（平成 29 年 3 月告示）

算数科 学習指導法

ポイント

　指導法に関する問題で第一に押さえておきたいことは，学習指導要領に示されている算数科の目標である。現行の学習指導要領では「知識・技能」，「思考力・判断力・表現力等」，「学びに向かう力・人間性等」の3つの柱に則して目標が示されているが，解答するべき指導法がどの目標に関連するかについては常に意識し，逸脱することのないようにしたい。

　また，教科の目標に「日常の事象を数理的に捉え見通しをもち筋道を立てて考察する力」や「算数で学んだことを生活や学習に活用しようとする態度」を養うとあるように，算数が児童の身の回りの事象と密接に結びついていることを指導を通して伝えることも肝要である。算数科の内容は，児童にとって時に抽象的で分かりにくいということもあるため，具体物を用いた指導法については日頃より意識し，例を収集しておくとよい。各学年の内容それぞれについて，最低一つは具体的な指導法が述べられると心強い。

　算数科における問題解決は，結果が同じでも思考の手続きが異なるものが多く，そうした局面では独特の算数用語が用いられていることに留意したい。例えば，くりさがりのある引き算における「減加法」「減減法」，わり算における「包含除」「等分除」などがある。そうした算数用語とその意味についてもう一度チェックし，採用試験に臨んでほしい。

例題 1 〈学習指導法〉

　三角形の面積の計算による求め方を指導する時の導入として考えられる学習活動について具体的に述べよ。

解答　・正方形（長方形）に対角線を引かせ，正方形（長方形）は直角三角形2つでできていることに気付かせる。　・方眼紙や定規を使って三角形を作らせ，マス目を数えて面積を算出させる。

解説	三角形の面積は第5学年で学ぶ項目であるが，第4学年では正方形・長方形の面積について学習していることを前提に考える。発達段階ごとの学習内容を必ず把握し，導入では既習の事項を用いて関連する学習活動を設定する。

例題 2 〈学習指導法〉

　第3学年の「除法」に関わる数学的活動について，除法が用いられる具体的な場合として，等分除と包含除の2つを指導します。計算式が「15÷3」となる等分除と包含除の問題を，それぞれ1つずつ作り，文章で書け。

解答	等分除の問題…りんごが15個あります。3人で同じ数ずつ分けると1人何個になるでしょう。　　包含除の問題…りんごが15個あります。3個ずつ袋に入れたら袋はいくつになるでしょう。
解説	全体をいくつかに同じように分ける場合を等分除といい，全体をいくつかずつに同じように分けるのを包含除という。これらのわり算は具体的な場面に則してその違いをわからせるように指導することが大切である。

例題 3 〈学習指導法〉

　第3学年の児童に，かける数またはかけられる数が0の場合の乗法の意味と計算の仕方を指導したい。そこで，あとの図のような的におはじきを入れて得点を競うゲームをした。
　このとき，次のように答えた児童がいた。
　Aさん：「3点のところは，入った数が0こだから，3×0と表すことができます。」
　Bくん：「（　ア　）のところは，入った数が（　イ　）だから，0×3と表すことができます。」

次の（1）～（3）の問いに答えよ。

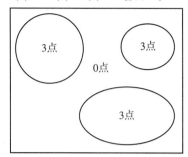

(1) 下線部のようなAさんの答え方を参考にして，（　ア　），（　イ　）に当てはまる適切な言葉を書け。

(2) 0×3が0になることを，既習事項を用いてどのように説明すればよいか，書け。

(3) 3×0が0になることを，既習事項を用いてどのように説明すればよいか，書け。

解答 (1) ア　0点　　イ　3こ　　(2) 乗法の意味に戻って0＋0＋0＝0　　(3) 乗法の決まりを使って　3×3＝9　3×2＝6　3×1＝3‥と並べると積が3ずつ減っていることから3×0＝0

解説 (1) Aさんの答え方は，（点数）×（入った数）と表しているので，
　0←（点数）×3←（入った数）

(2) 乗法の意味にもどって考える。
　A＋A＋A＝A×3
　0×3＝0＋0＋0

(3) 乗法の意味から考える。
　A×3＝A＋A＋A　←Aを3回たす
　A×2＝A＋A　←Aを2回たす
　A×1＝A　←Aを1回たす
　A×0＝0　←Aを0回たす

■■■■■■■■■ 例題 4 〈学習指導法〉 ■■■■■■■■■

　身の回りから，伴って変わる2つの数量を見つけ，数量の関係を表や折れ線グラフを用いて表し，調べる活動を通して，そのよさや有用性を実感させる指導について，具体的に述べよ。

解答　（例）水道を利用し，直方体の水槽に水を入れていく例でかかった時間（分）と水槽に入った水の量（水の高さ）の関係を観察し，折れ線でグラフに書いてみる。
〔実演の例〕
　(1) 最初の2分間，同じ強さ（1分で水の高さが3cm増える）で水道の水を入れていく。
　(2) 2分後，少し勢いを増やして（1分で6cm増える）水を入れていく。
　(3) 最初から5分後，水を1分間止める。
　(4) その後，なくなるまで一定の強さ（1分で水の高さが2cm減る）で排水していく。
その上で，子どもたちに①〜④の問いかけをする。
　①　1分ごとに水の高さを調べ，表をつくり，横軸に時間（分），縦軸に水量（水の高さ）をとり，棒グラフと折れ線グラフに書いてみる。そして，2つのグラフを比較する。
　②　折れ線グラフを見て，気付いたことなどを発表させる。（折れ線の傾き，最高点がどこかなどを考えてみる）
　③　教師が見せた後，子どもたちにも入水，排水をさせてみる。初めの実演と同じ方法や，別の方法なども試してどう変わるかを考えてみる。
　④　水槽の底面積を調べ，水槽に入った水量を計算することもできることなども考えてみる。

解説　身の回りから伴って変わる2つの数量の例を見つけ，その関係を表，折れ線グラフで書くことで，折れ線グラフのよさを見つけさせることが条件となるが，4年生に合う教材であることに注意

したい。そして，できるだけ子どもたち自身が活動し，発表や意見交換ができるようにしたい。そのため，グループ学習を取り入れることも有効であろう。具体的な目に見える事象と，グラフとの関係を認識できるような教材が必要であり，別の具体例について，子どもたちが考える時間を設けてもよい。

●小学校学習指導要領 (平成 29 年告示) 解説「算数編」(平成 29 年 7 月)

第 4 章

理科

理科　物理【光，力のはたらき】

ポイント

1　凸レンズによってできる像

(1) 物体を焦点距離の2倍より遠い位置に置く

⇒　**実物より小さい倒立の実像**

(2) 物体を焦点距離の2倍の位置に置く

⇒　**実物と同じ大きさの倒立の実像**

(3) 物体を焦点距離の2倍と焦点の間に置く

⇒　**実物より大きい倒立の実像**

(4) 物体を焦点の内側に置く

⇒　レンズを通して見ると，**実物より大きい**
正立の虚像

② 力のつり合い

(1) いろいろな力

① 重力

質量m〔kg〕の物体にはたらく重力の大きさは，mg〔N〕（$g=9.8\text{m/s}^2$で重力加速度）と表す。質量1kgの物体にはたらく重力は，9.8N。

② 抗力

面が物体に及ぼす力。特に，接触している面が物体に垂直に及ぼす力を**垂直抗力**という。

③ 張力

ピンと張った糸やひもが物体を引く力。

おもりに糸を付けてつるすと，おもりは糸から上向きの力を受け，この力と重力がつり合って静止する。

161

(2) 力の分解

　なめらかな斜面上に置いた物体にはたらく重力は，次の2力に分解される。

・斜面に平行な方向の分力

　　　　　⇒滑り降りるはたらきをする力

・斜面に垂直な方向の分力⇒**斜面を押す力**

③　てこ

(1) てこの利用

　てこを利用した道具は，**支点，力点，作用点**の位置によって，次の3種類に分類される。

支点（力点と作用点の間）	作用点（支点と力点の間）	力点（支点と作用点の間）
ペンチ，洋はさみ，くぎぬき	せんぬき，カッター，ステープラー	和ばさみ，ピンセット，パンばさみ

(2) てこのつり合いの条件

　てこが水平につり合っているとき，

　「右あるいは左にかたむける力（おもりの質量）」×「支点からの距離」

が支点を中心に等しくなっている。

4 ばねの伸び

(1) ばねの伸び

ばねに F 〔N〕の力を加えて x 〔m〕伸びたとき，

$F = kx$ （k 〔N/m〕は，ばね定数）

(2) ばねのつなぎ方と伸びの関係

・並列…ばね1本ののびは，**ばねの本数に反比例**

・直列…ばね全体ののびは，**ばねの本数に比例**

| 並列つなぎ | 基本 | 直列つなぎ |

5 圧力と浮力

(1) **圧力**…単位面積あたりの面を垂直に押す力

$$圧力 〔Pa〕 = \frac{力の大きさ 〔N〕}{力がはたらく面積 〔m^2〕}$$

(2) **密度**…単位体積あたりの質量

$$密度 〔g/cm^3〕 = \frac{質量〔g〕}{体積〔cm^3〕}$$

(3) **水圧**

水圧を求めるには，その深さにある水平な面に対して，真上にある分の水柱の重さがかかると考えればよい。

水の密度を $1g/cm^3$（＝$1000kg/m^3$）とすると，水深1mあたり水圧は $1000 \times 1 \times 9.8 = 9800$ 〔Pa〕大きくなる。

(4) **浮力**

① アルキメデスの原理

浮力は物体が押しのけた液体の重さに等しい。

浮力〔N〕

＝液体の密度〔kg/m³〕× 押しのけた体積〔m³〕× 重力加速度〔m/s²〕

---

② 物体が浮いているときの力のつり合い

物体にはたらく浮力と重力がつり合っているとき，物体は浮く。

━━━━ **例題 1 〈凸レンズによってできる像〉** ━━━━

凸レンズを使い，物体の像をスクリーンに映した。

(1) 次の図のスクリーンに，はっきりした像が映っているときの，凸レンズの焦点Ｆの位置を作図で求めよ。ただし，作図のために用いた線は残し，位置関係がはっきりわかるように示せ。

(2) (1) で，物体を凸レンズに少し近づけ，像がはっきりと映るようにスクリーンを移動させた。①スクリーンを移動させた向き，②できた像の大きさの変化は，それぞれどうなるか。

(3) 物体をさらに凸レンズに近づけたところ，スクリーンには像が映らず，スクリーン側からレンズをのぞくとはっきりした像が見えた。この像を何というか。

解答 (1)

（2）① 右　② 大きくなった　（3）正立の虚像

解説 （1）スクリーンに像が映っているので，物体の先端から凸レンズ
の中心を通る直線をスクリーンまで引けば，像の先端の位置を
求めることができる。　（2）物体を凸レンズに近づけると，像
は凸レンズから遠ざかり，できる像は大きくなる。　（3）物体
より大きな正立の虚像ができる。

━━━━━ 例題 2 〈力のつり合い〉 ━━━━━

机の上に質量500gの物体が置いてある。次の図は，このとき机や物体
にはたらく力を矢印で表したものである。ただし，質量100gの物体には
たらく重力を1Nとする。

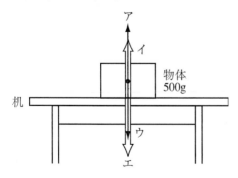

（1）物体にはたらく重力を表している矢印はア～エのどれか。

（2）（1）の重力の大きさはいくらか。

（3）（1）の重力とつり合う力を表している矢印はア～エのどれか。

（4）（3）の力を何というか。

解答 (1) ウ (2) 5N (3) イ (4) (垂直) 抗力

解説 (1) 物体にはたらく重力は，物体全体にはたらいているが，力を矢印で表す場合は，はたらく点を1つとして物体の中心（重心）から鉛直下向きの矢印で表す。 (2) 質量100gの物体にはたらく重力が1N（ニュートン）であるから，質量500gの物体にはたらく重力は，$1 \times 500 \div 100 = 5$〔N〕である。 (3) つり合う力であるから，物体にはたらく力である。つまり，机が物体を支える力で，イで表される。 (4) 机の面に物体を置くと，重力と等しい大きさの面に垂直な力が机から物体にはたらく。この力を垂直抗力という。

例題 3 〈てこ〉

次の図のようなモビールを作った。おもりA，Bの質量はそれぞれ何gか。ただし，棒はどちらも長さが30cmであり，棒と糸の質量は考えないものとする。

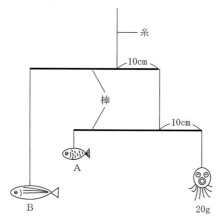

解答 A…10g B…15g

解説 てこのつり合いは，支点の左右で（おもりの重さ（質量））×（支点からの距離）が等しいときにつり合う。まず，下の棒につい

て考える。てこのつり合いから，A×(30−10)＝20×10の式が
成り立つ。したがって，Aのおもりの質量は，200÷20＝10〔g〕
である。次に，上の棒について考える。上の棒の右端には，下
の棒につるしてあるおもりの重さの合計の重さが加わる。した
がって，B×(30−10)＝(20＋10)×10の式が成り立つ。よって，
Bのおもりの質量は，300÷20＝15〔g〕である。

━━━━━━━ **例題 4 〈ばね〉** ━━━━━━━

　質量200gのおもりを垂直につるすと4cm伸びるばねがある。このばね
を2本使ってA，Bのようにつないだ。A，Bそれぞれの下端の糸に，質量
100gのおもりをつるすと，A，Bそれぞれのばねの伸びの合計は何cmに
なるか。ただし，ばねや糸，棒の重さは考えないものとする。

| 解答 | A…4cm　　B…2cm |

| 解説 | ばねの伸びは，弾性限界内であれば，おもりの重さに比例して伸びる。　A…ばねを直列につなぎ，その下端の糸におもりをつるした場合，それぞれのばねにつるしたおもりの重さが加わる。したがって，2本のばねの伸びの合計は，2＋2＝4〔cm〕である。　B…ばねを並列につないだ場合は，てこのつり合いで考える。1本のばねには，つるしたおもりの重さの半分の重さが加わるから，2本のばねの伸びの合計は，1＋1＝2〔cm〕である。 |

━━━━ **例題 5 〈圧力と浮力〉** ━━━━

　ビーカーに水を入れ，台はかりでその重さをはかったところ400gを示した。この中にある物体Aを入れたところ，物体Aは水に浮き，台はかりは500gを示した。ただし，質量100gの物体にはたらく重力を1Nとする。

(1) 物体Aの質量は何gか。

(2) 物体Aが受けている浮力は何Nか。

| 解 答 | (1) 100g　　(2) 1N |

解 説　物体を水の中に入れると，物体は水から上向きの力を受ける。この上向きの力を浮力といい，物体が押しのけた水の重さに等しい。　(1) 物体Aがビーカーの水に浮いているとき，台はかりが示す値は，水の入ったビーカーの重さと物体Aの重さの合計になる。したがって，500－400＝100〔g〕が物体Aの質量である。(2) 浮力の大きさは物体Aの重さに等しいから1Nとなる。

理科　物理【運動とエネルギー】

ポイント

1　**直線運動**

(1) 速さと速度

① 速さ…物体が単位時間（1秒間）あたりに移動する距離

$$速さv = \frac{距離\,x}{時間\,t}$$

② 平均の速さ…単位時間あたりの平均移動距離

$$平均の速さ = \frac{移動距離}{要した時間}$$

③ 速度の向き…正負（＋と－）の符号を使って表す。

(2) 等速直線運動

一定の速度で一直線上を進む運動。**移動距離**は，直線と時間軸で囲まれる**面積**で表される。

(3) 加速度

単位時間あたりの速度の変化の割合。

直線上を走っている物体の速度が，時刻t_1〔s〕においてv_1〔m/s〕，時刻t_2〔s〕においてv_2〔m/s〕であるとき，加速度a〔m/s²〕は，

$$a = \frac{v_2 - v_1}{t_2 - t_1}$$

169

(4) 等加速度直線運動

　一定の加速度で一直線上を進む運動。初速度 v_0 〔m/s〕，時刻 t 〔s〕における速度 v 〔m/s〕，加速度 a 〔m/s²〕，変位 x 〔m〕には，次の関係がある。

$$v = v_0 + at$$

$$x = v_0 t + \frac{1}{2} a t^2$$

$$v^2 - v_0^2 = 2ax$$

② 自由落下運動

　初速度 $v_0 = 0$，加速度 $a = g (9.8\text{m/s}^2 = 重力加速度)$ の等加速度直線運動。物体が落下し始めてから t 〔s〕後の速度を v 〔m/s〕，落下した距離を y 〔m〕とすると，

$$v = gt$$

$$y = \frac{1}{2} g t^2$$

$$v^2 = 2gy$$

3　**力学的エネルギー**

(1) エネルギー

①　**運動エネルギー**

質量 m〔kg〕の物体が速さ v〔m/s〕で運動しているとき，運動エネルギー K〔J〕は，

$$K = \frac{1}{2}mv^2$$

速さ v〔m/s〕

質量 m〔kg〕の物体

②　**重力による位置エネルギー**

質量 m〔kg〕の物体が基準水平面から h〔m〕の高さにあるとき，位置エネルギー U〔J〕は，

$$U = mgh$$

質量 m〔kg〕の物体

mg　h〔m〕

基準位置

(2) **力学的エネルギー保存の法則**

物体に保存力（重力や弾性力）のみが作用する場合，

力学的エネルギー＝運動エネルギー＋位置エネルギー＝一定

例　物体がある高さから落ちるにつれて，物体のもつ位置エネルギーが減少していき，その分，運動エネルギーが増加していく。

(3) 振り子

振り子の周期は振り子の長さで決まり，おもりの質量，振幅を変えても周期は変化しない。

位置エネルギー最大,
速さ0

基準位置

運動エネルギー最大,位置エネルギー0

4 **熱と温度**

(1) 熱量

　　物体の温度が上がった（下がった）ときに，物体が得た（失った）エネルギーの量。

(2) **絶体温度**

　　セ氏温度 t 〔℃〕と絶対温度 T 〔K〕には次の関係がある。

$$T = t + 273$$

(3) **比熱**

　　物質1gの温度を1K上げるのに必要な熱量。

例　水の比熱：4.2〔J/g・K〕=1〔cal/g・℃〕，鉄の比熱：0.4〔J/g・K〕

熱量 Q〔J〕=比熱〔J/g・K〕×物質の質量〔g〕×温度変化〔K〕

▓▓▓▓▓▓ 例題 1 〈直線運動〉 ▓▓▓▓▓▓

次の図は，電車A（各駅停車）と電車B（急行）の運行を模式的に示したものである。ただし，電車は直線上を運行するものとする。

(1) 電車Aが途中の駅で停車していたのは何分間か。

(2) 電車Aの平均の時速はいくらか。

(3) 電車Bの平均の時速はいくらか。

| 解答 | (1) 2分間　　(2) 25km/h　　(3) 60km/h |

| 解説 | (1) 移動距離の変化していない4分から6分の2分間である。(2) 停車している時間も含む。したがって，5kmを12分で移動する速さである。　(3) 3分から8分の5分間に5km進んでいる。 |

▓▓▓▓▓▓ 例題 2 〈落下運動〉 ▓▓▓▓▓▓

ある高さから，小球Aを静かにはなして落下させたところ，小球Aは2秒後に地面に達した。ただし，小球Aの加速度の大きさは9.8m/s^{2}とし，空気の抵抗などは考えないものとする。

(1) 小球Aが落下した距離は何mか。

(2) はなしてから1秒後の小球Aの速さはいくらか。

(3) 同じ場所で，小球Aと，小球Aの2倍の質量の小球Bを同時にはな

した。小球Aが地面に達したとき，小球Bはどうなっているか。次から選び，記号で答えよ。

ア．小球Aより先に地面に達している。

イ．小球Aが地面に達したとき，落下距離の$\frac{1}{4}$だけ進んでいる。

ウ．小球Aが地面に達したとき，落下距離の$\frac{1}{2}$だけ進んでいる。

エ．小球Aと小球Bは地面に同時に達する。

解答 (1) 19.6m　　(2) 9.8m/s　　(3) エ

解説 自由落下運動は等加速度直線運動である。

(1) $y=\frac{1}{2}gt^2$より，$y=19.6$〔m〕

(2) $v=gt$より，$v=9.8$〔m/s〕

(3) 落下の加速度は質量によらず一定である。したがって，小球Aと小球Bは同時に地面に達する。

=== 例題3〈鉛直投げ上げ投射〉 ===

真上に向けて，44.1m/sの速さでボールを投げた。重力加速度は9.8m/s^{2}とする。

(1) 何秒後に最高点に達し，その高さは何mになるか。

(2) 投げ上げたボールは何秒後にもとの位置に落下するか。

解答 (1) 時間…4.5秒後，高さ…99m　　(2) 9.0秒後

解説 (1)鉛直投げ上げ投射は，加速度が$-g$の等加速度直線運動である。$0=v_0-gt$より，$t=4.5$〔s〕となり，$y=v_0t-\frac{1}{2}gt^2$において，$t=4.5$〔s〕とすると，$y\fallingdotseq99$〔m〕となる。　(2) 最高点に達するまでの時間と，最高点からもとにもどるまでの時間は等しい。

━━━━━━ **例題 4 〈力学的エネルギー〉** ━━━━━━

　ジェットコースターが最下点（基準面）に達したときの時速が72km/hになるようにするには，最下点から高さ約何mのところからスタートさせればよいか。ただし，重力加速度を9.8m/s²とし，摩擦はないものとする。

|解答| 20m

|解説| 力学的エネルギー保存の法則が成り立つものとして考えると，$\frac{1}{2}mv_1{}^2 + mgh_1 = \frac{1}{2}mv_2{}^2 + mgh_2$の式が成り立つ。初速は0，最下点の高さを0として$h_1$の高さを求めると，$h_1 ≒ 20$〔m〕となる。

━━━━━━ **例題 5 〈熱と温度〉** ━━━━━━

　20℃の水200gと60℃の水50gを混ぜ合わせたところ，水温はt〔℃〕になった。ただし，水の比熱を1〔cal/g・℃〕とし，水以外に熱の出入りはないものとする。

　(1) 20℃の水200gが得た熱量をtを使って式で表せ。

　(2) 60℃の水50gが失った熱量をtを使って式で表せ。

　(3) 温度tは何℃か。

|解答| (1) $(t-20) \times 200$〔cal〕　　(2) $(60-t) \times 50$〔cal〕　　(3) 28℃

|解説| (1) $(t-20)$が上昇温度になる。　(2) $(60-t)$が下降温度になる。　(3) 20℃ 200gの水が得た熱量と60℃ 50gの水が失った熱量は等しいから，(1) と (2) の式を＝で結んでtを求めればよい。

$$(t-20) \times 200 = (60-t) \times 50$$
$$200t + 50t = 3000 + 4000$$
$$t = 28 〔℃〕$$

理科　物理【電流と電圧】

ポイント

１ 電流と電圧

(1) オームの法則

電流をI〔A〕，電圧をV〔V〕，抵抗をR〔Ω〕とすると，

$$V = IR$$

(2) 直列回路と並列回路

	直列回路	並列回路
回路図		
合成抵抗	$R = R_1 + R_2$	$\dfrac{1}{R} = \dfrac{1}{R_1} + \dfrac{1}{R_2}$
電圧	各抵抗にかかる電圧の和は，電源の電圧に等しい。 $V = V_1 + V_2$	各抵抗にかかる電圧は電源の電圧に等しい。 $V = V_1 = V_2$
電流	どの部分でも流れる電流は等しい。 $I = I_1 = I_2$	回路全体に流れる電流の大きさは，各抵抗に流れる電流の和になる $I = I_1 + I_2$

(3) 電流計と電圧計の使い方

	電流計	電圧計
つなぎ方	回路に直列につなぐ −端子 ＋端子 電流計	回路に並列につなぐ −端子 ＋端子 電圧計
−端子のつなぎ方	最初に5Aの−端子につなぐ 50mA 500mA 5A	最初に300Vの−端子につなぐ 300V 15V 3V

2 電力と電力量

(1) 電力（消費電力）…電流などが単位時間あたりにする仕事（仕事率）

$$電力P〔W〕=IV \quad RI^2=\frac{V^2}{R}$$ （I〔A〕：電流，V〔V〕：電圧，R〔Ω〕：抵抗）

(2) 電力量…電池や電流のする仕事量。単位は〔Wh〕（ワット時），〔J〕

$$電力量W〔J〕=Pt$$ （P〔W〕：電力，t〔s〕：時間）

(3) ジュールの法則

$$熱量Q〔J〕=Pt=VIt$$ （P〔W〕：電力，t〔s〕：時間）

3 豆電球の明るさと電力

(1) 豆電球の明るさ

電力の大きさで決まり，**豆電球にかかる電圧の2乗**に比例する。

(2) 豆電球の回路による明るさ

・直列回路…電圧を等分するので，明るさは1個のときより暗い。

・並列回路…豆電球の数に関係なく，明るさは1個のときと同じ。

(3) 電池のつなぎ方と電圧

　・直列つなぎ…**全体の電圧＝電池1個の電圧×個数**

　・並列つなぎ…**全体の電圧＝電池1個の電圧**

④ **電流と磁界**

(1) 電流によってつくられる磁界

　① コイルのまわりの磁界

　　・コイルの内側の磁界の向き…右手の親指以外の4本の指を電流の向きにあわせてコイルを握ったときの親指のさす向き。

　　・コイルの外側の磁界の向き…コイルの内側と反対向き。

4本の指先の向きが電流の向き

親指の指す向きが磁界の向き

　② 電流が磁界から受ける力

　　左手の中指から，電・磁・力（**フレミングの左手の法則**）

受ける力の向き

磁界の向き

電流の向き

左手

(2) **電磁誘導**

　棒磁石の磁極をコイルに近づけたり遠ざけたりして，コイルの中の磁界を変化させると，コイルの両端に電圧が生じる現象。**コイルの巻き数を多くする，磁力の強い磁石を使う，磁石の出し入れを速くすると**大きな誘導電流が流れる。

コイル

━━━━━ **例題 1 〈電流と電圧〉** ━━━━━

抵抗値が2.0Ωの抵抗R_1と，抵抗値が6.0Ωの抵抗R_2を使ってA，Bのような回路をつくった。

(1) 回路Aの抵抗R_1の両端の電圧は何Vか。

(2) 回路Aの電池に流れる電流は何Aか。

(3) 回路Bの抵抗R_1の両端の電圧は何Vか。

(4) 回路B全体に流れる電流は何Aか。

解答 (1) 6.0V (2) 4.0A (3) 1.5V (4) 0.75A

解説 (1) Aは並列回路で各抵抗の両端に加わる電圧は電源の電圧に等しい。なお，Bの直列回路では，回路を流れる電流はどの点も等しい。 (2) 抵抗R_1に流れる電流は，$6.0 \div 2.0 = 3.0$〔A〕，抵抗R_2に流れる電流は，$6.0 \div 6.0 = 1.0$〔A〕だから，電池を流れる電流は，$3.0 + 1.0 = 4.0$〔A〕である。 (3) 抵抗R_1の両端の電圧は，

$6.0 \div (2.0 + 6.0) \times 2.0 = 1.5$〔V〕。 （4）抵抗$R_1$を流れる電流は，1.5 $\div 2.0 = 0.75$〔A〕であり，この電流が回路全体の電流となる。

例題 2 〈電流計と電圧計の使い方〉

電熱線に加わる電圧と，電熱線を流れる電流を調べる実験をした。次の図はそのときの回路図である。

(1) 電流計とその＋端子はどれか。次から選び，記号で答えよ。

　　ア．A－a　　イ．A－b　　ウ．B－c　　エ．B－d

(2) 測定の結果，電圧計は2.6V，電流計は250mAを示した。この電熱線の抵抗はいくらか。

|解答| (1) ア　　(2) 10.4Ω

|解説| (1) 電流計は電熱線に直列に接続し，電圧計は電熱線に並列に接続する。また，各計器の＋端子を電源の＋極側に接続する。図のA，Bのうち，電流計は電熱線と直列につながれているAであり，＋端子はaである。　　(2) オームの法則で求めるが，電流の単位をアンペアに換算して計算する。250mAは0.25Aである。(抵抗)＝(電圧)÷(電流) より，2.6÷0.25＝10.4〔Ω〕

━━━━━━━ 例題3〈消費電力〉━━━━━━━

100V－1kWの電熱器を100Vの電源につないだ。ただし，電熱器の抵抗は温度によって変わらないものとする。
　(1) 流れる電流は何Aか。
　(2) この電熱器の抵抗は何Ωか。

解答 (1) 10A　　(2) 10Ω

解説 電力は，(電流)×(電圧) で求められる値で，電流などが単位時間にする仕事(仕事率)を表す。(1) 1kWは1000Wである。また，(電力)÷(電圧)＝(電流)より，1000÷100＝10〔A〕と求められる。(2) (電圧)÷(電流)＝(抵抗)より，100÷10＝10〔Ω〕である。

━━━━━━━ 例題4〈豆電球の明るさ〉━━━━━━━

　同じ規格の豆電球と電池を使って，次の図のような回路をつくった。豆電球が同じ明るさで点灯するのはA～Eのうちどれとどれか。ただし，豆電球の明るさは消費電力に比例するものとし，電池の内部抵抗は考えなくてよいものとする。

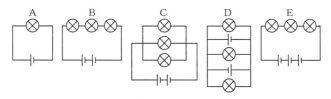

解答 AとE

解説 まず，Dはショート回路であるから豆電球は点灯しないので除外する。豆電球の明るさは電圧の2乗に比例するので，Aは豆電球1個と電池1個の回路でこの回路の豆電球の明るさを「1」とすると，Bは豆電球3個の直列つなぎと電池2個の直列つなぎであるから$\dfrac{4}{9}$，Cは豆電球3個の並列つなぎと電池2個の直列つなぎであ

るから4，Eは豆電球3個の直列つなぎと電池3個の直列つなぎなので1となり，AとEの明るさが等しくなる。

■ 例題 5 〈電力量と発熱量〉 ■

　次の図のようにして抵抗値が10Ωの電熱線の両端に12Vの電圧を加え，1分間電流を流した。ただし，電熱線の発熱による抵抗値の変化はないものとする。

(1) 電熱線に流れる電流は何Aか。

(2) 1分間に電熱線で発生する熱量は何Jか。

(3) 水の質量を100gとすると，1分間に水の温度は何℃上昇するか。小数第1位まで求めよ。ただし，電熱線で発生した熱量はすべて水に吸収されるものとし，水の比熱は4.2〔J/g・℃〕であるものとする。

解答 (1) 1.2A　(2) 864J　(3) 2.1℃

解説 (1)（電流）＝（電圧）÷（抵抗）である。電熱線の抵抗は10Ω，電熱線の両端の電圧は12Vであるから，12÷10＝1.2〔A〕である。(2) 電熱線で発生する熱量は（電力）×（時間）で求められる。電力は（電流）×（電圧）であるから，1.2×12×60＝864〔J〕である。　(3) 求める温度変化をx〔℃〕とすると，864＝4.2×x×100より，x＝2.057…≒2.1〔℃〕を得る。

═══ 例題 6 〈電流と磁界〉 ═══

次の図は,直流モーターの原理を示そうとしたものである。

(1) 磁石のつくる磁界の向きはa, bのどちらか。

(2) 図の状態で,電流が流れると,コイルのP点はどちらの向きに力を受けるか。上・下・右・左で答えよ。

(3) (2) の結果,コイルはc, dのどちらの向きに回転するか。

(4) モーターが同じ向きに回転し続けるようにするには,半回転ごとに電流の向きを逆にする必要がある。このために用いられているものは何か。

解答 (1) a　　(2) 上　　(3) c　　(4) 整流子

解説 (1) 磁石の磁界はN極からS極に向かう向き。　　(2) フレミングの左手の法則より,P点の上側では磁界が弱まり,P点の下側では磁界が強まる。よって,P点は上向きの力を受ける。

(3) (2) より,コイルはcの向きに回転する。　　(4) 図の状態のままでは,コイルに流れる電流の向きが変わらないので,コイルが半回転すると,P点は同じように上向きの力を受け,dの向きに回転することになる。このため,直流モーターでは,半回転ごとに電流の向きが変わるように整流子がついていて,ブラシによって整流子に電流を送っている。

理科 化学【物質の状態】

ポイント

1 物質の三態

(1) 状態変化

融点	固体が融解するときの温度
凝固点	液体が凝固するときの温度
沸点	液体が沸騰するときの温度

(2) 純物質における温度と状態の変化

A	固体の温度上昇
B	固体が融け始める
B-C	固体と液体の混合状態
C	液体になる
D	液体の温度上昇
E	液体が沸騰を始める
E-F	液体と気体の混合状態
F	気体になる
G	気体の温度上昇

(3) 水の状態変化と体積

① 水→氷　　… 体積は**1.1倍**

② 水→水蒸気 … 体積は**1700倍**

2 もの の溶け方

(1) **質量パーセント濃度〔%〕**

溶液に含まれる溶質の質量を質量百分率で表した濃度

$$質量パーセント濃度〔\%〕 = \frac{溶質の質量〔g〕}{溶液の質量〔g〕} \times 100$$

(2) 溶解度

① **溶解度**

溶媒100gに対し，溶質の溶ける限界量をg単位で表した数値。溶解度は，物質によって異なり，温度によっても変化する。

② **飽和溶液**

溶質が限界量まで溶けた溶液。溶媒が水のときは**飽和水溶液**という。

3 **器具の取扱い**

(1) **ガスバーナー**

〈点火するとき〉

閉まる　開く　空気調節ねじ
　　　　　　　ガス調節ねじ

① 2つの調節ねじが閉まっているか確認する。

② ガスの元栓を開く。

③ マッチに火をつけ，**ガス調節ねじ**を開きながら点火。

④　ガス調節ねじで炎の大きさを調節する。

⑤　ガス調節ねじを押さえたまま，**空気調節ねじ**を開き青色の炎にする。

〈消火するとき〉

①　空気調節ねじを閉める。

②　ガス調節ねじを閉めて消火。

③　ガスの元栓を閉める。

(2)　**アルコールランプ**

①　エタノールを容器に**7 ～ 8分目**入れる。

②　マッチの炎を**横から点火**。

③　ふたを横からかぶせて消火。いったんふたを取り，アルコールランプが冷えてから再びふたをする。

④　**薬品の取扱い**

・冷暗所に密栓して保管する。

・液体の薬品は，薬品びんのラベルを上にして持ち，ガラス棒を伝わせて取り出す。

・廃棄するときは，薬品ごとに適切な廃棄方法に従う。

・薬品が手についたときは，すぐに流水で洗い流す。

・濃塩酸を薄めるときは，水に濃塩酸を少しずつ加えていく。

・水酸化ナトリウム水溶液を作るときは，水に少しずつ水酸化ナトリウムを加えて溶かす。

・水酸化ナトリウムはガラスに溶着することがあるため，ゴム栓で密

栓して保管する。

・水酸化ナトリウムは空気中に放置すると，空気中の水分を吸収して潮解する。

━━━━━ 例題 1 〈物質の三態〉━━━━━

次の図は，物質の状態とその変化を表したものである。

(1) 矢印A，Bにあてはまる語句を答えよ。

(2) 液体のロウを冷やして固体にした。質量と体積はどうなるか。

(3) 液体の水を冷やして固体（氷）にした。質量と体積はどうなるか。

|解 答| (1) A…昇華　　B…融解　　(2) 質量…変わらない　　体積…小さくなる　　(3) 質量…変わらない　　体積…大きくなる

|解 説| (1) すべての物質は，固体⇔液体⇔気体の3つの状態に変わることができる。Aは気体が直接固体に変化する状態変化で，固体が直接気体に変化する状態変化と同じように昇華と呼ばれる。昇華は二酸化炭素やナフタレンなどにみられるが，高圧の状態で温度を変化させると，液体の状態をつくることができる。
(2) 一般に，物質は固体→液体→気体と状態を変化させると，質量は変化しないが，体積は固体よりも液体，液体よりも気体というように大きくなる。これは，物質をつくっている粒子の運動と粒子間の距離によるものである。　(3) 水は特異的な物

質である。状態の変化で質量はほかの物質と同じように変化しないが，体積は液体のときが最も小さく，固体になると約1.1倍になる。

═════════ **例題2〈ものの溶け方〉** ═════════

次のグラフは，硝酸カリウムと塩化ナトリウムの溶解度を示したものである。ただし，水の温度による水の蒸発は考えないものとする。

(1) 水の温度が50℃のときの，硝酸カリウムの飽和水溶液の質量パーセント濃度はいくらになるか。整数で答えよ。

(2) 50℃，100gの水に，硝酸カリウムを70g溶かし，その水溶液の温度を10℃まで下げた。硝酸カリウムの結晶は何g得られるか。整数で答えよ。

(3) 水の温度が50℃のときの，塩化ナトリウムの飽和水溶液100gの水を20g蒸発させた。このとき，塩化ナトリウムの結晶は何g得られるか。整数で答えよ。

解答 (1) 46%　(2) 50g　(3) 5g

解説 (1) 溶解度のグラフから，50℃の水100gには硝酸カリウムは約85g溶けることがわかる。したがって，このときの質量パーセン

ト濃度を求めれば，飽和水溶液の質量パーセント濃度となる。$85 \div 185 \times 100 = 45.9\cdots$より，46％である。　(2) 50℃の水100gに，硝酸カリウムは約85g溶けるから，70gの硝酸カリウムはすべて溶ける。この水溶液の温度を10℃まで下げると，硝酸カリウムは20gしか溶けないから，$70 - 20 = 50$〔g〕の結晶が出てくる。

(3) 塩化ナトリウムの溶解度は温度が変化してもあまり変わらない。したがって，温度の高い塩化ナトリウム水溶液の温度を下げても，結晶はほとんど得られない。よって，塩化ナトリウムの結晶を得るためには，溶媒である水の質量を減らすことになる。蒸発した水20gに溶けていた分の塩化ナトリウムが析出したと考え，グラフより水温が50℃のとき水100gに塩化ナトリムは約37g溶けるので，$100 \times \dfrac{37}{137} \times \dfrac{20}{100} \fallingdotseq 5.4$〔g〕と求めることができる。

例題 3 〈器具の取扱い〉

(1) 水に溶けない固体を，30.0cm³の水が入ったメスシリンダーに入れたところ，水面は次の図のようになった。固体の体積は何cm³か。

(2) 上皿てんびんでの質量のはかり方として，誤っているものを2つ選べ。

ア．薬品をはかる場合，薬包紙は両方の皿にのせる。

イ．はかろうとするものより少し重いと思われる分銅からのせていく。

ウ．指針が目盛りの中央で止まったときの分銅の合計を読み取る。

エ．測定が終わったら，皿を一方の皿に重ねて置く。

オ．分銅は落とさないように，指でしっかりつかむ。

(3) 少量の液体を必要な量だけとる，次の図の器具を何というか。

安全球　ゴム球

| 解答 | (1) 8.0cm³　　(2) ウ，オ　　(3)（こまごめ）ピペット |

| 解説 | (1) メスシリンダーの目盛りを読み取るときは，目の位置を液面と同じ高さにして，液面の下のところを1目盛りの$\frac{1}{10}$まで目分量で読み取る。38.0−30.0＝8.0〔cm³〕。　　(2) ウ．指針が左右に等しく振れていれば，指針が止まるまで待つ必要はない。オ．分銅はピンセットを使って移動させる。指でつかむと，よごれなどが分銅について，正しい値を示さなくなる。　　(3) 液体がゴム球に吸い込まれないように，安全球がつけられている。液体を少し多めに吸い込んだあと，ゴム球を調節して液体の量を適正にし，それを目的の容器に移す。 |

例題 4 〈薬品の取扱い〉

次の性質をもつ薬品を，下のア～オから1つずつ選べ。

(1) 濃い水溶液は皮膚や粘膜を強く刺激する。水に非常に溶けやすく，発生する気体の臭いを直接かぐと，鼻をいためることがある。

(2) 引火しやすい性質があるので，火のそばで扱わない。殺菌力があるので消毒に用いられる。

(3) 空気中の水蒸気や二酸化炭素をよく吸収する。濃い水溶液は皮膚や衣類をいためる。

(4) 強い酸性を示し，溶けている気体が発生しやすく刺激臭があるので，換気に注意する。

(5) 空気中で明るく輝き，激しく燃えるので，一度に多量に燃やすことは危険である。

　　ア．塩酸　　　　　　イ．アンモニア水　　　ウ．エタノール
　　エ．マグネシウム　　オ．水酸化ナトリウム

| 解答 | (1) イ　　(2) ウ　　(3) オ　　(4) ア　　(5) エ |

解説 (1) 水でぬらした赤色リトマス紙をピンセットでつかみ，アンモニア水が入っている容器の口にもっていくと，リトマス紙は青色に変化する。アルカリ性の水溶液である。　(2) アルコールランプの燃料として使われるエタノールである。非常に引火しやすく，明るいところでは，エタノールの炎は見えにくいので注意が必要である。　(3) 潮解性をもち，空気中に放置しておくと，空気中の水蒸気や二酸化炭素をよく吸収して溶けてしまう。保管には密栓が必要である。　(4) 塩化水素の水溶液である。実験に使うときは，換気に注意し，用いる量はできるだけ少なくする。なお，塩酸やアンモニア水，水酸化ナトリウム（水溶液）などが手などについた場合，最初の措置は流水でよく洗うことである。　(5) マグネシウムリボンなどを燃やす場合，多量に燃やすとやけどなどの危険がある。やけどした場合には，冷たい水でしばらく冷やす。

理科　化学【物質の性質】

ポイント

1 気体の性質

(1) 気体の捕集法

捕集法	適する気体の性質	しくみ	例
水上置換法	水に溶けにくい気体		酸素，水素，窒素など
下方置換法	水に溶けやすく，空気より重い気体		二酸化炭素，塩素，塩化水素など
上方置換法	水に溶けやすく，空気より軽い気体		アンモニア

(2) 主な気体の性質

気体	色	におい	水溶性	空気に対する重さ	捕集法	発生方法
						その他の特徴
酸素 O_2	無色	無臭	溶けにくい	わずかに重い	水上置換	二酸化マンガン＋過酸化水素水
						ものを燃やすはたらき
二酸化炭素 CO_2	無色	無臭	少し溶ける	空気の約1.5倍	下方(水上)置換	石灰石＋希塩酸，炭酸水素ナトリウムの加熱
						石灰水を白く濁らせる

水素 H_2	無色	無臭	溶けにくい	非常に軽い	水上置換	金属に希塩酸を加える
						空気中でよく燃え，燃えると水ができる
アンモニア NH_3	無色	刺激臭	非常によく溶ける	軽い	上方置換	水溶液はアルカリ性
塩素 Cl_2	黄緑色	刺激臭	溶ける	かなり重い	下方置換	水溶液は酸性で，漂白作用・殺菌作用あり
窒素 N_2	無色	無臭	溶けにくい	やや軽い	水上置換	空気中の体積の約80%を占める
塩化水素 HCl	無色	刺激臭	よく溶ける	重い	下方置換	水溶液は塩酸といい，強い酸性を示す

2 水溶液の性質

(1) 酸性・中性・アルカリ性と指示薬

	酸性	中性	アルカリ性
リトマス紙	青色 → 赤色	変化なし	赤色 → 青色
ＢＴＢ溶液	黄色	緑色	青色
フェノールフタレイン液	変化なし（無色）		赤色

(2) 主な水溶液の性質

	水溶液	主な性質
酸性	希塩酸	塩化水素（HCl）の水溶液。**刺激臭**あり。 **アルミニウム，亜鉛，鉄**と反応し，水素が発生。
	希硫酸	**アルミニウム，亜鉛，鉄**と反応し，**水素**が発生。 バリウムイオンを含む水溶液に加えると，**白色の沈殿**（硫酸塩）が生成するため，硫酸の検出に使用。
	炭酸水	**二酸化炭素**の水溶液。金属とは激しく反応しない。

193

アルカリ性	水酸化ナトリウム水溶液	二酸化炭素を吸収するはたらき。アルミニウム，**亜鉛**と反応し，**水素**が発生。鉄，銅とは反応せず。
	アンモニア水	**刺激臭**がある。
	石灰水	水酸化カルシウム（消石灰）の水溶液。二酸化炭素と反応すると，**白色の沈殿（炭酸カルシウム$CaCO_3$）**が生成するため，**二酸化炭素**の検出に使用。
中性	食塩水	水を蒸発させると，食塩が残る。

③ 酸とアルカリの反応

(1) **中和**

酸の水素イオンH^+とアルカリの水酸化物イオンOH^-が結びつき，中性の**水H_2O**と新しい物質（**塩**）ができる反応。

(2) 塩酸と水酸化ナトリウム水溶液の反応

塩酸＋水酸化ナトリウム水溶液→塩化ナトリウム（食塩）＋水
$HCl + NaOH \rightarrow NaCl + H_2O$

■塩酸に水酸化ナトリウム水溶液を加えたときのイオンの数の変化

━━━━━ **例題1〈気体の性質〉** ━━━━━

(1) 次の図のように，三角フラスコの中に二酸化マンガンを入れ，上の活栓付きろうとにある液体を入れて酸素を発生させ，少し置いてその酸素を収集した。

① この実験に使った液体の名前を答えよ。
② この実験で二酸化マンガンは反応の前後で変化せず，ある液体の分解を促進するはたらきをする。このようなはたらきをする物質を何というか。
③ 上の図のような気体の収集法を何というか。
④ 初めに発生した酸素は収集しない理由を答えよ。

(2) 次のような方法で気体を発生させ，その性質を調べた。
　A. 亜鉛にうすい塩酸を加える。
　B. 石灰石にうすい塩酸を加える。
　C. 塩化アンモニウムに水酸化カルシウムを加えて加熱する。

① Aの発生方法で発生する気体は何か。
② Bで発生した気体を調べるとき，次のうちどの方法がよいか。
　ア．火を近づける　　　イ．石灰水に通す
　ウ．においをかぐ　　　エ．ぬれたリトマス紙を近づける
③ Cで発生した気体を集めるのに適した方法を何というか。

解答 (1)① うすい過酸化水素水（オキシドール）　② 触媒
③ 水上置換法　④ 三角フラスコ内の空気を含んでいるため。　(2)① 水素　② イ　③ 上方置換法

解説 (1)① 濃い過酸化水素水を使用すると，急激に酸素が発生してフラスコが破裂することがあるため，うすい過酸化水素水を少量ずつ加えるようにする。　③ 酸素は水に溶けにくいため，水上置換法で集める。　(2) Bでは二酸化炭素，Cではアンモニアが発生する。　② 二酸化炭素を石灰水に通すと炭酸カルシウ

ム（$CaCO_3$）の白色沈殿を生じる。　③　アンモニアは水に非常によく溶け，空気より軽いので，上方置換法で集める。

▰▰▰▰▰ 例題 2 〈水溶液の性質〉 ▰▰▰▰▰

5種類の水溶液A～Eがある。食塩水，水酸化ナトリウム水溶液，うすい塩酸，アンモニア水，炭酸水のどれかである。それぞれの水溶液の性質を調べるために，次の実験①～③を行った。

〔実験〕

> ①　においをかいだところ，AとDで鼻を刺すようなにおいがした。
> ②　アルミニウム片を入れたところ，AとCからさかんに気体が発生した。
> ③　水溶液を少量ずつ蒸発皿に入れて加熱したところ，CとEで白い固体が残った。

(1) 実験②で，発生した気体は同じ気体であった。その気体の化学式を書け。

(2) 水溶液A～Eに緑色にしたBTB溶液をたらした。BTB溶液の色が青色になるのはどれか。記号ですべて選べ。

(3) 水溶液A～Eのうちの2種類を混ぜ合わせたところ，水溶液A～Eのどれかと同じ水溶液ができた。①混ぜ合わせた水溶液と，②できた水溶液をそれぞれ記号で答えよ。

解答　(1) H_2　　(2) C, D　　(3) ①　A, C　　②　E

解説　実験①から，AとDはうすい塩酸かアンモニア水のどちらかである。また，実験②から，AとCはうすい塩酸か水酸化ナトリウム水溶液のどちらかである。したがって，Aはうすい塩酸，Cは水酸化ナトリウム水溶液，Dはアンモニア水と考えることができる。さらに，実験③からEが食塩水とわかるから，残りのBは炭酸水である。　(1) 発生する気体はどちらも水素である。水素の元素記号はHであるが，化学式であるから，分子式で表す。

(2) 緑色のBTB溶液の色を青色にするのはアルカリ性の水溶液であるから，Cの水酸化ナトリウム水溶液とDのアンモニア水である。　(3) Aのうすい塩酸とCの水酸化ナトリウム水溶液を混ぜ合わせると，中和反応が起こり，Eの食塩水ができる。

━━━━━ 例題 3 〈中和〉 ━━━━━

同じ温度のうすい塩酸と水酸化ナトリウムの水溶液がある。これらをA～Dのビーカーに次の表のような体積で混合した。

	A	B	C	D
うすい塩酸（cm³）	10	20	30	40
水酸化ナトリウム水溶液（cm³）	40	30	20	10
性質	アルカリ性	アルカリ性	中性	酸性

(1) Cの混合液の水分を蒸発させたとき，あとに残る物質は何か。

(2) Aの混合液を完全に中和するためには，どちらの水溶液をあと何cm³加えればよいか。

解答　(1) 塩化ナトリウム　　(2) うすい塩酸を50cm³加える。

解説　(2) 塩酸と水酸化ナトリウム水溶液は，3：2の割合で中性になるので，Aで反応する塩酸をx〔cm³〕とすると，$3:2=x:40$
$x=60$〔cm³〕
よって，加える量は，$60-10=50$〔cm³〕

理科　生物【植物の世界】

ポイント

1 種子植物

(1) 種子植物の分類

植物の種類		特徴	例
被子植物	双子葉類	根・茎・葉が発達。胚珠が子房に包まれている。	（合弁花類）アサガオ，タンポポ（離弁花類）アブラナ，エンドウ
	単子葉類		イネ，タケ，チューリップ，ユリ
裸子植物		根・茎・葉が発達。胚珠がむき出し。	イチョウ，スギ，ソテツ，ヒノキ，マツ，モミ

	子葉の数	根	葉脈	茎の維管束	例
双子葉類					アブラナ，エンドウ，キュウリ，サクラ，タンポポ，ヒマワリ
	2枚	主根と側根	網状脈	輪状	
単子葉類					イネ，サトイモ，タケ，チューリップ，トウモロコシ，ネギ，ムギ，ユリ
	1枚	ひげ根	平行脈	散在	

(2) 花のつくりと種子のでき方

① 被子植物

・花のつくり…花の中心の**めしべ**（柱頭, 胚珠, 子房）を囲むように，

おしべ（やく），**花びら**，**がく**がついている。

・種子のでき方…受粉後，**胚珠は種子**に，**子房は果実**になる。

■アブラナ

② 裸子植物

　・花のつくり…雌花と雄花に分かれる。

　・種子のでき方…雌花の**胚珠に花粉がつくと種子**になる。

② 種子の発芽

(1) 種子のつくりと養分

　① 胚乳のない種子

　　　胚（子葉，幼芽，胚軸，幼根）と種皮からなる。子葉に養分あり。

　　例　アサガオ，インゲンマメ，ダイコン，ヘチマ

■インゲンマメ

　② 胚乳のある種子

　　　胚（子葉，幼芽，胚軸，幼根）と胚乳，種皮からなる。胚乳に養分あり。

　　例　イネ，カキ，トウモロコシ，ムギ

(2) 発芽に必要な条件

　　水・空気・適当な温度の3つの条件が必要。土や日光は不必要。

③　種子をつくらない植物

植物の種類	特徴	例
シダ植物	根・茎・葉の区別がある 胞子で増える	イヌワラビ，ゼンマイ，スギナ（ツクシ）
コケ植物	根・茎・葉の区別がない 胞子で増える	スギゴケ，ゼニゴケ
藻類	根・茎・葉の区別がない 胞子で増えるものと分裂して増えるものがいる	コンブ，ワカメ，テングサ，アオノリ，アオミドロ

④　葉のつくり

構造	説明	特徴
表皮	葉の表と裏をおおっている	気孔：気体の出入りや蒸散が行われる
葉肉	葉の内部の部分	柵状組織：葉緑体をもつ細胞が規則正しく配列している部分 海綿状組織：上記の細胞の間に隙間がある部分
葉脈	葉の中にある維管束	葉の表側に道管（水の通り道），裏側に師管（養分などの通り道）がある

⑤　光合成と呼吸

(1) 光合成

　　植物が光を受けて，**葉緑体**の中で**二酸化炭素**と**水**から，**デンプン**などを合成し，**酸素**を発生するはたらき。

$$6CO_2 + 12H_2O \xrightarrow{\text{光エネルギー}} C_6H_{12}O_6 + 6H_2O + 6O_2$$

(2) 呼吸

　　光合成は昼のみ行うが，呼吸は昼も夜も行う。呼吸では，酸素を用い
て有機物を分解し，最終的に二酸化炭素と水ができる。

(3) 光合成と呼吸の速度

⑥　**顕微鏡の取扱い**

(1) 顕微鏡操作の手順

①　**接眼レンズ，対物レンズの順につける。**

②　反射鏡の角度としぼりを調節し，視野全体を明るくする。

③　プレパラートをステージにのせる。

④　**横から見ながら調節ねじを回し，**対物レンズをプレパラートに近
　　づける。

⑤　接眼レンズをのぞきながら調節ねじを回し，ピントを合わせる。

(2) プレパラートを動かす方向

観察しようとするものが、視野の中心からずれているときは、プレパラートを**上下左右反対**に動かす。

━━━━━━ 例題 1 〈植物の分類〉 ━━━━━━

次の図は，植物を基準にしたがって分類したものである。

(1) Aのような植物の根はどのようになっているか。

(2) Bのような植物の葉脈はどのようになっているか。

(3) a〜eにあてはまる植物を，次のア〜オから1つずつ選び，記号で答えよ。

　ア．ゼンマイ　　イ．イチョウ　　ウ．イネ　　エ．ゼニゴケ
　オ．ダイコン

|解答| (1) 主根と側根　　(2) 平行脈　　(3) a…オ　　b…ウ
c…イ　　d…ア　　e…エ

|解説| (1) 双子葉類である。双子葉類の根は主根と側根，葉脈は網状脈，維管束は茎の断面に対して輪状に並ぶ。　　(2) 単子葉類である。単子葉類の根はひげ根，葉脈は平行脈，維管束は茎の断面に対して散在している。　　(3) aは被子植物の双子葉類，bは被子植物の単子葉類，cは裸子植物，dはシダ植物，eはコケ植物である。

■■■■■■■■ 例題 2 〈花のつくりと種子のでき方〉 ■■■■■■■■

次の図は，ある花のつくりを模式的に示したものである。

(1) 花のA，Bは何か。それぞれ答えよ。

(2) A，Bは，花がさいたあと成熟して何になるか。それぞれ答えよ。

| 解答 | (1) A…胚珠　　B…子房　　(2) A…種子　　B…果実 |
| 解説 | (1) めしべのもとのふくらんだ部分を子房 (B) といい，その中には胚珠 (A) が入っている。　(2) 受粉したあと，成熟すると，胚珠は種子に，子房は果実になる。 |

■■■■■■■■ 例題 3 〈葉のつくり〉 ■■■■■■■■

次の図は，ツバキの葉の断面の一部を模式的に表したものである。

(1) Aは柱状の細胞が密着して並んだ部分である。この組織を何というか。

(2) 葉脈の中にあるB, Cの管は何か。それぞれ答えよ。

(3) Dは, おもに葉の裏側にあるすき間である。何というか。

解答 (1) さく状組織　　(2) B…道管　　C…師管　　(3) 気孔

解説 (1) 効率よく光を吸収する組織である。　　(2) 葉脈では, 葉の表側に近いほうが道管, 裏側に近いほうが師管である。

(3) 2つの孔辺細胞の間のすき間で, 気孔という。孔辺細胞の膨圧の変化により開閉する。気孔からは, 光合成や呼吸により気体が出入りするほか, 蒸散も行われる。

例題 4 〈光合成〉

次の図は, ある植物の光合成速度と呼吸速度を表したグラフである。

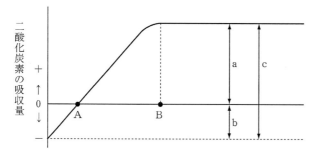

(1) A点とB点の光の強さを何というか。それぞれ答えよ。

(2) a〜cのうち, 光合成速度を表しているのはどれか。

解答 (1) A…補償点　　B…光飽和点　　(2) c

解説 (1) 二酸化炭素の出入りが見かけ上0になるときの光の強さを補償点といい, それ以上光を強くしても光合成速度が変化しなくなる光の強さを光飽和点という。　　(2) aは見かけの光合成速度, bは呼吸速度であり, a＋b＝cが光合成速度を表す。

━━━ **例題 5〈顕微鏡〉** ━━━

　ある顕微鏡を使って，水中の小さな生物を観察した。図は，この顕微鏡に使われているレンズを示したものである。ただし，接眼レンズは5倍，15倍，対物レンズは10倍，20倍，40倍である。

接眼レンズ　　　　　　　　　対物レンズ
A　　　　B　　　　ア　　　　イ　　　　ウ

(1) この顕微鏡の最高倍率は何倍か。

(2)（1）のときに使用したレンズの組み合わせはどれとどれか。記号で答えよ。

(3) 顕微鏡で観察する場合，はじめに低倍率で観察する。その理由を簡単に書け。

解答　(1) 600倍　　(2) B，ア　　(3) 低倍率のほうが視野が広いため，観察物を見つけやすい。

解説　(1) それぞれ倍率が最も高いレンズを使用する。顕微鏡の倍率は，（接眼レンズの倍率）×（対物レンズの倍率）であるから，15×40＝600（倍）である。　　(2) 接眼レンズは短いほうが倍率が高く，対物レンズは長いほうが倍率が高い。したがって，接眼レンズのBが15倍，対物レンズのアが40倍である。　　(3) 倍率を高くするほど視野は狭くなる。したがって，まず低倍率で広い範囲を観察し，目的のものが見つかったら，その部分が視野の中央にくるようにプレパラートを動かし，その後倍率を上げる。最初から高倍率で観察すると，目的のものを探すのに手間がかかる。

理科　生物【動物の世界】

ポイント

① 動物の分類

動物の種類			特徴						例
セキツイ動物	ホ乳類		2心房2心室, 体内受精, 毛でおおわれる	胎生	陸上	肺	恒温	背骨あり	イルカ, クジラ, コウモリ, ラッコ
	鳥類		2心房2心室, 体内受精, 羽毛						ペンギン, フクロウ
	ハ虫類		2心房2心室（不完全）, 体内受精, うろこやこうら	卵生					イグアナ, カメ, ヤモリ, ワニ
	両生類		2心房1心室, 体外受精, 皮膚が裸出, 粘膜あり		水中	えら			イモリ, カエル, サンショウウオ
	魚類		1心房1心室, 体外受精						サメ, ナマズ
無セキツイ動物	キョク皮類		からだは放射状。とげをもつもの多い				変温	背骨なし	ウニ, ナマコ
	節足	昆虫類	頭部・胸部・腹部。胸部に3対のあし	変態	羽	外骨格あり			アリ, チョウ, カブトムシ, セミ, ハチ
		甲殻類	かわった形状が多い。						エビ, カニ, ダンゴムシ
		多足類	頭部・胴部。	しない	羽なし				ムカデ
		クモ類	頭胸部・腹部。書肺（気管が変化）で呼吸						クモ, サソリ, ダニ
	軟体	頭足類	外とう膜でおおわれ, 節や外骨格ももたない			なし			イカ, タコ
		貝類							アサリ, ナメクジ
	原生動物		単細胞動物						アメーバ, ゾウリムシ

② 生物のつながり

　有機物を生産する緑色植物を生産者，これを利用する動物などを消費者，動物の遺体などを分解する微生物などを分解者という。これらの三者が，食う－食われるの関係でつながっていることを食物連鎖といい，食物連鎖を構成している1つ1つを栄養段階という。たとえば，生産者である緑色植物は第一栄養段階であり，それを食べる第一次消費者の草食動物は第二栄養段階という。

206

生物群集の相互関係

③ 昆虫のからだと変態

(1) 昆虫のからだ

頭部，胸部，腹部の3つに分かれる。胸部に3対（6本）のあしと羽がある（羽のないものもあり）。

(2) 変態

完全変態	卵→幼虫→さなぎ→成虫と姿をかえて成長	アリ，カ，カブトムシ，チョウ，テントウムシ，ハチ，ホタルなど
不完全変態	卵→幼虫→成虫と成長し，さなぎの時期なし	アメンボ，カマキリ，コオロギ，セミ，トンボ，バッタなど

④ 血液循環

(1) ヒトの心臓のつくり

2心房・2心室の4つの部屋に分かれる。

心房	静脈から戻った血液を心室に送る
心室	心房からきた血液を，強い圧力で動脈に送り出す

大動脈（動脈血）　肺動脈（静脈血）

肺静脈（動脈血）

大静脈（静脈血）

左心房

左心室

右心房

右心室

(2) 血液循環

肺循環	血液が心臓を出て，肺をめぐり心臓に戻る経路。血液は，肺の毛細血管で，酸素を取り入れ二酸化炭素を放出 **右心室→肺動脈→肺→肺静脈→左心房**
体循環	血液が心臓から出て，全身をめぐり心臓に戻る経路。血液はこの間に，全身の細胞に酸素や栄養素を与える **左心室→大動脈→全身の毛細血管→大静脈→右心房**

■ 循環のみちすじ

からだの上部

肺

🅐

🅑

肺動脈

肺静脈

大静脈

心臓

大動脈

肝臓

小腸

🅒

🅓

腎臓

静脈

動脈

からだの下部

🅐 最も**酸素**の多い血液が流れている
🅑 最も**二酸化炭素**の多い血液が流れている
🅒 最も**栄養分**の多い血液が流れている
🅓 最も**不要物**が少ない血液が流れている

(3) 血液の成分とはたらき

赤血球	ヘモグロビンを含み，酸素を運ぶ
白血球	体内に侵入した細菌を殺す免疫
血小板	血液を凝固させ，出血をとめる
血しょう	栄養分，老廃物を運ぶ

5　消化と吸収

(1) 消化管

　　食べ物は，**口→食道→胃→小腸→大腸→肛門**の順で消化管を通る。

(2) 消化酵素

　　消化液中に含まれ，食物中の栄養分を分解するはたらきをもつ。

　35℃前後で最もよくはたらく。

(3) 吸収

　消化された栄養分は，**小腸の柔毛（柔突起）**で吸収される。

　デンプン：グルコース（ブドウ糖）となり，吸収された後に毛細血管
　　　　　　に入る。

タンパク質：アミノ酸となり，吸収された後に毛細血管に入る。

脂肪：脂肪酸とモノグリセリドとなり，吸収されたあとに再び脂肪に
　　　なってリンパ管に入る。

━━━━ 例題 1 〈動物の分類〉 ━━━━

次の図は，動物を基準にしたがって分類したものである。

(1) Aのなかまをまとめて何というか。

(2) Cのなかまをまとめて何というか。

(3) Dのなかまに共通することは何か。

(4) Eのなかまに共通することは何か。

解答 (1) 無セキツイ動物　　　(2) 節足動物　　　(3) 卵をうむ（卵生）
　　　(4) 体温が一定（恒温動物）

解説 (1) Aは背骨をもたない無セキツイ動物，Bは背骨をもつセキツ
イ動物である。　　(2) バッタは昆虫類，エビは甲殻類であり，
どちらも節足動物に分類される。なお，節足動物にはこのほか
に多足類，クモ類がある。　　(3) ホ乳類を除くセキツイ動物に
共通する特徴である。ホ乳類は胎生である。　　(4) セキツイ動
物のうちの鳥類とホ乳類に共通する特徴である。どちらも恒温
動物である。

━━━━ 例題 2 〈生物のつながり〉 ━━━━

　次の図は，生物の食う食われるの関係と物質の流れを模式的に表した
ものである。

(1) 生物の食う食われるの関係による生物間のつながりを何というか。

(2) Aは菌類や細菌類である。これらの生物はそのはたらきから何と
呼ばれるか。

(3) X，Yは気体である。それぞれの気体の化学式を書け。

| 解答 | (1) 食物連鎖　　(2) 分解者　　(3) X…O_2　　Y…CO_2 |

| 解説 | (1) 植物を草食動物が食べ，草食動物を肉食動物が食べるという
関係である。食物連鎖の数量的な関係は植物を底辺としたピラ
ミッドの形で表される。　　(2) 有機物を無機物に分解するはた
らきをする。なお，植物やほかの動物を食べる動物を消費者と
いう。　　(3)　植物が取りこんでいるYは二酸化炭素である。植物，
動物，微生物（菌類や細菌類）のいずれも取り込んでいるXは
酸素である。 |

━━━━━━━━ **例題 3 〈昆虫のからだ〉** ━━━━━━━━

　右の図は，昆虫のからだを模式的に表そうとしたもの
である。あしはどのようについているか。図にかき加え
よ。ただし，あしの形は直線でよい。

解答 右の図を参照。

解説 昆虫のからだは頭部・胸部・腹部の3つに分かれ
ており、胸部に3対（6本）のあしと2対（4枚）
のはねがついている。ただし、はねが退化した
昆虫もいる。

―――――――――― 例題4〈昆虫の育ち方〉 ――――――――――

次のア〜キの昆虫のうち、完全変態するものはどれか。すべて選び、
記号で答えよ。

　ア．アゲハ　　　　イ．イナゴ　　　　ウ．コオロギ　　　エ．ミツバチ
　オ．カブトムシ　　カ．カマキリ　　　キ．ギンヤンマ

解答 ア，エ，オ

解説 昆虫の育ち方には、卵→幼虫→さなぎ→成虫のように変態する完
全変態と、卵→幼虫→成虫のように変態する不完全変態がある。

―――――――――― 例題5〈血液循環〉 ――――――――――

次の図は、ヒトの血液循環を模式的に表したものである。なお、ケは
CO_2以外の不要物が最も少ない血液が流れている血管である。

(1) A～Cの器官の名前をそれぞれ答えよ。

(2) 動脈血が流れている静脈はア～シのどれか。記号で答えよ。

(3) 食後に栄養分が最も多く含まれている血液が流れる血管はア～シのどれか。記号で答えよ。

解答 (1) A…肺　B…肝臓　C…腎臓　(2) イ　(3) キ

解説 (1) Aは二酸化炭素と酸素の交換を行う肺，Bは小腸からの栄養分を一時蓄えたり，アンモニアを尿素につくり変えたりする肝臓，Cは血液中の二酸化炭素以外の不要物をこし出すはたらきをする腎臓である。　(2) 肺から心臓へ戻る血液が流れる肺静脈である。　(3) 小腸から肝臓へ血液を送る肝門脈である。

━━━━━━━━ 例題 6 〈呼吸〉 ━━━━━━━━

次の図は，肺の一部を示したものである。下の各問いに答えよ。

(1) A，Bのそれぞれの名前を答えよ。

(2) 酸素を多く含む血液が流れている血管は，a，bのどちらか。

解答 (1) A…気管支　B…肺胞　(2) b

解説 (1) Aは気管が枝分かれした気管支である。また，Bは細かく枝分かれした気管支の先が袋状になったもので，肺胞という。肺は，肺胞に分かれていることで表面積が大きくなり，ガス交換が効率よく行われている。　(2) 肺から出ていく血液が流れる血管である。

━━━━━ 例題 7 〈消化・吸収〉 ━━━━━

次の表は栄養分の消化と吸収についてまとめたものである。A〜Dにあてはまる語句を答えよ。

		分解産物	吸収場所
デンプン	→	A	毛細血管
たんぱく質	→	アミノ酸	C
脂肪	→	B 脂肪酸 → 脂肪	D

解 答　A…グルコース（ブドウ糖）　　B…グリセリン（またはモノグリセリド）　　C…毛細血管　　D…リンパ管

解 説　消化された栄養分は小腸の壁の柔毛から吸収される。

━━━━━ 例題 8 〈老廃物の排出〉 ━━━━━

図は，ヒトの排出器官を示したものである。

(1) A〜Cの名前を答えよ。
(2) 血管a，bのうち，老廃物が少ない血液が流れているのはどちらか。

214

記号で答えよ。

解答 (1) A…腎臓　　B…(輸) 尿管　　C…ぼうこう　　(2) a

解説 (1) Aは血液から不要物をこし出すはたらきをする腎臓，Bはつくられた尿をCのぼうこうへ送る輸尿管である。尿はぼうこうに一時ためられてから排出される。　　(2) 腎臓に入る血液が流れるbは動脈であり，腎臓から出る血液が流れるaは静脈である。不要物は腎臓でこし出されるので，aの静脈のほうが不要物が少ない。

理科　地学【地球と宇宙】

ポイント

1　**太陽の動き**

(1) 太陽の日周運動

① 太陽の日周運動

地球の自転によって，東からのぼり，南の空を通って西へ沈み，1日に1回，地球の周りを回っているように見える。

② **南中高度**

太陽が南中（真南を通過）したときの地平線からの角度。太陽の高度が1日のうちで最も高い。

(2) 太陽の年周運動

地球は，地軸が公転面に垂直な方向に対して約23.4°傾いた状態で公転しているため，季節によって太陽の南中高度は変化する。

① 季節による太陽の道すじの変化（天球のモデル）

春分・秋分	真東からのぼり，真西に沈む。 昼と夜の長さは同じ。
夏至	真東・真西より北寄りに出没。 昼の時間が最も長く，南中高度も高い。
冬至	真東・真西より南寄りに出没。 昼の時間が最も短く，南中高度も低い。

② 季節による**南中高度**

> **春分・秋分の南中高度＝90°−緯度**
> **夏至の南中高度＝90°−緯度＋23.4°**
> **冬至の南中高度＝90°−緯度−23.4°**

(3) 1年における太陽がつくる棒の影の変化

② 月の動き

(1) 月の動き

　太陽と同じように**東から西へ動き**，1日に1回転する。これは，**地球の自転**による見かけの動きである。

■地球・太陽・月の位置関係

217

(2) 月の形の変化

　　月は太陽の光を反射させながら，地球のまわりを公転しているため，太陽と地球，月の位置関係で月の形が変化して見える。

　　新月→三日月→上弦の月→満月→下弦の月→新月を約29.5日で繰り返す。

(3) 月の形と動き

①　三日月

　　夕方，西の空の低いところに見えはじめ，太陽を追うようにして沈んでいく。

②　上弦の月

　　夕方，南の空の高いところに見え，夜中に西の空に沈む。三日月が見えた日から約4日後に見える。

③　満月

　　満月は，地球をはさんで太陽の反対側に位置しているため，**日の入りと同時に東の空に**のぼり始め，真夜中に南中して，日の出の頃に西の空に沈む。上弦の月が見えた日から約1週間後に見える。

④ 下弦の月

　　真夜中に東の空にのぼり始め，日の出の頃に南中する。正午頃，西の空に沈むが，太陽がのぼってからは見えなくなる。満月が見えた日から約1週間後に見える。

3 星の動きと星座

(1) 星の動き

① 星の日周運動

　　地球の自転によって，1時間に15°ずつ東から西へ動いて見える。

■東・西・南・北の空の星の動き（北半球）

② 星の年周運動

　　地球の公転によって，星は1ヵ月に30°ずつ東から西へ動くように

見え，1年で1回転する。同じ星が同じ位置に見える時刻は，1日に約4分ずつ，1ヵ月に2時間ずつ早くなる。

(2) 季節の星座

地球の公転によって，真夜中の南の空に見える星座は季節により異なる。地球から見て，太陽と反対方向にある星座はよく見え，太陽と同じ方向にある星座は見ることができない。

太陽が通る天球上の経路を黄道といい，黄道上に位置する星座を黄道12星座という。

	代表的な星座
春	しし座，おとめ座
夏	**さそり座，はくちょう座**
秋	ペガスス座，うお座
冬	**オリオン座，ふたご座**

■ 冬の大三角形

220

■夏の大三角形

4 太陽系と宇宙

(1) 金星の見え方

金星は，太陽のまわりを公転する惑星の1つで，**内惑星であるため，明け方と夕方のみ見え**，真夜中に見ることはできない。

① **明けの明星**

日の出前のしばらくの間だけ，**東の空**に見える。

② **宵の明星**

夕方（日没直後）からしばらくの間だけ，**西の空**に見える。

(2) 惑星

太陽のまわりを公転している天体で8つある。自らは光を出さず，太陽の光を反射して光る。

① 内惑星と外惑星

　・内惑星…地球より内側を公転している惑星。**水星と金星**がある。

　・外惑星…地球より外側を公転している惑星。

② 地球型惑星と木星型惑星

　・地球型惑星…半径・質量は小さく，平均密度は大きい。水星，金星，地球，火星がある。

　・木星型惑星…半径・質量は大きく，平均密度は小さい。木星，土星，天王星，海王星がある。

例題 1 〈太陽の動き〉

次の図は，北緯35°のある地点の夏至，秋分，冬至の太陽の動きを，透明半球上に記録したものである。

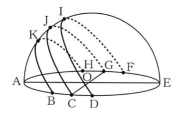

(1) 透明半球は何のモデルか。

(2) 夏至の日の南中高度を∠ABCのように表せ。

(3) (2)の角度は何度になるか。

(4) この地点の北極星の高度は何度か。

解答 (1) 天球　　(2) ∠AOI（∠IOA）　　(3) 78.4°　　(4) 35°

解説 (1) 透明半球は，太陽の天球上での動きを再現する。　(2) 夏至の日の太陽の動きは，最も北よりのDIFである。南中高度は観測点にあたるO点での角度で，∠AOIである。　(3) 90°－35°＋23.4°＝78.4°　(4) 北半球では，北極星の高度はその地点の緯度に等しい。

———— 例題 2〈月の動き〉 ————

次の図のように，南の空に月が見られた。

D

南

(1) 図のような月を何というか。名称を書け。
(2) 図のような月が見られたのは，何時ごろか。
(3) この日から約1週間後に見える月はどんな月か。名称を書け。

解答 (1) 上弦の月　　(2) 午後6時ごろ（18時ごろ）　　(3) 満月

解説 (1) 図のような半月は，西の空にあるときに弦が上になる。西の空にあるときに弦が上にあるのが上弦の月，下にあるのが下弦の月である。　(2) 図のような月が見られるとき，太陽は西の地平線付近にある。夕方6時ごろである。　(3) 月は右から欠けて右から満ちてくる。図の月はこれから満ちていき，約1週間後には満月になる。

━━━━━━━━━━━━ 例題 3 〈星の動き〉 ━━━━━━━━━━━━

　次の図は，カメラを東西南北のどちらかに向け，シャッターを2時間開
放にしたときの星の軌跡を図に表したものである。

A

B

(1)　Aの図のPの付近にある星を何というか。

(2)　Aの図のaの角度は何度か。

(3)　Bの図は，東西南北のどちらの空を表しているか。

(4)　Bの図で，星はア，イのどちらの向きに動いたか。

解答　(1) 北極星　　(2) 30°　　(3) 西　　(4) イ

解説　(1) Aは北の空の図である。北の空の星は，P（天の北極）を中
　　　　心に反時計回りに回転して見える。天の北極付近にある星は北
　　　　極星である。　　(2) シャッターを開放した時間は2時間であるか
　　　　ら，15°×2＝30°移動して見える。　　(3)，(4) Bは西の空の図で
　　　　ある。星は西の地平線に沈んでいくのでイの方向に動いて見え
　　　　る。

━━━━━━ 例題 4 〈季節の星座〉 ━━━━━━

　図は，太陽の周りを公転する地球と，星座の位置関係を模式的に表し
たものである。

(1) 地球の公転の向きはア，イのどちらか。

(2) Xは，太陽の天球上における見かけの運動経路を示したものであ
　　る。この経路を何というか。

(3) Pの星座は何か。名称を書け。

(4) 北半球が夏の位置にあるとき，日没のころに南の空に見られる星
　　座は何か。

(5) 北半球が冬の位置にあるとき，太陽はa～dのどの位置にあるか。

解答　(1) ア　　(2) 黄道　　(3) さそり座　　(4) しし座　　(5) b

解説　(1) 星座の位置から判断する。　　(3) 夏の代表的な星座である。
(4) 公転の向きが「ア」であることから，図は天の北極（北半球）
側から公転軌道を見下ろす図であるとわかる。したがって地球
の自転軸の上側が北極であり，北極周辺に太陽光があたるとこ
ろ（B）が北半球の夏。　　(5) (4)と同様に考え，地球の公転軌
道上の冬の位置を決めるとDになる。

例題 5 〈星座と星〉

　夏の大三角をつくるデネブ，アルタイル，ベガは，それぞれ何という星座に含まれるか。

|解答| デネブ…はくちょう座　　アルタイル…わし座
　　　ベガ…こと座
|解説| いずれも1等星でよく目立ち，別々の星座に含まれている。

例題 6 〈金星の動き〉

　次の図は，太陽，地球，金星の位置関係を表したものである。

(1) 明け方に見られるのは，金星がA～Fのどの位置にあるときか。すべて選び，記号で答えよ。

(2) 肉眼では観測できないのは，金星がA～Fのどの位置にあるときか。すべて選び，記号で答えよ。

(3) 金星が真夜中に見ることができない理由を簡単に書け。

|解答| (1) E，F　　(2) A，D　　(3) 内惑星であるから。
|解説| (1) 地球の自転の向きから考える。　(2) 太陽の方向にある金星は肉眼では観測できない。　(3) 太陽－地球－金星のように並ぶことがないので真夜中に観測することはできない。これは，金星が地球の内側を公転する内惑星であるからである。

━━━━ **例題7〈観察の仕方〉** ━━━━

次の問いに答えよ。
(1) 天体望遠鏡で太陽を観測する場合，太陽を直接見ることは絶対に
　　してはならない。何を使って観測するか。
(2) 透明半球上に太陽の位置をペンで印す場合，ペン先の影をどこに
　　合わせるか。

解答 (1) 投影板　　(2) 透明半球の中心

解説 (1) 望遠鏡を使って太陽を観察する場合は，ファインダーにはふ
　　　たをしておき，のぞけないようにしておく。投影板を使って太
　　　陽の像を映す。　(2) 透明半球の中心は観測者の位置を表す。
　　　したがって，透明半球上に太陽の位置をペンで印す場合，ペン
　　　先の影が透明半球の中心と一致する位置に印をつける。

理科　学習指導法

ポイント

　今回の学習指導要領改訂における趣旨の一つに,「主体的な学び」「対話的な学び」「深い学び」の視点から学習過程の改善を図ることがある。中央教育審議会答申（平成28年12月21日）によると,それぞれの学びを実現するための視点として,次のような物が挙げられている。

「主体的な学び」

・自然の事物・現象から問題を見いだし,見通しをもって課題や仮説の設定や観察・実験の計画を立案したりする学習場面を設けること

・観察・実験の結果を分析・解釈して仮説の妥当性を検討したり,全体を振り返って改善策を考えたりする学習場面を設けること

・得られた知識や技能を基に,次の課題を発見したり,新たな視点で自然の事物・現象を把握したりする学習場面を設けること

「対話的な学び」

・課題の設定や検証計画の立案,観察・実験の結果の処理,考察・推論する場面などでは,あらかじめ個人で考え,その後,意見交換したり,議論したりして,自分の考えをより妥当なものにする学習場面を設けること

「深い学び」

・自然の事物・現象について,「理科の見方・考え方」を働かせて,探究の過程を通して学ぶことにより,資質・能力を獲得するとともに,「見方・考え方」も豊かで確かなものとなること

・次の学習や日常生活などにおける問題発見・解決の場面において,獲得した資質・能力に支えられた「見方・考え方」を働かせることによって「深い学び」につながっていくこと

　指導計画の作成や指導法に関する設問では,これらの視点が相互に関連し合うことや,学年の目標との結びつきについてを念頭に解答を作成したい。

　また,現行の学習指導要領では第3学年に「音の性質」,第4学年に「雨

水の行方と地面の様子」についての指導事項が新たに加わった他,「第3
　指導計画の作成と内容の取扱い」の2（2）ではプログラミングを体験
しながら論理的思考力を身に付けるための学習活動について新たに言及
している。主要な改訂に関わる部分は出題されやすい傾向にあるので,
自分なりに学習指導要領を熟読し,想定できる観察や実験について整理
しておくとよいだろう。

　なお,観察・実験などの指導について学習する際は,事故防止や環境
整備,使用薬品について配慮すべき事項を確認し,安全面・環境保全面
で問題がないように注意する。

例題 1 〈学習指導法〉

　次のア～ウの児童の操作は,事故につながる危険なものである。教師
は,その後児童に起こりうるどのような事故を想定すべきか答えよ。
　ア　アルミニウムに塩酸を注いだときに発生する気体を調べるために,
　　発生した気体を丸底フラスコに大量に集めている。
　イ　加熱器具として,アルコールが少量入っているアルコールランプ
　　を準備した。
　ウ　水平で直射日光が当たる机の上に,顕微鏡を準備した。

|解答|　ア　丸底フラスコは,体積に比べて口の面積が小さく,火をつ
けたとき,中の圧力が高まり,破損する恐れがある。　イ　点
火するときに容器内のアルコール蒸気に引火して爆発する恐れ
がある。　ウ　顕微鏡を覗いたときに,強い光で目をいためる。

|解説|　ア　アルミニウムに塩酸を注いだとき,発生する気体は水素で
ある。水素に点火して燃焼させるときは,筒状の容器を用いな
ければならない。　イ　アルコールランプを使用するとき,ア
ルコールを八分目ほど入れておかないと,ランプ内のアルコー
ル蒸気に引火する恐れがある。　ウ　直射日光下で顕微鏡を使
用すると,反射鏡で反射した光が集光されるので,目をいため
ることがあるため,直射日光下で使用してはならない。

━━━━━━━━━━ 例題2〈学習指導法〉 ━━━━━━━━━━

次の文章を読み，問いに答えよ。

(1) 第3学年の学習では，身の回りの生物について，探したり育てたりする中で，それらの様子や周辺の環境，成長の過程や体のつくりに着目して，それらを比較しながら調べる活動を通して指導する。昆虫と植物の体は，それぞれどんな共通のつくりをもつか書け。

(2) 第4学年の学習では，身近な動物や植物について，探したり育てたりする中で，動物の活動や植物の成長と季節の変化に着目して，それらを関係付けて調べる活動を通して指導する。植物の成長について継続的な観察を行い，記録カードに書き込む学習活動を設定するとき，記録させたい観察の観点（ことがら）を5つ書け。

(3) 第5学年の学習では，植物の育ち方について，発芽，成長及び結実の様子に着目して，それらに関わる条件を制御しながら調べる活動を通して指導する。発芽に関係している環境条件を3つ書け。

(4) 第6学年の学習では，人や他の動物について，体のつくりと呼吸，消化，排出及び循環の働きに着目して，生命を維持する働きを多面的に調べる活動を通して指導する。人が呼吸することで空気中の気体の体積は，変化するものと，変化しないものに分けられる。変化する気体は何か，変化しない気体は何か，それぞれの気体の名称を書け。

解答 (1) 昆虫…頭・胸・腹　植物…根・茎・葉　(2) 調べるものの名前，調べた場所，月日と時刻，気温と天気，調べて気付いたこと　など　(3) 水，温度，空気　(4) 変化する気体…酸素，二酸化炭素，水蒸気から2つ　変化しない気体…窒素

解説 小学校学習指導要領「理科」の各学年の内容に次のように示されている。　(1)〔第3学年〕の2　内容　B　生命・地球(1)ア（イ）（ウ）による。　(2)〔第4学年〕の2　内容　B　生命・地球(2)ア（ア）（イ）による。継続的な観察を続ける場合は，日々の状況（条件）の変化について記録させる。　(3)〔第5学年〕の2　内容　B　生命・地球(1)ア（イ）による。　(4)〔第6学

年〕の2　内容　B　生命・地球（1）ア（ア）に関連する出題である。

―――――――― **例題 3 〈学習指導法〉** ――――――――

次の文は，小学校学習指導要領解説　理科編に示されている第5学年の内容「A　物質・エネルギー　(2)　振り子の運動」の一部である。

> 　振り子の運動の規則性について，振り子が1往復する時間に着目して，おもりの重さや振り子の長さなどの条件を制御しながら調べる活動を通して，次の事項を身に付けることができるよう指導する。

　おもりの1往復する時間が何によって変わるかを調べる実験を行う。その際，児童が実験結果を適切に処理し，振り子の運動の規則性について考察することができるようにするために，どのようなことを指導するか。具体的に1つ答えよ。

|解答|・糸の長さや振れ幅を一定にしておもりの重さを変えるなど，変える条件と変えない条件を制御すること。　　・適切な振れ幅で実験を行い，振れ幅が極端に大きくならないようにすること。　　・糸の長さは糸をつるした位置からおもりの重心までであること。　　・伸びの少ない糸を用いること。　　・実験を複数回行うこと。　　から1つ

|解説|ここでは，児童が，振り子が1往復する時間に着目して，おもりの重さや振り子の長さなどの条件を制御しながら，振り子の運動の規則性を調べる活動を通して，それについての理解を図り，観察，実験などに関する技能を身に付けるとともに，主に予想や仮説を基に，解決の方法を発想する力や主体的に問題解決しようとする態度を育てることがねらいである。

●小学校学習指導要領(平成 29 年告示)解説「理科編」(平成 29 年7月)

第 5 章

音楽科

音楽科　音符と休符

ポイント

　学習指導要領では，音符，休符，記号や用語の取扱いについて示している。指導に当たっては，単にその名称やその意味を知ることだけではなく，表現及び鑑賞の様々な学習活動の中で，音楽における働きと関わらせて，実感を伴ってその意味を理解できるようにするとともに，表現及び鑑賞の各活動の中で，活用できるように配慮することが大切である。

　これらについては，特に配当学年は示されていないが，取り扱う教材，内容との関連で必要と考えられる時点で，その都度繰り返し指導していくようにし，6年間を見通した指導計画に沿って学習を進める中で，音楽活動を通して徐々に実感を伴って理解し，活用できる知識として身に付けていくようにすることが大切である。

例題 1 〈音符と休符〉

次の音符，休符の名称を記せ。

(1) ♩　(2) ♪　(3) ♩.　(4) 𝅝　(5) 𝄿　(6) ▬
(7) ▬　(8) 𝄾

解答　(1) 4分音符　(2) 8分音符　(3) 付点4分音符
(4) 全音符　(5) 16分休符　(6) 2分休符　(7) 全休符
(8) 4分休符

解説　これは音符，休符の基本である。名称とともに，各々の長さの比較も把握しておきたい。なお，▬と▬はまちがえやすいので注意すること。▬は2分休符で2拍休みだが，▬は全休符であり，1小節全部（3拍子ならば3拍，4拍子ならば4拍）休みということである。

━━━━ 例題 2 〈音符と休符〉 ━━━━

次の (1) (2) の意味を記せ。

(1) 　　(2) ♩ = 96

|解 答| (1) ♩ を3等分したもの。　(2) ♩ を1分間に96回打つ速さで演
奏すること。

|解 説| (1) は3連符である。音楽に変化をもたせるために，本来ならば
2等分しなければならない音を3等分した音符。　(2) はAllegro
（速く）やAdagio（ゆるやかに）などの記号と同じで，♩=96は
Moderatoと同じ位の速さである。

━━━━ 例題 3 〈音符と休符〉 ━━━━

次の音符は，$\frac{4}{4}$のとき，$\frac{6}{8}$のとき，それぞれ何拍子か。

♩　♩.　♪.　♪

|解 答| $\frac{4}{4}$…♩(1拍)，♩.(3拍)，♪.(1拍半)，♪(半拍)

$\frac{6}{8}$…♩(2拍)，♩.(6拍)，♪.(3拍)，♪(1拍)

|解 説| $\frac{4}{4}$のときには♩がそれぞれの音符の中に何拍入っているか，$\frac{6}{8}$
のときには♪が何拍入っているのかを考えればよい。

━━━━ 例題 4 〈音符と休符〉 ━━━━

♩=60と同じ速さの速度記号はどれか。適切な記号を選び番号で答えよ。
　① ♪=30　　② ♩.=90　　③ ♪=120　　④ ♩=120

|解 答| ③

|解 説| 1分間に「4分音符60拍」分の速さは，「8分音符120拍」分の速さ
に等しい。

音楽科 リズム

ポイント

　低学年の児童は，教師や友達の演奏を聴いてまねるなど模奏を楽しむ傾向が見られる。一方，リズムが不確かだったり，一定の速度が保てなかったりする傾向も見られる。このような児童の実態を踏まえ，様々な音楽活動の基盤となる聴奏の技能を十分に育てる必要がある。また，視奏の基礎となる力を養うために，リズム譜を見ながら，リズム唱をしたり体や楽器によるリズム打ちをしたりするなどして，リズムに対する感覚を十分に身に付けるようにすることが重要である。

例題 1 〈リズム〉

次の2つの身体表現のリズムについて適当なものを下から選べ。
(1) かけ足　　(2) スキップ

(a) ♩. ♪ ♩. ♪　　(b) ♫♫♫♫♫　　(c) ♫♫♫♫♫

解答 (1) (b)　　(2) (c)

解説 リズム，メロディー，ハーモニーを音楽の3要素という。リズムを指導する。(a) と (c) は音符の長短を理解していないとまちがえやすいので注意する。

例題 2 〈リズム〉

次のリズムの基本形を書け。

(1) $\frac{2}{4}$　　(2) $\frac{3}{4}$　　(3) $\frac{4}{4}$　　(4) $\frac{6}{8}$　　(5) $\frac{2}{2}$

解答 (1) ♩♩　(2) ♩♩♩　(3) ♩♩♩♩　(4) ♫♫♫♫　(5) ♩♩

解説 1小節の中の8分音符，4分音符，2分音符の数を考えればよい。

例題 3 〈リズム〉

次の楽譜を見て問いに答えよ。

① 曲名は次のどれか。
  （イ）春の小川　　（ロ）めだかの学校　　（ハ）かっこうワルツ
  （ニ）七つの子　　（ホ）赤とんぼ
② 何拍子か。
③ 弱起か強起か。
④ 伴奏は次のどのリズムが合うか。

解答　①（ハ）　②$\frac{3}{4}$拍子　③ 弱起　④（1）

解説　簡単な曲は読譜できるようにしておきたい。また，小節の第1拍から始まらない弱起の曲は，拍子や伴奏に気をつけること。

例題 4 〈リズム〉

　4分の4拍子のリズムを4小節創作せよ。ただし，1小節内に2種類以上の音符または休符を用い，いずれの小節も異なるリズムにすること。

解答　（例）

解説　4分の4拍子と指定されているので，1小節に4分音符4個分のリズムを入れること。一通り音符を書き込んでから，それぞれの小節ごとに，音符の長さを確認すること。全音符，4分音符，8分音符の他，付点がついた音符も使うとよい。

音楽科　記号

ポイント

　記号であるが，毎年相当多くの出題がある。多くはごく一般的な記号である。ただ，記号には発想標語のほかに強弱，速度を示すもの，あるいはそれらが総合されたもの，すなわちアーティキュレーション（発音法ともいう），デュナーミク（強弱法），アゴーギク（速度法）など，多様な記号があり，省略記号および略記号についてもしっかり整理しておくべきであろう。なお，それらの標語や記号の読み方と意味は記述できるようにしておく必要がある。

=== 例題1〈記号〉 ===

　次に示す速度記号のグループで，左から遅い順に並んでいるものはどれか。ア〜オから1つ選べ。

ア．	Allegro	Andante	Andantino	Adagio	Moderato
イ．	Andante	Andantino	Adagio	Moderato	Allegro
ウ．	Adagio	Andante	Moderato	Allegretto	Allegro
エ．	Andantino	Moderato	Adagio	Allegro	Andante
オ．	Allegretto	Allegro	Adagio	Moderato	Andante

解答　ウ

=== 例題2〈記号〉 ===

　次の文の（　　）に適することばや記号を記せ。
　(1)「ごく弱く」という記号は（　　）である。
　(2) Fineはフィーネと読み，（　　）を示す記号である。
　(3) 各声部を一人ずつで歌いあわせる演奏の形態を（　　）という。
　(4) ♯と♭によって変化した音をもとの音にもどすには，（　　）の記

238

号を使う。

| 解 答 | (1) pp　　(2) 終わり　　(3) 重唱　　(4) ♮ |

━━━━━━━━━━━ 例題 3〈記号〉 ━━━━━━━━━━━

次の（ア）～（エ）はそれぞれどちらの速度が速いか。

（ア） $\left\{\begin{array}{l} ♩ = 128 \\ ♩ = 168 \end{array}\right.$　　（イ） $\left\{\begin{array}{l} \text{Moderato} \\ \text{Allegro} \end{array}\right.$　　（ウ） $\left\{\begin{array}{l} \text{Allegretto} \\ \text{Adagio} \end{array}\right.$

（エ） $\left\{\begin{array}{l} \text{Andante} \\ \text{Largo} \end{array}\right.$

| 解 答 | （ア）♩= 168　　（イ）Allegro　　（ウ）Allegretto
（エ）Andante |

━━━━━━━━━━━ 例題 4〈記号〉 ━━━━━━━━━━━

次の（1）～（3）の文中の（　①　）～（　⑤　）にあてはまる語句を，下のア～シから1つずつ選び，記号で答えよ。

(1) アレグロは，レントより（　①　）速度記号である。

(2) レガートの意味は（　②　），マルカートの意味は（　③　）である。

(3) 音の強さを示す用語のうち，cresc.の意味は（　④　），decresc.の意味は（　⑤　）である。

　　ア．少し弱く　　　　イ．弱く　　　　　　ウ．非常に強く

　　エ．強く　　　　　　オ．だんだん強く　　カ．音を短く切って

　　キ．なめらかに　　　ク．一つ一つの音をはっきりと

　　ケ．おそい　　　　　コ．優しく　　　　　サ．はやい

　　シ．だんだん弱く

| 解 答 | ① サ　　② キ　　③ ク　　④ オ　　⑤ シ |

音楽科　音階

ポイント

　調号は♯の場合，調号がないとハ長調，♯1つだとト長調，2つだとニ長調と，♯が1つ増えるごとに，完全5度上（完全4度下）の調となる。♭の場合は調号が1つだと，ハ長調の完全5度下のヘ長調，2つだと変ロ長調と，♭が1つ増えるごとに完全5度下（完全4度上）の調となる。長調・短調は，それぞれの和音の第3音に「長3度」をもつか，「短3度」をもつかによって決定する。また，短調の場合は，その主音の短3度上の長調と同じ記号である。（平行調）

　○日本陽旋法……日本の民謡の中でも，古くから素朴な農民たちに歌いつがれてきたものに多い。
　（例）ひらいたひらいた　子もり歌　木曽節等

　○日本陰旋法……江戸時代の三味線や箏の曲に，多く用いられている。
　（例）うさぎ　さくらさくら　通りゃんせ等

――――――――――――― 例題 1 〈音階〉 ―――――――――――――

次の音階は何調か。

解答　(1) ト長調　　(2) 変ロ長調

━━━━━━━ 例題 2 〈音階〉 ━━━━━━━

次の音階を全音符で記せ。
イ．ヘ長調　　ロ．ニ短調

解答　

━━━━━━━ 例題 3 〈音階〉 ━━━━━━━

次の①～③の曲は下のア～エのどれか。
①　きらきら星　　②　さくらさくら　　③　春の小川
　ア．長調　　イ．短調　　ウ．日本旋法（陽）　　エ．日本旋法（陰）

解答　①　ア　　②　エ　　③　ア

━━━━━━━ 例題 4 〈音階〉 ━━━━━━━

次の楽譜の下の（　　）に移動ド唱法による階名を書け。

（　）（　）（　）　（　）（　）（　）（　）　（　）（　）（　）（　）（　）（　）（　）

解答

（ソ）（ド）（レ）（ミ）　（ミ）（ミ）（ミ）（ソ）　（ソ）（ソ）（ミ）（レ）（ド）（レ）

解説　♯が1個の長調は，ト長調。主音であるトを「ド」と読む。

音楽科　移調

ポイント

　移調とは，曲の各音の相対的な音程関係は変えずに，別の調に移すことである。目的としては，各人の声域にあわせるためである。方法としては，まず，♯，♭などの記号に関係なく移動させる。次に元の曲の調号や臨時記号と移動させる調の記号をてらしあわせ，半音上げる，下げる，もどすを♯，♭，♮を使って調節する。

━━━━━━ **例題 1 〈移調〉** ━━━━━━

次の楽譜をへ長調に移調せよ。

解答

━━━━━━ **例題 2 〈移調〉** ━━━━━━

次の音程はア〜エのどれか。

ア．長2度　　イ．短2度　　ウ．増4度　　エ．完全4度

解答　(1) ア　　(2) イ　　(3) エ　　(4) ウ

解説　音程を計る単位を度といい，それに冠せられる完全，増，長，短などのことばによってあらわされる。

　1. 完全1度・5度・8度……協和がよすぎて各声部の独立性がうすくなってしまうので使われることが少ない。

2. 完全4度……不協和音程として取り扱われるのであまり使われれない。

3. 3度・6度……長・短ともに充実した響きをもっていて，声部の動きが明確になるために，よく使用される。

4. 2度・7度及びすべての増・減……不協和なので独立しては使用されない。

例題 3 〈移調〉

次の楽譜は，第6学年の共通教材である「われは海の子」の楽譜である。この楽譜の1・2小節の階名を，移動ドによって書け。

われは海の子

解答 ドーソソ｜ドシドレ｜

解説 この楽譜はニ長調であり，「移動ド」では音名のニをドと呼ぶ。ハ長調に移調すると次の楽譜になる。

243

音楽科 和音・伴奏

ポイント

和音：高さの違う2つ以上の音が同時に響いたときに生じる音を和音と呼ぶ。和音はそれぞれ和音に含まれる音程と音の重なり方によって，それぞれ表情が生まれ，和音の性質が決定する。

3和音：和音のうちでもっとも一般的である。旋律が属する調の音階上の音を根音として，3度上と5度上の音を積み重ねて生じる和音である。ⅠⅡⅢⅣⅤ……で表す（Ⅴの和音には7度上の音も重ねてⅤ₇と表記し属七の和音と呼んで使う場合が多い）。

　特に次図の和音は主要3和音といわれる。伴奏などではこの和音を旋律に応じて連結し，リズムなどを工夫して曲想を引き出す役割を果たすことができる。

和声：和音を連結することによって，表情をもった響きの流れができる。和音の重ね方を選び連結の仕方を工夫することでさまざまな音楽の曲想を作り出すことができる。

例題 1 〈和音〉

I，Ⅳ，Ⅴの記号を書け。

（ア）　（イ）　（ウ）

解答　（ア）I（ハ長調）　（イ）Ⅳ（変ロ長調）　（ウ）Ⅴ（ト長調）

例題 2 〈和音〉

　次の楽譜は「おぼろ月夜」の最後の部分である。下段に示してある
和音を参考に，空欄ア〜ウに当てはまる和音を五線に記入せよ。使用
する和音はI，Ⅳ，Ⅴから選ぶものとする。

ゆうづき　かか　りーて　に　お　いあわ　し

解答

ア　イ　ウ

解説　Iの和音とはドミソ，Ⅳとはドファラ，Ⅴはシレソでそれぞれの
階名の和音を選ぶことになる。最後のウはドだけしかないが，
曲の最後は主和音（ドミソ）で終わることになっている。

例題 3 〈伴奏〉

　次の楽譜に適当な和音を示せ。ただし，第3小節は2種の和音が入る。

解答

解説　楽譜に和音をつける時は，移動ド唱法で楽譜を読み，フレーズの中に，どの音がつかわれているかを考えればよい。それによって，Ⅰ.（ドミソ）　Ⅳ.（ドファラ）　Ⅴ.（シレソ）　Ⅴ₇.（ソシレファ）をあてはめればよい。

例題 4 〈伴奏〉

　次の楽譜の第2小節の伴奏を創作せよ。ただし，リズムは第1小節と同じとし，Fコードの構成音を使うこととする。

解答

解説　Fコードはファ・ラ・ドの和音。第1小節と同じようなリズム形で作るのがよい。

音楽科　演奏形態

ポイント

■器楽

○**重奏（アンサンブル）**…2つ以上の楽器で，違った旋律をそれぞれひとりずつで演奏する形態。

○**二重奏（デュエット）**…2つの楽器の重奏。

○**三重奏（トリオ）**…3つの楽器の重奏。ピアノ三重奏（ピアノ，バイオリン，チェロ），弦楽三重奏（バイオリン，ビオラ，チェロ）

○**四重奏（クワルテット）**…4つの楽器の重奏。弦楽四重奏（第1バイオリン，第2バイオリン，ビオラ，チェロ）

○**五重奏（クィンテット）**…5つの楽器の重奏。ピアノ五重奏（ピアノ，第1バイオリン，第2バイオリン，ビオラ，チェロまたはコントラバス。弦楽五重奏（第1バイオリン，第2バイオリン，ビオラ，チェロ，コントラバス）

○**合奏（コンサーテッドミュージック）**…各声部を，2つ以上の楽器で同時演奏する形態。**吹奏楽（ブラスバンド），弦楽合奏（ストリングオーケストラ），管弦楽（オーケストラ）**などがある。

■声楽

○**独唱（ソロ）**…1人で1つの旋律の歌をうたう。

○**斉唱（ユニゾン）**…1つの旋律を，2人以上で合わせてうたう。

○**重唱（アンサンブル）**…2つ以上の旋律を，それぞれ1人で同時にうたう。

○**二重唱（デュエット）・三重唱（トリオ）・四重唱（クワルテット）**…各声部を1人ずつの唱者がうたう。

○**合唱（コーラス）**…2つ以上の旋律を，それぞれ2人以上でうたい合わせること。

女声二部合唱……ソプラノ，アルト
女声三部合唱……第1，第2ソプラノ（メゾソプラノ），アルト
女声四部合唱……第1，第2ソプラノ，第1，第2アルト
男声二部合唱……テノール，バス
男声三部合唱……第1テノール，バリトン，バス
男声四部合唱……第1，第2テノール，第1バス（バリトン），第2バス

■■■■■ 例題 1 〈演奏形態〉 ■■■■■

次の演奏形態ではどんな楽器が使われるか。
① ピアノ三重奏 ② 弦楽四重奏 ③ ピアノ五重奏

解答 ① ピアノ，バイオリン，チェロ ② 第1バイオリン，第2バイオリン，ビオラ，チェロ ③ 第1バイオリン，第2バイオリン，ビオラ，チェロ，ピアノ

■■■■■ 例題 2 〈演奏形態〉 ■■■■■

次の曲について，作曲者と演奏形態を選べ。
① 小犬のワルツ ② 六段の調 ③ 流浪の民
作曲者 （イ）サン＝サーンス （ロ）ショパン
　　　　（ハ）シューベルト （ニ）滝廉太郎
　　　　（ホ）シューマン （ヘ）八橋検校
演奏形態 （a）吹奏楽 （b）オーケストラ
　　　　（c）ピアノ独奏 （d）男声合唱
　　　　（e）混声合唱 （f）チェロ独奏
　　　　（g）箏 （h）三味線

解答 ①（ロ），（c） ②（ヘ），（g） ③（ホ），（e）

━━━━ 例題 3 〈演奏形態〉 ━━━━

次の中から適当なものを選べ。
(1) 二重唱は （ア）2人以上のもので合唱する。
　　　　　　　（イ）2人が異なった旋律をうたう。
　　　　　　　（ウ）1人がうたう。
(2) 混声四部合唱は （ア）テノールとバスとバリトンとソプラノ
　　　　　　　　　　（イ）アルトとバスとテノールとバリトン
　　　　　　　　　　（ウ）ソプラノとアルトとテノールとバス
(3) 同声二部合唱は （ア）バスとアルト
　　　　　　　　　　（イ）ソプラノとテノール
　　　　　　　　　　（ウ）ソプラノとアルト

解答　(1)（イ）　　(2)（ウ）　　(3)（ウ）

━━━━ 例題 4 〈演奏形態〉 ━━━━

次の（1）～（3）の問いに答えよ。
(1) 1つのふしを2人以上で歌う演奏形態を何というか。
(2) 弦楽器，木管楽器，金管楽器，打楽器による合奏を何というか。
(3) 宮城道雄作曲「春の海」や八橋検校作曲「六段の調」で使われる
　　13本の弦が張ってある和楽器を何というか。

解答　(1) 斉唱　　(2) オーケストラ　　(3) 箏
解説　(1) 1つの旋律を1人で歌うのは〈独唱〉であり，2人以上で歌う
　　　のは〈斉唱〉である。〈合唱〉は2つ以上の旋律を2人以上で歌う
　　　こと，2つ以上の旋律をそれぞれ1人が歌うのは〈重唱〉である。
　　　(2) オーケストラあるいは管弦楽であり，4群の楽器のうち弦楽
　　　器を除いた合奏が吹奏楽（ブラスバンド）である。　　(3) 琴と
　　　通称で呼ばれることもあるが，箏が正式名称である。

249

音楽科　楽器

ポイント

　表現の中の楽器の領域に関する出題量は，歌唱・創作・鑑賞と比べると少ない。出題の傾向としては，楽器の音域や最低音のこと，弦楽器の調弦のこと，楽器の奏法や編曲に関して等があげられる。また吹奏楽器の記譜の問題やギターのコードの問題も出題される。対策として，リコーダーの場合は，ソプラノ，アルト，テナー，バスの記譜と実音の関係をつかんでおくこと。リコーダーの奏法について基礎的な事項をまとめておくことや，教科書の中でどのような扱い方をしているかをみておくとよい。また教科書の中で扱う他の教育楽器についても解説等を読んで，奏法の基礎は知っておかなければならない。

　さらに，楽器の特性や楽器固有の音の特徴などを，和楽器やラテン楽器，民族楽器，電子楽器などにも広げて知っておきたい。このことは，楽器指導が豊かに展開できることにつながるのである。小学校の楽器教材には歌唱教材が多いが，学年の学習内容に応じて，歌唱教材を楽器教材に編曲したり，楽器選択の活動の折に，表現したいイメージに合う音楽的な助言を与えることができるようにしたい。

例題 1 〈楽器〉

　次に示す楽器のグループ分けのうち，正しくないものが含まれているものはどれか。ア～オから1つ選び，記号で答えよ。

ア．金管楽器　［トランペット，ホルン，トロンボーン，チューバ］

イ．木管楽器　［クラリネット，フルート，ピッコロ，オーボエ］

ウ．打楽器　　［マリンバ，ティンパニ，カスタネット，コンガ］

エ．弦楽器　　［ヴィオラ，マンドリン，コントラバス，チェロ］

オ．金管楽器　［コルネット，サクソフォーン，ユーフォニアム，トランペット］

解答	オ

解説	サクソフォーンは，木管楽器。見た目が金管楽器のような色をしているが，リードを使って演奏することから木管楽器に分類される。

―――― 例題2〈楽器〉 ――――

次の (1) ～ (3) の楽器名を下のア～カからそれぞれ1つ選び，記号で答えよ。

(1)　　　　　　　　(2)　　　　　　　(3)

ア. 締太鼓（しめだいこ）　イ. 鉦鼓（しょうこ）　ウ. 篳篥（ひちりき）　エ. 篠笛（しのぶえ）
オ. 大太鼓（おおだいこ）　カ. 鉦（かね）

解答	(1) エ　　(2) ア　　(3) カ

解説	(1) ～ (3) ともに民俗芸能の獅子舞や里神楽あるいは歌舞伎囃子などに用いられる楽器である。

―――― 例題3〈楽器〉 ――――

楽器指導において，オルガンの重視されている理由を答えよ。

解答	オルガンは旋律楽器として，また，音楽学習の基礎となる教具的性格をもった楽器として有効であるから。

解説	音楽の3要素としての旋律，リズム，和音を理解しやすく，変化させやすいものとして，鍵盤楽器があげられる。鍵盤楽器の中でも，オルガンが一番操作しやすいだろう。

音楽科 リコーダーとオルガン

ポイント

リコーダーは第3学年から指導することになっている。3年の児童に指導上注意したいことは運指と吹奏法であり，これに関する出題が多い。

オルガンでは の3つが同じであるということを理解していればよい。

―――― 例題1 〈リコーダーとオルガン〉 ――――

次の（1）～（3）の音は，リコーダーのどこを押さえればよいか，押さえる箇所の番号を記せ。

（1）（2）（3）

解答 （1）1・2・4・5　（2）1・2・3・5・6・7　（3）3

―――― 例題2 〈リコーダーとオルガン〉 ――――

次の曲をオルガン，ピアノで演奏する場合ア～エは下記の鍵盤のどの記号にあたるか。

解答 ア ①　イ ㉜　ウ ⑧　エ ㉕

━━━━━━ 例題 3 〈リコーダーとオルガン〉 ━━━━━━

リコーダーの指導で正しいものを3つ選べ。
ア．歌口は上唇がふれる程度に軽く口にあてる。
イ．歌口は歯でかむようにしておちないように口にあてる。
ウ．トゥトゥと発音するような感じで息を吹き込む。
エ．息は力強くふき込む。
オ．穴は指のはらでぴったりふさぐ。

| 解答 | ア・ウ・オ |

━━━━━━ 例題 4 〈リコーダーとオルガン〉 ━━━━━━

　次の楽譜は共通教材「ふじ山」の一部である。これをト長調に移調して，ソプラノリコーダーで演奏したとき，左手の運指だけで演奏できる小節数は何小節あるか。下のア〜オから1つ選べ。

ウラ

　　　　　※黒くぬりつぶした4つの穴のみを使う

ア．全くない　　イ．1小節　　ウ．2小節　　エ．3小節
オ．4小節

| 解答 | エ |
| 解説 | ト長調に移調するので，すべての音が完全5度高くなる。1小節目は，高いミを演奏する際指定された穴以外もふさぐ。 |

音楽科 作曲者

ポイント

　作曲者を問う出題は，小学校の共通教材だけでなく，広く一般的な曲まで問われることがあるので，有名な曲は作曲者名と作曲者の生国を知っておきたい。また，出題形式として，譜面から作曲者名を問うものもある。共通教材の譜面のテーマや旋律の流れなどは見てわかるようにしておくこと。

例題 1 〈作曲者〉

　次の（1）〜（5）の作曲家の作品を下のア〜オからそれぞれ1つずつ選び，記号で記入せよ。

　　（1）滝廉太郎　　（2）山田耕筰　　（3）ベートーヴェン
　　（4）ラヴェル　　（5）ビゼー
　　ア．エリーゼのために　　イ．赤とんぼ　　ウ．アルルの女
　　エ．荒城の月　　　　　　オ．ボレロ

解答　（1）エ　　（2）イ　　（3）ア　　（4）オ　　（5）ウ

例題 2 〈作曲者〉

次のア〜オの作曲家について，下の問いに答えよ。
　　ア．シューベルト　　イ．バッハ　　ウ．ベートーヴェン
　　エ．ドボルザーク　　オ．ホルスト
　（1）音楽史上，年代の古い順に，記号で並び替えよ。
　（2）「歌曲の王」と呼ばれるのは誰か，記号で答えよ。
　（3）次のA・Bは誰の作品か，記号で答えよ。
　　A　交響曲第9番「新世界より」　　B　組曲「惑星」

解答　（1）イ・ウ・ア・エ・オ　　（2）ア　　（3）A　エ　　B　オ

音楽科 楽譜の完成

ポイント

音楽科の出題において最も頻度の高いのが，楽典および学習指導要領に基づく目標・内容・指導法であろう。楽典については，広範囲にわたる出題が見られる。

中でも特に，譜表の種類（高音部譜表，低音部譜表，ソプラノ譜表，アルト譜表，大譜表など），拍子の種類とその違い，各国の舞曲における拍子やリズム型の違いなどがポイントといえよう。また特に舞曲の拍子やリズムについての出題に対しては，音楽事典などを参考に自分でよくまとめておくとよいだろう。

共通教材や主な曲は，はじめの4小節位は口ずさめるようにしておき，リズムも正確に打てたり，書けるようにしておくとよい。特に，調号と出だしの音は覚えておきたい。

例題 1 〈楽譜の完成〉

次の楽譜のあいている小節をうめよ。

は－るの　おかわは　サラサラ　いくよ

解答

例題 2 〈楽譜の完成〉

次の曲は「冬げしき」の一部である。空いた小節をうめよ。

255

解答 (1) (2)

■■■■ 例題 3 〈楽譜の完成〉 ■■■■

次の楽譜は，小学校学習指導要領（平成29年3月告示）「音楽」に示されている第6学年の共通教材曲「ふるさと」の楽曲の一部である。第5小節，第6小節の楽譜を書け。

解答

■■■■ 例題 4 〈楽譜の完成〉 ■■■■

「春がきた」の最初の4小節の旋律を5線譜に書け。

解答

音楽科 学習指導要領

ポイント

=============== 平成29年改訂の要点 ===============

1 目標の改善について

(1) 教科の目標

　音楽科において育成を目指す資質・能力については，中央教育審議会答申（平成28年12月21日）にて「知識・技能」，「思考力・判断力・表現力等」，「学びに向かう力・人間性等」の3つの柱に沿った整理が行われた。これを受け，教科の目標は次のように示された。

　表現及び鑑賞の活動を通して，音楽的な見方・考え方を働かせ，生活や社会の中の音や音楽と豊かに関わる資質・能力を次のとおり育成することを目指す。
(1) 曲想と音楽の構造などとの関わりについて理解するとともに，表したい音楽表現をするために必要な技能を身に付けるようにする。
(2) 音楽表現を工夫することや，音楽を味わって聴くことができるようにする。
(3) 音楽活動の楽しさを体験することを通して，音楽を愛好する心情と音楽に対する感性を育むとともに，音楽に親しむ態度を養い，豊かな情操を培う。

　従前より示し方が変更され，先述の3つの柱に対応して (1)〜(3) の目標が示された。それぞれ (1) が「知識・技能」，(2) が「思考力・判断力・表現力等」，(3) が「学びに向かう力・人間性等」による。

　また，「音楽的な見方・考え方」とは，同答申では「音楽に対する感性を働かせ，音や音楽を，音楽を形づくっている要素とその働きの視点で捉え，自己のイメージや感情，生活や文化などと関連付けること。」として示している。

(2) 各学年の目標

〔第1学年及び第2学年〕
(1) 曲想と音楽の構造などとの関わりについて気付くとともに，音楽表現を楽しむために必要な歌唱，器楽，音楽づくりの技能を身に付けるようにする。
(2) 音楽表現を考えて表現に対する思いをもつことや，曲や演奏の楽しさを見いだしながら音楽を味わって聴くことができるようにする。
(3) 楽しく音楽に関わり，協働して音楽活動をする楽しさを感じながら，身の回りの様々な音楽に親しむとともに，音楽経験を生かして生活を明るく潤いのあるものにしようとする態度を養う。

〔第3学年及び第4学年〕
(1) 曲想と音楽の構造などとの関わりについて気付くとともに，表したい音楽表現をするために必要な歌唱，器楽，音楽づくりの技能を身に付けるようにする。
(2) 音楽表現を考えて表現に対する思いや意図をもつことや，曲や演奏のよさなどを見いだしながら音楽を味わって聴くことができるようにする。
(3) 進んで音楽に関わり，協働して音楽活動をする楽しさを感じながら，様々な音楽に親しむとともに，音楽経験を生かして生活を明るく潤いのあるものにしようとする態度を養う。

〔第5学年及び第6学年〕
(1) 曲想と音楽の構造などとの関わりについて理解するとともに，表したい音楽表現をするために必要な歌唱，器楽，音楽づくりの技能を身に付けるようにする。
(2) 音楽表現を考えて表現に対する思いや意図をもつことや，曲や演奏のよさなどを見いだしながら音楽を味わって聴くことができるようにする。
(3) 主体的に音楽に関わり，協働して音楽活動をする楽しさを味わいながら，様々な音楽に親しむとともに，音楽経験を生かして生活を明るく潤いのあるものにしようとする態度を養う。

(1)は全学年共通で，答申で示された「知識・技能」の内容を反映している。同様に，各学年の(2)は「思考力・判断力・表現力等」の，(3)は「学びに向かう力・人間性等」の内容を反映している。

② 内容の改善について

内容の構成については，従前のものと同様「A　表現」(1)歌唱(2)器楽(3)音楽づくり，「B　鑑賞」(1)鑑賞の活動の2領域4項目及び〔共通事項〕が設けられている。詳細な指導事項については，答申で示された「知識・技能」「思考力・判断力・表現力等」「学びに向かう力・人間性等」の柱に沿って整理されているので確認すること。なお，歌唱共通教材については，従前のものと曲目・指導する学年ともに変更はない。

━━━━ 例題 1 〈学習指導要領〉 ━━━━

小学校学習指導要領（平成29年3月告示）「音楽」について，次の(1)〜(3)に答えよ。

(1) 次の文は「2　内容」の「B　鑑賞」における〔共通事項〕の一部である。（　ア　），（　イ　）に当てはまる言葉を書け。
・（　ア　）を聴き取り，それらの（　イ　）が生み出すよさや面白さ，美しさを感じ取りながら，聴き取ったことと感じ取ったこととの関わりについて考えること。
(2) 表現領域において指導する分野は3分野ある。歌唱以外の2分野を記せ。
(3) 歌唱共通教材について，第1学年から第4学年においては，各学年で示された4曲をすべて扱う。第1学年の歌唱共通教材から1曲を選んで，曲名で記せ。

解答 (1) ア　音楽を形づくっている要素　　イ　働き　　(2) 器楽，音楽づくり　　(3)「うみ」「かたつむり」「日のまる」「ひらいたひらいた」から1つ

解説 (1)「音楽を形づくっている要素」については，児童の発達の段

階や指導のねらいに応じて，音色やリズムなどの音楽を特徴づけている要素，反復や変化など音楽の仕組みに関する要素から適切に選択し関連づけて指導することが，「第3　指導計画の作成と内容の取扱い」に示されている。　(2)「A　表現」は「(1) 歌唱の活動を通して，次の事項を指導する。」「(2) 器楽の活動を通して，次の事項を指導する。」「(3) 音楽づくりの活動を通して，次の事項を指導する。」からなっている。　(3) 共通教材6学年分24曲は，曲名といっしょに作曲者，作詞者，歌詞，楽譜を覚える。歌詞・人名は漢字についても正確に把握されたい。「うみ」は，林柳波作詞　井上武士作曲,「日のまる」は高野辰之作詞　岡野貞一作曲である。

例題 2 〈学習指導要領〉

　次の文は，小学校学習指導要領（平成29年3月告示）「音楽」の「第3 指導計画の作成と内容の取扱い」について述べたものである。文中の（　①　）～（　⑤　）にあてはまる語句を下のア～シから1つずつ選び，記号で答えよ。

・第5学年及び第6学年で取り上げる（　①　）は，既習の楽器を含めて，電子楽器，（　②　），諸外国に伝わる楽器などの中から児童や学校の実態を考慮して選択すること。

・表現したり鑑賞したりする多くの曲について，それらを創作した（　③　）がいることに気付き，学習した曲や自分たちのつくった曲を大切にする態度を養うようにするとともに，それらの（　③　）の（　④　）を尊重する意識をもてるようにすること。また，このことが，（　⑤　）の継承，発展，創造を支えていることについて理解する素地となるよう配慮すること。

　　　ア．音楽文化　　　イ．鍵盤楽器　　　ウ．著作者

　　　エ．和楽器　　　　オ．旋律楽器　　　カ．作曲者

　　　キ．楽曲　　　　　ク．著作権　　　　ケ．独創性

　　　コ．創造性　　　　サ．リコーダー　　シ．知的財産権

| 解答 | ① オ　② エ　③ ウ　④ コ　⑤ ア |

解説 ①の旋律楽器は，第1学年及び第2学年ではオルガンや鍵盤ハーモニカ，第3学年及び第4学年では既習の楽器を含めたリコーダーや鍵盤楽器を取り上げることとしている。③～⑤は中学校以降で指導する，知的財産権に関する内容の下地になる内容である。

例題 3 〈学習指導要領〉

　次の文は，小学校学習指導要領（平成29年3月告示）における「音楽」の「各学年の目標及び内容」のうち，「表現」に関して身に付けさせる指導事項の一部である。①～⑤にあてはまる語句を下のa～jから1つずつ選び，記号で答えよ。

〔第1学年及び第2学年〕
・（　①　）を通して，音楽づくりの発想を得ること。
・どのように音を音楽にしていくかについて（　②　）をもつこと。

〔第3学年及び第4学年〕
・範唱を聴いたり，（　③　）の楽譜を見たりして歌う技能を身に付けること。
・呼吸及び発音の仕方に気を付けて，自然で（　④　）歌い方で歌う技能を身に付けること。

〔第5学年及び第6学年〕
・各声部の楽器の音や（　⑤　），伴奏を聴いて，音を合わせて演奏する技能を身に付けること。

a　リズム遊び	b　音遊び	c　ハ長調
d　副次的な旋律	e　全体の響き	f　イ短調
g　思い	h　無理のない	i　考え
j　曲に合った		

| 解答 | ① b　② g　③ c　④ h　⑤ e |

解説 音楽の学習内容は「表現」「鑑賞」の2つに分かれており，学年の目標や内容については3つ（低学年，中学年，高学年）に分か

れている。発達段階ごとの文言を整理し，文言が共通している箇所・異なる箇所について正確に把握したい。

例題 4 〈学習指導要領〉

次の文は，小学校新学習指導要領「音楽」に示された「第1学年及び第2学年」の内容の一部である。文中の各空欄に適する語句を答えよ。

A　表現
(1)　歌唱の活動を通して，次の事項を身に付けることができるよう指導する。

ア　歌唱表現についての知識や技能を得たり生かしたりしながら，（　①　）を感じ取って表現を工夫し，どのように歌うかについて思いをもつこと。

イ　（　①　）と音楽の構造との関わり，（　①　）と歌詞の表す情景や（　②　）との関わりについて気付くこと。

ウ　（　③　）に合った表現をするために必要な次の（ｱ）から（ｳ）までの技能を身に付けること。

（ｱ）（　④　）を聴いて歌ったり，（　⑤　）で模唱したり暗唱したりする技能

（ｲ）自分の歌声及び（　⑥　）に気を付けて歌う技能

（ｳ）互いの歌声や伴奏を聴いて，声を合わせて歌う技能

解答　①　曲想　　②　気持ち　　③　思い　　④　範唱　　⑤　階名　　⑥　発音

解説　歌唱の活動の中で，歌う喜びを味わい，歌うことを通して音楽の楽しさに触れるとともに，遊びながら歌う活動や自然な体の動きを伴った活動などを効果的に取り入れるなどして，歌うことが更に好きになるように指導することが大切である。

●小学校学習指導要領(平成29年3月告示)

音楽科 学習指導法

ポイント

　従来，音楽科は，心と体を使って触れたり感じたりする体験や，人との関わりを通してよさや価値を実感する活動を重視してきた。しかし今回の学習指導要領改訂では，「主体的な学び」「対話的な学び」「深い学び」の視点から学習活動を改善し，活動と学びの関係性や，活動を通して何が身に付いたのかを重視する方針が反映されている。従って指導法について述べる際は，それぞれの学びを実現するための視点を持つことが肝要である。中央教育審議会答申によると，それぞれの学びを実現するための視点として，次のような物が挙げられている。

「主体的な学び」
・音楽によって喚起されるイメージや感情を自覚させること
・イメージや感情を喚起させる要因となった音楽的な特徴を探ったり，芸術としての音楽の文化的・歴史的背景との関わりを考えたりすること
・表したい音楽表現や音楽のよさや美しさなどを見いだすことに関する見通しを持つこと　など

「対話的な学び」
・一人一人が「音楽的な見方・考え方」を働かせて，音楽表現をしたり音楽を聴いたりする過程において，互いに気付いたことや感じたことなどについて言葉や音楽で伝え合い，音楽的な特徴について共有したり，感じ取ったことに共感したりする活動
・客観的な根拠を基に他者と交流し，自分なりの考えを持ったり音楽に対する価値意識を更新したり広げたりしていくこと　など

「深い学び」
・音や音楽と出合う場面を大切にし，一人一人が「音楽的な見方・考え方」を働かせて，音楽と主体的に関わることができるようにすること
・知覚・感受したことを言葉や体の動きなどで表したり比較したり関

連付けたりしながら，要素の働きや音楽の特徴について他者と共有・共感したりする活動　など

　これらの学びは相互に関連していることを念頭に，主体的・対話的で深い学びが実現できるような指導を模索していく必要がある。またこれらの学びを実現することは学習指導要領の目標達成を目的とするので，目標に沿った指導法を各自検討されたい。

　これまでの指導法に関する出題の傾向としては，歌唱共通教材についての出題や著名な鑑賞教材についての出題が多い。鑑賞教材については実際に曲を聴きながら，導入の方法や聴き取らせたい部分・児童に考えさせたい部分についてまとめておくとよいだろう。また，学習指導要領の「第3　指導計画の作成と内容の取扱い」の各項目に関連した指導法を問う問題も多い。知的財産権に関する基礎的な事項など，現行の学習指導要領で新たに加わった事項もあるため，念入りに目を通す必要がある。

　指導法に関する設問に答えるためには，以上のような内容に注意するとともに，具体的な授業の場面において，実際にどのような指導が進められているかを明確にイメージできるようにしておくことが大切である。

━━━━━━━ 例題 1 〈学習指導法〉 ━━━━━━━

初めてリコーダーを指導するときの留意点を記せ。

解答　当初は音の出し方（タンギング）を練習させ，慣れたら指使いのやさしいものから扱うことが必要である。

━━━━━━━ 例題 2 〈学習指導法〉 ━━━━━━━

　第1学年において，初めて鍵盤ハーモニカの演奏をする児童に対して構え方の指導を行うこととする。その際，腕や肩及び鍵盤に置く指について，どのようなことを指導する必要があるか。それぞれ簡潔に書け。なお，鍵盤ハーモニカは机の上に置き，椅子に座って演奏することとする。

解答 腕や肩…腕や肩の力を抜くこと。　鍵盤に置く指…指を軽く曲げて鍵盤に置くこと。

解説 旋律楽器においては，第1学年及び第2学年ではオルガン，鍵盤ハーモニカなど，第3学年及び第4学年では，リコーダーや鍵盤楽器，和楽器など，第5学年及び第6学年では，電子楽器，和楽器，諸外国に伝わる楽器などの中から実態に応じた楽器を取り扱う。奏法については，どの楽器についても学習しておくこと。

====== 例題 3 〈学習指導法〉 ======

　第2学年において，音楽を形づくっている要素のかかわり合いを感じ取って聴くことを指導するためには，どのような学習活動の工夫をすることが考えられるか。簡潔に2つ書け。

解答 ・主な旋律を口ずさむこと。　　・楽曲を特徴付けているリズムを手で打つこと。　　・体を動かしながらフレーズ，速度，強弱などを感じ取ること。　などから2つ

解説 第1学年及び第2学年における鑑賞では，音楽を形づくっている要素に興味・関心をもち，注意深く集中して聴く習慣を身に付け，音楽を聴く楽しさを味わうようにすることが求められることを踏まえて記述する。

====== 例題 4 〈学習指導法〉 ======

　第3学年の鑑賞の活動において，児童に曲想とその変化を感じ取って聴くことを指導する際，どのような学習活動を行わせることが考えられるか。簡潔に2つ書け。

解答 ・楽曲に合わせて体を動かす活動。　　・曲想の異なる楽曲を聴き比べる活動。　　・楽曲の中の対照的な部分を聴き比べる活動。

解 説	「小学校学習指導要領　第2章　第6節　第2〔第3学年及び第4学年〕2　内容　B　鑑賞」には，鑑賞の活動を通して，「曲想及びその変化と，音楽の構造との関わりについて気付くこと。」と示されている。

━━━━ 例題 5 〈学習指導法〉 ━━━━

　第3学年の歌唱共通教材「茶つみ」では，発音上音程をまちがいやすい部分が2カ所ある。その部分に○をつけよ。

解 答	

━━━━ 例題 6 〈学習指導法〉 ━━━━

　第6学年の歌唱共通教材「ふるさと」について指導する際に設定できる，音楽科の特質に応じた言語活動の例を挙げよ。

解 答	・音楽から喚起されたイメージや感情について自由に記述させ，グループの中で意見を発表させる。　・歌詞を音読させたのち，歌詞の意味を確認し，歌唱の表現に反映させる。
解 説	解答は「第3　指導計画の作成と内容の取扱い」2（1）アによる。児童の発達段階や指導事項にあった言語活動の設定が肝要である。

●小学校学習指導要領 (平成 29 年告示) 解説「音楽編」(平成 29 年 7 月)

第6章

図画工作科

図画工作科 色彩

ポイント

　彩度・明度・色相をまとめて**色の三要素**と言い，これは明度を中心に縦に，色相をそのまわりに環状に，彩度段階を中心軸より放射状に配列した色立体を構成している。また前にあげた色相で，12の代表的色相は平面に独自に環状に配列され，これを12色

環図と呼ぶ。（右図参照）これは，配色のとき必ず用いるものだから，赤から順に時計の針の方向に暗記しておくこと。色相の遠い，近い，あるいは色相が似ている，似ていないなどという場合は，この色環図をもとにして言っているのである。

　なお以上の色の三要素を簡単に図で表わすと，以下のようになる。理解の参考までにのせておく。

　純色とはその色相中において最も彩度の高い純粋の色をさす。（純色に水を入れたり，白または黒をまぜると，彩度は低くなる）

　清色には純色に白をまぜた**明清色**と純色に黒をまぜた**暗清色**とがある。清色は清く澄んで，さわやかな感じの色である。

　濁色とは濁った感じの色をいう。純色に灰色をまぜた色，清色に灰色をまぜた色がそれである。

　さて，以上色彩について説明したわけだが，人の見分けることができる色数は800万といわれ，無数にあるといってよい。これは大別すると**無彩色**と**有彩色**に分かれ，それぞれの色は色立体の中に分類されている。12色環中の色をまぜてできる色で，反対側にある色相どうしをまぜたものは，無彩色になる。この色相距離（差）の最も遠いところの色どうしを**補色**という。

━━━━━━━━ 例題 1 〈色彩〉 ━━━━━━━━

次の文中の [　　] の中から，それぞれ適当なものを選び記号で答えよ。

　絵の具をまぜる時，たくさんの色をまぜるほど，(1) 彩度は [(イ)低く　(ロ) 高く] なり，(2) 明度は [(イ) 低く　(ロ) 高く] なり，(3) 色相は [(イ) はっきりと　(ロ) あいまいに] なる。

解答　(1)(イ)　　(2)(イ)　　(3)(ロ)

━━━━━━━━ 例題 2 〈色彩〉 ━━━━━━━━

次の空欄（　ア　）～（　エ　）にあてはまる適切な語句を①～⑦から選び，番号で答えよ。

(1) 色のあざやかさの度合いを彩度という。同じ色相の色では，色みの強さの度合いという見方でとらえられる。各色相の中でもっとも彩度の高い色を（　ア　）という。

(2) 色相環で向かい合った位置にある正反対な色相を互いに（　イ　）という。

(3) 色の寒暖の感じは，色相と関係が深い。寒い暖かいの感じでそれぞれ寒色，暖色といい，どちらの感じとも言えない緑や紫などは（　ウ　）という。

(4) 混色して他の色が作り出せるもとの3色を三原色という。三原色は絵の具や印刷インクなどの色料と色光の場合とで異なるが，どちらも三つの色を混ぜると（　エ　）に近い色になる。

① 純色　　② 補色　　③ 彩色　　④ 有彩色
⑤ 中性色　⑥ 無彩色　⑦ 配色

解答　ア ①　　イ ②　　ウ ⑤　　エ ⑥

解説　色の三要素（明度・彩度・色相）や色相環などは，よく出題されるので，中学校教科書や資料集程度の理解は必要である。

269

図画工作科 描画

ポイント

描写は図画工作の基礎技能である。描写はこれから描こうとする対象の質感・量感・ムーブマン・デフォルメをとらえながら，作者の印象を作品にいかすよう心がけるべきである。ここでいう質感とは見た感じとしての物の表面の手ざわりや材質の感じでつるつるした感じ，ざらざらした感じ，かたい感じ，やわらかい感じ，透明な感じなど，主に写実的表現で素材となった対象のそなえる感覚的・視覚的な質の感じおよびその表現のことである。また，量感とは容積・重量感をいう。実在の山と舞台のかきわりの絵の山とは容積において異なる。この相違は私たちの感覚的な経験により明確にわかるものである。その物自体が持っている容積や重量が与える感じが，彫刻や絵画に表現されると，その作品が力強いものとなってくる。ムーブマンとは動勢または動きのことで，彫刻・絵画その他に用いられる。美術作品などにおいて，物理的には何の運動もおきていないのに，それらの作品には，感動的に動勢を感じさせるものがある。それをムーブマンと呼ぶ。そして，デフォルメとは変形・歪曲のことである。作者の主観あるいは意図するところを強調して対象を表現すれば何らかの意味で歪んだ形にならざるをえない。絵画や彫刻はどんなに写実的であっても作者の自然に対する解釈が含まれているから，程度の差はあってもすべて歪曲されている。近代美術では特に主観を大事にするので必然的にデフォルマシオンが前面に強く打ち出される。

学習指導要領に「つくりだす喜びを味わう」ということがあるわけだが，私達も経験があるように，自分の感じとったもの，美しいもの，楽しかった思い出，すばらしい出来事，感激・感動した事がら等を自分自身でかたちとして残していくことは大きな喜びである。これがつくりだす喜びである。そしてこの表現が絵として，工作として，彫塑として形づくられた時の喜びはまたひとしおのものである。こういったことが豊かな情操を養うことにもつながるのである。しかしこの作品制作の喜びには，まず自分の描きたいと思うもの，造りあげたいと思うものの全体

をしっかりつかみ，自分なりに表す技術が必要である。ここに児童の発達段階に即した正しい描写指導の必要性があるわけである。一般に児童が鉛筆を使ってデッサンをする場合，普段の学習で使用するHBなりFなりのかための鉛筆を使うことが多い。このためついつい手に力が入りすぎて画用紙にでこぼこができてしまったり，消しゴムで紙面がいたんでしまうことが多い。全体をとらえる技能面での指導とともに，道具（素描材料）の指導も行いたい。例題にもあるが，鉛筆のかたさに対する正しい理解，コンテ・木炭・毛筆などの素描材料への関心は児童の発達段階との関連も含めてきちんと整理しておきたい。

━━━━━━━ 例題 1 〈描画〉 ━━━━━━━

次の文の（　）に適する語句を答えよ。
　素描材料として（　①　）はHB～6Bぐらいのものを主として用いる。Bの数の多いものほど（　②　），（　③　）かける。
　（　④　）には黒や褐色などの色があり，えんぴつよりいっそう（　⑤　）書くことができ，（　⑥　）でこするとやわらかい（　⑦　）ができる。
　（　⑧　）は修正がたやすく，消すには食パンを指先でかるくねったものを使うとよい。

解答	① えんぴつ　② やわらかく　③ こく　④ コンテ
	⑤ こく　⑥ 指　⑦ 濃淡　⑧ 木炭

━━━━━━━ 例題 2 〈描画〉 ━━━━━━━

次の（1）～（3）のような条件や指導の目標がある中で，児童に描画をさせたい。それぞれの場合について，最も適当な描画材をあとのア～クから1つずつ選び，記号で答えよ。
（1）低学年の児童を対象として，様々な色を楽しませながら，最終的にはスクラッチ表現をさせたい。

(2) 低学年の児童を対象として，広いコンクリートの床面に自由で広がりのある絵を描かせ，完成した作品を楽しく鑑賞させた後，床面をもとどおりの状態に戻したい。

(3) 線の太さや長さ，点，面などの変化，にじみやぼかしの味わいなどを，楽しみながら描画させたい。

　　ア．チョーク　　　　　　イ．水性マーカー　　　ウ．筆と水彩絵の具
　　エ．色鉛筆　　　　　　　オ．クレヨン　　　　　　カ．油性マーカー
　　キ．墨汁とはしペン　　　ク．ボールペン

解答　(1) オ　　(2) ア　　(3) ウ

解説　それぞれの描画材料の特徴をつかんでおくこと。また，描画材料と技法との関係もおさえておきたい。

━━━━━━━━━ **例題 3 〈描画〉** ━━━━━━━━━

　子どもの描画における発達の一般的な特徴を説明した次のア〜エの文を，発達の段階順に並べかえよ。

　ア　写実的な表現を好むようになり始める時期で，空間における重なりや大小関係に配慮するようになる。

　イ　なぐりがきなどの描く行為に興味と心地よさを感じるようになる。

　ウ　空間意識が生まれてくる。それによって画面に基底線が現れるようになる。

　エ　点，線，円を用いて，頭足人を描くようになる。

解答　イ→エ→ウ→ア

解説　頭足人とは，閉じた円が描けるようになったあとに生じる，頭（顔）から足が生えた幼児の絵の特徴の1つで，3〜4歳ごろの描写に見られる。基底線は地面や水平線を表すための，画面の端から端まで引かれた1本の線のことで，5〜6歳ごろに見られる。

図画工作科 版画

ポイント

　版画については，その種類，またそれに使う道具，技法についての正確な理解がほしい。まず，道具についてであるが，彫刻刀は大別して次の4つの種類に分けられる。

① 切り出し→境界線をはっきり彫るのに適する。　
② 平刀→ゴツゴツした線や不要な部分を平らに彫る。
③ 三角刀→するどい線などを一気に彫るのに適する。
④ 丸刀→動きやタッチを表すのに適する。

刀の種類と彫りあと

①切り出し　②平刀　④丸刀　③三角刀

　技法についてであるが，2つのやり方がある。組版・木版の場合，陽刻は技術的にむずかしい手法となるが，彫刻刀のそれぞれの特色をいかして良い作品を作れるよう指導することが望まれる。またバレン・タンポ（綿などをまるくして皮や布などにつつんだもの）の正しい使い方も理解しておきたい。なお版画には木版・組版・いも版・ゴム版・リノリューム版などの凸版，エッチング・ドライポイントなどの凹版，石版（リトグラフ）やデカルコマニー（合わせ絵）などの平版，それにとうしゃ版・シルクスクリーン版・ピンホール版などの孔版がある。

─────── 例題 1 〈版画〉 ───────

　次にあげた彫刻刀の名称をA群より，用途をB群より選び，記号で答えよ。

(1) 　　(2) 　　(3) 　　(4)

〔A群〕　（イ）丸刀　　（ロ）切り出し　　（ハ）平刀　　（ニ）三角刀

〔B群〕 (a) 太い線，やわらかい線を出すときに使う。
　　　　(b) 切り込みを入れるときに使う。
　　　　(c) 細い線，鋭い線を出すときに使う。
　　　　(d) ぼかした画を作るとき，広い部分をさらうときに使う。

解答 (1) (ロ)・(b)　　(2) (ニ)・(c)　　(3) (イ)・(a)
(4) (ハ)・(d)

━━━━━━━━━ 例題2〈版画〉 ━━━━━━━━━

陽刻と陰刻について説明せよ。

解答 下絵のりんかく線を彫りこんで表す方法が陰刻で，全体に暗い感じになり，ちょうど黒板に白チョークで線描したように仕上がる。陽刻は陰刻の反対で，下絵のりんかく線を彫り残して表現する方法で，線が黒く仕上がる。ふつうは陽刻を主として部分的に陰刻を用いる場合が多い。どちらがよいというものではなく，陰刻は線だけを彫るので比較的楽に彫れ，使う場所によっては，独特の効果を表すものである。また陽刻は技能的にはむずかしい手法だが，陽刻だけでは版面のおもしろみはでない。両方ともうまく使うところに良い作品が生まれてくる。

━━━━━━━━━ 例題3〈版画〉 ━━━━━━━━━

次の版画のうち，凸版画に分類される版画をすべて選び，記号で答えよ。
　ア．ドライポイント　イ．ステンシル版画　ウ．紙版画
　エ．木版画　　　　　オ．リトグラフ

解答 ウ，エ
解説 ドライポイントは凹版，ステンシル版画は孔版（インクが版を通り抜ける），リトグラフは平版である。

図画工作科 彫塑

ポイント

　学習指導要領「図画工作」の目標で注意すべき点は，(3)の「つくりだす喜びを味わうとともに，感性を育み，楽しく豊かな生活を創造しようとする態度を養い，豊かな情操を培う。」とあるなかの，「つくりだす喜びを味わう」ということが明記されていることである。小学校における造形教育は，決して専門家を養成するためのものではなく，あくまでも豊かな人間性を培う教育の一翼を担っているものである。

　彫塑であるが，その技法から彫刻と塑造に分けられるであろう。木や石のように，かたまりをもったものを外からけずったり彫ったりしていき，求める形を生みだすやり方（**カービング**）を**彫刻**，逆に心棒を中心に，次第に粘土やその他の材料を盛りあげていく方法（**モデリング**）を**塑造**という。両方の中間的な技法もある。奈良時代にさかんに作られた木心乾漆の仏像は，木彫りの上に漆をぬり重ねて作っているが，これなどは両者の併用といえる。この彫塑の表し方であるが，①前後・左右・まわりから鑑賞できるように彫る丸彫り，②正面からのみ鑑賞するような表し方で，丸彫りと絵画の中間的な表現法ともいえる**浮き彫り（レリーフ）**，③浮き彫りのバックをくりぬいたり，平板なものをくりぬいたりして表す透かし彫り，④細い線で盛り上げたり彫り込んだりして表すもので，工芸品に多い毛彫り（線彫り）がある。その他テラコッタ（良質のねんどを素焼きにした土器類），乾漆ブロンズ（青銅と訳し，西洋の彫像の場合は銅を主として錫との合金であり，東洋彫像の場合はそれに鉛を加えている。ねんどの原型から雌型をとり，それから鋳造されるのが普通である。）などがある。彫塑の諸要素としては以下のような点があげられるが，小学・児童の場合，全体をとらえ大まかな形からだんだん作り上げていくように指導することが大切であり，細かい部分にとらわれないようにしたい。また，粘土などは力の入りやすい親指をうまく使うようにさせるとよい。

〈彫塑の諸要素〉

① **量**→体積の多少の問題ではなく周囲との関係で表現。彫刻は，主体として占有する空間を持っていることで，すでに量を備えていることになる。立体として実際にある量，くぼませることによってできる虚なる量，多くの線や面によってできる密度の高い量，その反対の密度の低い量などがある。

② **均衡**→空間に美しく安定させる構造上の必要。

③ **質感**→量の表面に，肌として必ず生じるもので，作る対象を触覚的に見て，材質の感じの特徴をとらえて表現しなければならない。頭髪・皮膚・着衣なども，それぞれの柔らかさの違いまで表現してみたい。

④ **動勢**→彫刻に方向性を与えるもの。

⑤ **空間感**→これまであげた諸要素が，生き生きとした作品の中にあれば彫刻としての空間感はうまれてくる。充実した彫刻が空間に広がり，浸透してゆく感じ，それを空間感という。また，彫刻はそれが置かれる場所によっても，その空間感は異なってくるものである。

例題 1 〈彫塑〉

次の (1) ～ (3) の特徴にあてはまる粘土を下のア～オからそれぞれ1つずつ選び，記号で答えよ。

(1) 時間が経っても固まらず，繰り返し使うことが可能である。

(2) 水で練り直して何度でも使え，焼成に適したものもある。

(3) 熱を加えると柔らかくなり，冷めると固くなり水に強くなる。

　　ア　油粘土　　イ　紙粘土　　ウ　土粘土　　エ　石粉粘土
　　オ　プラスチック粘土

|解答| (1) ア　　(2) ウ　　(3) オ

|解説| イの紙粘土の主な特徴は，乾燥後軽くなり硬化することである。エの石粉粘土も，乾燥後に軽量化・硬化するが，紙粘土より密度が高く，硬化後に彫刻刀などで削ることもできる。

■■■■■■■■■■■■■■ 例題 2 〈彫塑〉 ■■■■■■■■■■■■■■

　次の文は，粘土の再生方法を表したものである。正しい順になるように記号を並べよ。
　（ア）小槌で細かく砕く。
　（イ）ポリ容器に入れて水に浸す。
　（ウ）天日で十分に乾かす。
　（エ）素焼きの容器に入れて薄い布などを使って水気を取る。

|解 答|　（ウ）→（ア）→（イ）→（エ）
|解 説|　土粘土は再生が可能なので，環境にやさしい素材である。再生においては，混ざりものを取り除く必要がある。

■■■■■■■■■■■■■■ 例題 3 〈彫塑〉 ■■■■■■■■■■■■■■

　焼きものにおける粘土の成形技法として，「板づくり」に関する記述として適切なものを，次の1〜4から1つ選べ。
　1　粘土をひも状にしてタタラ板の芯に巻き付け，乾燥後に芯を抜き去って成形する方法。
　2　粘土で適当な厚さの板をタタラ板を使ってつくり，ドベで接合して組立てる方法。
　3　板状にして焼成した粘土を，接着剤でタタラ板に貼り付けて組立てる方法。
　4　こぶし大に丸めた粘土を，タタラ板でたたき伸ばしながら成形する方法。

|解 答|　2
|解 説|　「板づくり」―粘土を板状にして，型紙などに合わせて形を切り取り，そのタタラ板をどろ状にした粘土「ドベ」で接合して成形する技法である。焼物でよく用いられる方法である。

図画工作科 デザイン

ポイント

「デザイン」においては，基礎理解と創造的な感覚がのぞまれている。

構成美の要素としては**シンメトリー（対称）**〔左右対称・放射対称に分けられる。2つ折りにして，ちょうど重なり合うような形〕，**バランス（均衡）**〔つり合いがとれているということ。⇔アンバランス〕，**プロポーション（比例・比率・割合）**〔ひとつのものの部分と全体の関係〕，**アクセント（強調）**〔単調さを破り，ある部分で全体をひきしめようとしたもの〕，**コントラスト（対立・対照・対比）**〔対立関係をいう〕，**リズム（律動）**〔形のつながりや連続したものの関係〕，**リピテイション（くり返しのリズム）**〔連続模様などで，最も単調なリズム感を生む。〕，**グラデーション（漸層・漸増・従属）**〔段階的に形や色が増減していく構成。リズム感を生む。くもの巣がこれ〕，**ムーブマン（動勢）**〔ある方向への動きや，次の動きを予想させるような構成〕，などがある。

また技法としては**モダンテクニック**がある。モダンテクニックの名称とその内容，あるいは実例図との対応関係を問う出題は，毎年の教員採用試験での恒例と言っていいほど多い。モダンテクニックは手描き（手と筆の意識的操作）では得られない，素材の偶然的効果を特徴とする。もともとは**立体主義（キュービズム）**や**超現実主義（シュールレアリスム）**の画家たちが，意識を超えた表現効果を得るために採用した技法であった。しかし，現在の美術教育では特殊な効果をもたらすデザイン技法として扱われることが多い。つまり，これらに加筆したり，全体の一部に組み入れてデザイン作品を作るのに利用される。モダンテクニックには以下のようなものがある。

▼コラージュ（はり絵）

絵の具のかわりに紙や布を張りつける。色紙や印刷された紙，布，ひもなど，実際のものを画面に張りつけて表現する技法。

▼フロッタージュ（こすりだし）

　紙を布・葉・板などの凹凸のある表面の地肌に当て，上から鉛筆などをこすりつけてその模様を写し取る技法。

▼デカルコマニー（転写）

　紙を2つに折り，間に絵の具をつけて押しつけたりこすったりした後で開くと，絵の具が広がり混ざり合って生じた意図しない色調を利用する技法。

▼マーブリング（墨流し）

　水面に浮かせた絵の具を吸水性の紙で写し取る技法。墨やインクなどでも可能。

▼ドリッピング（吹流し）

　水分の多い絵の具やインクを紙の上にたらし，口やストローで強く吹いたり紙を傾けたりして偶然できる形を利用する技法。

▼スクラッチ（ひっかき絵）

　クレヨンなどで色を重ねて塗り，クギなどでひっかき下の色を出して，違った色の線を描く。この方法で作品を作る。

▼バチック（はじき絵）

　ろうやクレヨンなどでかいた下絵の上に水彩絵の具を塗り，はじく性質を利用する。

例題1〈デザイン〉

指示に従って○を各1つずつ黒くぬりつぶせ。

(1) つりあいのとれた感じ　　(2) 安定感のある感じ

解答　(1) 　　(2)

例題2〈デザイン〉

下の問いに答えよ。

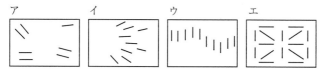

(1) シンメトリーなのはどれか。
(2) 方向性が感じられるのはどれか。
(3) リズムが感じられるのはどれか。

解答　(1)　エ　　(2)　イ　　(3)　ウ

例題3〈デザイン〉

　次の (1) ～ (4) のような表し方や表現方法は何といいますか。あてはまる名称をあとの語群からそれぞれ選び，記号で答えよ。

(1) 水を張ったバットに絵の具や墨をたらして水面に紙をのせる。その紙の表面に絵の具や墨を吸い取らせて模様をつくる方法。

(2) 二つ折りにして開いた画用紙に絵の具を垂らし，再び二つ折りにして絵の具が広がるように外から押さえる。これを静かに開き左右対称の形をつくる方法。

(3) 写真や印刷物などを切り抜いたものを貼ったり，色紙や和紙などを画面に貼り合わせたりして表現する方法。

(4) 野菜の切り口や木の葉，段ボールの断面など身のまわりにある材料に絵の具をつけ，画面に型押しをして表現する方法。

A. スタンピング　　　B. コラージュ　　　　C. ドリッピング

D. デカルコマニー　　E. マーブリング　　　F. スパッタリング

G. スクラッチ　　　　H. グラデーション　　I. リピテーション

解答 (1) E　　(2) D　　(3) B　　(4) A

解説 モダンテクニックに関する出題である。造形遊びや絵などで多用されてきており，出題の頻度が高い。名前だけでなく，方法についても熟知してほしい。

例題 4 〈デザイン〉

（ア）〜（ウ）の図にふさわしい美の秩序（構成美の要素）を，下の①〜⑤から選べ。

（ア）　　　　　　　（イ）　　　　　　　（ウ）

①　リズム　　　　②　シンメトリー　　　③　グラデーション

④　アクセント　　⑤　バランス

解答 （ア）④　　（イ）①　　（ウ）③

解説 デザイン分野におけるかたちの構成要素を問う内容である。基本的な用語については，理解しておきたい。

図画工作科 美術史

ポイント

　西洋美術史は，ほとんどがルネサンス期及び近代の主要美術家の名前，あるいは主要作品の題名を問うものである。作品写真が問題に出る場合も近年では見られるので，単なる丸暗記ではなく，図版などの視覚的イメージとともにおぼえたい。

〈ルネサンス期〉

ボッティチェリ「春」「ヴィーナスの誕生」，レオナルド＝ダ＝ヴィンチ「モナリザ」，ミケランジェロ「ダビデ像」「最後の審判」，ラファエロ「聖母子」

〈近代〉

○**新古典主義**：ダヴィッド「ホラティウス兄弟の誓い」，アングル「グランド・オダリスク」

○**ロマン主義**：ジェリコー「メデューズ号の筏」，ドラクロワ「キオス島の虐殺」「民衆を率いる自由の女神」

○**自然主義**：コロー「真珠の女」，ミレー「晩鐘」「落ち穂拾い」

○**写実主義**：クールベ「オルナンの埋葬」

○**印象派**：マネ「草上の昼食」，モネ「睡蓮」，ルノワール「ムーラン・ド・ラ・ギャレット」

○**新印象派**：スーラ「グランド・ジャット島の日曜日の午後」

○**後期〔反〕印象派**：セザンヌ「サント・ヴィクトワール山」，ゴッホ「ひまわり」，ゴーギャン「かぐわしき大地」

○**立体派（キュービズム）**：ピカソ「ゲルニカ」，ブラック「ギターを持つ男」

○**野獣派（フォービズム）**：マティス「ジャズ・サーカス」

○**超現実主義（シュールレアリスム）**：ダリ「記憶の固執」，マグリット「大家族」「偽りの鏡」

○**近現代彫刻**：ロダン「考える人」，マイヨール「地中海」，カルダー「フラミンゴ」，ジャコメッティ「歩く男」

═══════ 例題 1 〈美術史〉 ═══════

次の作品の作者を下のイ〜ヘから選べ。
- (1) 紅白梅図屏風　　(2) はね橋　　　(3) 釈迦十大弟子
- (4) 赤富士　　　　　(5) 考える人　　(6) 秋冬山水図

　イ．ゴッホ　　　　ロ．ロダン　　　　ハ．雪舟
　ニ．尾形光琳　　　ホ．棟方志功　　　ヘ．葛飾北斎

解答　(1) ニ　　(2) イ　　(3) ホ　　(4) ヘ　　(5) ロ　　(6) ハ

═══════ 例題 2 〈美術史〉 ═══════

次の文の（　　）にあてはまる人名を書け。
　ルネサンスの三大画家とは，「最後の晩餐」の（　①　），「ダビデ像」の（　②　），多くの聖母子像をのこした（　③　）である。

解答　①　レオナルド＝ダ＝ビンチ　　②　ミケランジェロ
　　　　③　ラファエロ

═══════ 例題 3 〈美術史〉 ═══════

「喜多川歌麿」に関する記述として適切なものを，次の1〜4から1つ選べ。
1　画風は宋元画家に学んで幅が広く，水墨画に激しい筆致と構築性を盛り込み，豊かな空間表現と強い自己主張において室町水墨画中抜群のものがある。
2　浮世絵の元祖といわれ，寛永期以来の上方肉筆風俗画の伝統に立脚して独自の美人風俗画様式を作りあげ，木版摺の量産性を生かして普及させた。
3　鎌倉新様式を完成した仏師であり，興福寺北円堂の弥勒仏像や無著・世親像など，その作品には力強い量感ゆたかな表現と高い精神

性がみられる。

4　寛政年間の初め頃に発表した美人大首絵は，浮世絵芸術の頂点をなすものであり，美人画家として一世を風靡したが，文化元年には幕府の風俗取締りを受けた。

解答	4
解説	喜多川歌麿（1753年〜1806年）は，江戸中・後期の浮世絵師，美人画の分野で大首絵の様式を創案，浮世絵の黄金期をつくった。1は雪舟，2は菱川師宣，3は運慶の説明である。

例題 4 〈美術史〉

次のA〜Cの作者名を下の①〜⑩から選び，記号で記せ。

A   B   C

① マグリット　　② 黒田清輝　　③ モディリアーニ
④ ルソー　　　　⑤ ダリ　　　　⑥ 安井曾太郎
⑦ エッシャー　　⑧ ボナール　　⑨ デュシャン
⑩ 岸田劉生

解答	A ⑩　　B ③　　C ⑦
解説	Aは日本の岸田劉生（1891年〜1929年）の「麗子微笑（青果持テル）」である。Bはエコール・ド・パリ（パリ派）の一人であるモディリアーニ（1884年〜1920年）の「ジプシー女と赤ん坊」である。Cはオランダの版画家エッシャー（1898年〜1972年）の「滝」である。

図画工作科 学習指導要領

ポイント

■■■■■■■■ 平成29年改訂の要点 ■■■■■■■■

① **目標の改善について**

(1) 教科の目標

　図画工作科において育成を目指す資質・能力については，中央教育審議会答申（平成28年12月21日）にて「知識・技能」，「思考力・判断力・表現力等」，「学びに向かう力・人間性等」の3つの柱に沿った整理が行われた。これを受け，教科の目標は次のように示された。

　表現及び鑑賞の活動を通して，造形的な見方・考え方を働かせ，生活や社会の中の形や色などと豊かに関わる資質・能力を次のとおり育成することを目指す。

(1) 対象や事象を捉える造形的な視点について自分の感覚や行為を通して理解するとともに，材料や用具を使い，表し方などを工夫して，創造的につくったり表したりすることができるようにする。

(2) 造形的なよさや美しさ，表したいこと，表し方などについて考え，創造的に発想や構想をしたり，作品などに対する自分の見方や感じ方を深めたりすることができるようにする。

(3) つくりだす喜びを味わうとともに，感性を育み，楽しく豊かな生活を創造しようとする態度を養い，豊かな情操を培う。

　従前より示し方が変更され，先述の3つの柱に対応して (1) ～ (3) の目標が示された。それぞれ (1) が「知識・技能」，(2) が「思考力・判断力・表現力等」，(3) が「学びに向かう力・人間性等」による。

　また，図画工作科における「見方・考え方」とは，同答申では「感性や想像力を働かせ，対象や事象を，形や色などの造形的な視点で捉え，自分のイメージを持ちながら意味や価値をつくりだすこと。」として示している。

（2）各学年の目標

〔第1学年及び第2学年〕

（1）対象や事象を捉える造形的な視点について自分の感覚や行為を通して気付くとともに，手や体全体の感覚などを働かせ材料や用具を使い，表し方などを工夫して，創造的につくったり表したりすることができるようにする。

（2）造形的な面白さや楽しさ，表したいこと，表し方などについて考え，楽しく発想や構想をしたり，身の回りの作品などから自分の見方や感じ方を広げたりすることができるようにする。

（3）楽しく表現したり鑑賞したりする活動に取り組み，つくりだす喜びを味わうとともに，形や色などに関わり楽しい生活を創造しようとする態度を養う。

〔第3学年及び第4学年〕

（1）対象や事象を捉える造形的な視点について自分の感覚や行為を通して分かるとともに，手や体全体を十分に働かせ材料や用具を使い，表し方などを工夫して，創造的につくったり表したりすることができるようにする。

（2）造形的なよさや面白さ，表したいこと，表し方などについて考え，豊かに発想や構想をしたり，身近にある作品などから自分の見方や感じ方を広げたりすることができるようにする。

（3）進んで表現したり鑑賞したりする活動に取り組み，つくりだす喜びを味わうとともに，形や色などに関わり楽しく豊かな生活を創造しようとする態度を養う。

〔第5学年及び第6学年〕

（1）対象や事象を捉える造形的な視点について自分の感覚や行為を通して理解するとともに，材料や用具を活用し，表し方などを工夫して，創造的につくったり表したりすることができるようにする。

（2）造形的なよさや美しさ，表したいこと，表し方などについて考え，創造的に発想や構想をしたり，親しみのある作品などから自分の見方や感じ方を深めたりすることができるようにする。

(3) 主体的に表現したり鑑賞したりする活動に取り組み，つくりだす
　喜びを味わうとともに，形や色などに関わり楽しく豊かな生活を創
　造しようとする態度を養う。

　各学年の (1) は答申で示された「知識・技能」の内容を，(2) は「思考
力・判断力・表現力等」の内容を，(3) は「学びに向かう力・人間性等」
の内容を反映している。

(2) 内容の改善について

　内容の構成については，従前のものと同様「A　表現」(1) 造形遊び
をする活動 (2) 絵や立体，工作に表す活動，「B　鑑賞」(1) 鑑賞の活動
の2領域3項目及び〔共通事項〕が設けられている。詳細な指導事項につ
いては，答申で示された「知識・技能」「思考力・判断力・表現力等」「学
びに向かう力・人間性等」の柱に沿って整理されているので，確認され
たい。

━━━━━━ 例題 1 〈学習指導要領〉 ━━━━━━

　次の文は，小学校学習指導要領（平成29年3月告示）「図画工作」に示
されている教科の目標の一部である。文中の各空欄に適する語句を答え
よ。

　　対象や事象を捉える（　①　）な視点について自分の感覚や行為を
　通して理解するとともに，材料や用具を使い，（　②　）などを工夫し
　て，（　③　）につくったり表したりすることができるようにする。

| 解答 | ①　造形的　　②　表し方　　③　創造的 |

| 解説 | 学習指導要領でもっとも出題率の高い教科の目標である。出題は教科の目標 (1) による。これは，「知識・技能」に関する内容を反映させた目標である。 |

━━━━━ 例題 2 〈学習指導要領〉 ━━━━━

次のア～カは小学校学習指導要領（平成29年3月告示）「図画工作」における指導事項を示したものである。このうち第3学年及び第4学年で指導する事項にあたるものを2つ選び，記号で答えよ。

ア　絵や立体，工作に表す活動を通して，感じたこと，想像したこと，見たことから，表したいことを見付けることや，表したいことや用途などを考え，形や色，材料などを生かしながら，どのように表すかについて考えること。

イ　絵や立体，工作に表す活動を通して，感じたこと，想像したことから，表したいことを見付けることや，好きな形や色を選んだり，いろいろな形や色を考えたりしながら，どのように表すかについて考えること。

ウ　造形遊びをする活動を通して，身近で扱いやすい材料や用具に十分に慣れるとともに，並べたり，つないだり，積んだりするなど手や体全体の感覚などを働かせ，活動を工夫してつくること。

エ　造形遊びをする活動を通して，活動に応じて材料や用具を活用するとともに，前学年までの材料や用具についての経験や技能を総合的に生かしたり，方法などを組み合わせたりするなどして，活動を工夫してつくること。

オ　身近にある作品などを鑑賞する活動を通して，自分たちの作品や身近な美術作品，製作の過程などの造形的なよさや面白さ，表したいこと，いろいろな表し方などについて，感じ取ったり考えたりし，自分の見方や感じ方を広げること。

カ　親しみのある作品などを鑑賞する活動を通して，自分たちの作品，我が国や諸外国の親しみのある美術作品，生活の中の造形などの造形的なよさや美しさ，表現の意図や特徴，表し方の変化などについて，感じ取ったり考えたりし，自分の見方や感じ方を深めること。

解答	ア，オ

解説　イとウは第1学年及び第2学年の，エとカは第5学年及び第6学年の

指導事項である。

━━━━━━━━━ **例題 3 〈学習指導要領〉** ━━━━━

　小学校学習指導要領「図画工作」（平成29年3月告示）の「第3　指導計画と作成内容の取扱い」に示されている低学年，中学年，高学年の材料や用具をそれぞれ，次のア〜ケから2つずつ選んで記号で答えよ。

ア．土　　　　イ．のみ　　　ウ．針金
エ．ニス　　　オ．金づち　　　カ．糸のこぎり
キ．木切れ　　ク．はさみ　　　ケ．フェルトペン

|解答| 低学年：ア，ク　　中学年：オ，キ　　高学年：ウ，カ

|解説| 学習指導要領の「第3　指導計画の作成と内容の取扱い」2 (6)には各学年で取り扱う材料や道具が示されている。第1学年及び第2学年では「土，粘土，木，紙，クレヨン，パス，はさみ，のり，簡単な小刀類」，第3学年及び第4学年では「木切れ，板材，釘，水彩絵の具，小刀，使いやすいのこぎり，金づち」，第5学年及び第6学年では「針金，糸のこぎりなど」が示されている。

━━━━━━━━━━━━━━━━━━━━━━━━━━━━━━

●小学校学習指導要領 (平成 29 年 3 月告示)

図画工作科 学習指導法

ポイント

　従来，図画工作科は，心と体を使って触れたり感じたりする体験や，人との関わりを通してよさや価値を実感する活動を重視してきた。しかし今回の学習指導要領改訂では，「主体的な学び」「対話的な学び」「深い学び」の視点から学習活動を改善し，活動と学びの関係性や，活動を通して何が身に付いたのかを重視する方針が反映されている。従って指導法について述べる際は，それぞれの学びを実現するための視点を持つことが肝要である。中央教育審議会答申によると，それぞれの学びを実現するための視点として，次のようなことが挙げられている。なお例は高等学校の美術Ⅰを対象としたものによるため，一部表現が図画工作科の内容と一致しない。

「主体的な学び」

・主題を生成したり構想をしたりする場面，創造的な技能を働かせる場面，鑑賞の場面のそれぞれにおいて，形や色彩などの造形の要素の働きなどに意識を向けて考えること

・対象や事象を造形的な視点で深く捉えること

・自己の生成した主題や対象の見方や感じ方を大切にして，創造的に考えて表現したり鑑賞したりする学習の充実を図り，それらの学習活動を自ら振り返り次の学びにつなげていくこと　など

「対話的な学び」

・表現や鑑賞の能力を育成する観点から，「造形的な見方・考え方」を働かせて，美術の創造活動の中で，形や色彩などの造形の要素の働きなどについて理解すること

・美術作品や互いの作品について批評し合い討論する機会を設け，自他の見方や感じ方の相違などを理解し，自分の見方や感じ方を広げるなどの言語活動を一層充実させること　など

「深い学び」

・「造形的な見方・考え方」を働かせて，芸術としての美術と豊かに関

わる学習活動を通して，主体的に学ぶ意欲を高め，豊かに主題を生成して発想や構想をし，創造的な技能を働かせてつくりだす表現の能力と，美術作品や文化遺産などを様々な観点から鑑賞して，そのよさや美しさを創造的に味わう鑑賞の能力を相互に関連して働くようにすること

・お互いの見方や感じ方，考えなどを交流することで，新しい見方や価値などに気付き，表現や鑑賞の能力を深めていくような学習により教科・科目において育成する資質・能力を確実に身に付け，それらを積み重ねていくこと　など

これらの学びは相互に関連していることを念頭に，主体的・対話的で深い学びが実現できるような指導を模索していく必要がある。またこれらの学びを実現することは学習指導要領の目標達成を目的とするので，目標に沿った指導法を各自検討されたい。

以上のようなことをふまえ設問に対するとともに，この教科での児童の活動は，作品を通して意思を伝達し自己を表現するのと同じであると考え，常に児童の作品に対する思いや願いを読み取る努力と工夫をすることが大切である。また安全面の上でも常に配慮する姿勢を示すことがポイントである。

例題 1 〈学習指導法〉

児童が友達と共同してつくりだす活動を行うこととする。指導にあたって，どのようなことに配慮する必要があるか。簡潔に2つ答えよ。

解答　・児童の実態を考慮して計画すること。　・一人一人の発想や技能が生かされ，交流によって新たなヒントを得るなどの機会がもてるようにすること。

解説　共同してつくりだす活動については，小学校学習指導要領（平成29年3月告示）の「第3　指導計画の作成と内容の取扱い」1 (5)に記載がある。一部の児童の発想や技能のみが突出するのではなく，一人一人の表現に対する思いや技能が活かされる活動に

なるよう注意を払う必要がある。

━━━━━━ 例題 2 〈学習指導法〉 ━━━━━━

図画工作科における合科的な学習活動例について述べよ。

解答 第5学年及び第6学年における「表現」の内容にある「造形遊び
をする活動を通して，材料や場所，空間などの特徴を基に造形
的な活動を思い付くこと」について指導する際，造形活動を通
して材料の性質や特徴（理科的なねらい）もとらえさせようと
する。

━━━━━━ 例題 3 〈学習指導法〉 ━━━━━━

次にあげるものの指導のねらいを書け。
（1）絵画・デザインで絵の具の色数を制限する。
（2）フィンガーペインティング（指絵の具）
（3）砂遊び

解答 （1）色数の制限により，絵画の場合は同系色でまとめさせる指
導ができるし，対象の色を細かく，そして鋭く見ることができ
るようになる。ただしこの場合，子どもがどうしても他のこの
色がないと表現できない，などと言ってきた場合はこれを認め
てやる。デザインなら制限された色数の範囲内でいかに効果的
な配色ができるかの指導によい。また目立つ配色，目立たない
配色なども色数を少なくすることによって理解できるようにな
る。　（2）幼児期にとりいれられる教材で，自由にのびのびと
かかせるのによい。筆などを用いないので思いのままのタッチ
でかけ，また混色などが自由にできるため色に対する感覚をや
しなうことにもなる。　（3）自然の中に造形的なものを見つけ
させたり，また作りあげるよろこびを味わわせる。

━━━━━━━ **例題 4 〈学習指導法〉** ━━━━━━━

　鑑賞において，自分たちの作品を見る活動をする場合に必要な留意点を簡潔に答えよ。

解答　・自分たちの作品について，見ることに関心をもつようにする，楽しみながら作品を見る。　・身近で親しみのある作品について面白さやよさに気付いて作品をみる。　・感じたことや思ったことを話し合いながら作品を見る。　・表現の意図や特徴をとらえ見方や感じ方を深める　など。

解説　表現活動と関連付けながら，児童が進んで見たり，自分の表現活動に重ねて見たりするなど，能動的な鑑賞を行えるようにすることが求められる。友人について分かり合おうとすることも重要である。校内展示の工夫も求められる。

━━━━━━━ **例題 5 〈学習指導法〉** ━━━━━━━

　児童が，樹脂を高温で溶かして使う接着剤を使用していたところ，溶けた接着剤で自分の太ももにやけどをしてしまった。どのような事前の指導が必要であったかを答えよ。

解答　安全な扱い方について指導することが重要である。その際，教師の一方的な説明で終わるのではなく，実際に取り扱うなどして，児童が実感的に理解することが必要である。

解説　図画工作における用具の使用においては，それぞれの用具の特性をとらえ，表したいことに合わせて使うことができるようにする。用具の扱い方に慣れるとともに，安全な使い方にも気をつけながら，児童が適切に扱うことができるようにすることが重要である。

■■■■■ 例題 6 〈学習指導法〉 ■■■■■

　「彫り進み木版画」は，一般の木版画とは異なり，刷った色を残したいところを彫っていく。この「彫り進み木版画」を指導する際の，刷りに関する留意点を3つ書け。

解答　・後戻りできず，また同じ刷り紙に刷り重ねていくので，各版ごとに3枚ぐらいずつ刷っておく。　・刷り色は，明るい色・うすい色からだんだんに暗い色・濃い色へと刷り重ねていく。・ぶれた刷り上がりにならないように，見当合わせをきちんとする。

解説　彫り進み木版画は，従来の木版画とは異なった造形要素や制作の進めかたの面白さなどから，教材として導入される例が目立つ。版材は一枚で，彫ったら刷る，さらに彫ったらまた刷るというくりかえしで，だんだんと作品ができていくものである。ルールがあるわけではないが，解答にあるように後戻りできないので何枚か刷っておくことや，後のことを想定してはじめから濃い色で刷らないなど，進行上の注意をしっかりと指導したい。ただし，他の版画に比べて自由な表現ができることや，作業を進めながら思いついたことを実行できることがこの教材のよさでもあるので，実際の指導の時には，きまりやルールとして押しつけないよう注意しよう。

●小学校学習指導要領 (平成 29 年告示) 解説「図画工作編」(平成 29 年7月)

第 7 章

家庭科

家庭科　被服【繊維】

ポイント

　繊維は大別すると，**天然繊維**と**化学繊維**に分けられる。そのうち，天然繊維は更に，植物性繊維，動物性繊維，鉱物性繊維に分類できる。最初の植物性繊維には，綿，亜麻，大麻その他がある。第2の動物性繊維では，羊毛その他の獣毛や，絹その他があげられる。また第3の鉱物性繊維としては石綿があげられる。

　化学繊維は今日きわめて種類が多い。ガラス繊維などの無機繊維は別としても，再生繊維，半合成繊維，合成繊維と分類できる。再生繊維としては，レーヨン，キュプラ，再生絹糸，天然ゴムなどがあげられる。半合成繊維としては，アセテート，トリアセテート，塩化ゴムなどがある。一番種類の多いのが合成繊維で，ナイロン，ビニロン，ポリエステル，ポリエチレン，ポリプロピレン，ポリウレタン，塩化ビニリデン，ポリ塩化ビニル，アクリルなどがある。

　これらのそれぞれの繊維のうち，天然繊維では綿，羊毛，麻，絹など，化学繊維ではレーヨン，キュプラ，アセテート，ナイロン，ビニロン，ポリエステル，アクリル，ポリプロピレンなどの用途，性質，見分け方についての理解が求められている。それぞれの繊維の性質として問われるのは，吸湿性，保温性，伸縮性，熱伝導性，耐酸・耐アルカリ性，耐久性，通気性，更には洗濯によく耐えるか，などである。また順序は前後するが，用途ではどの繊維が上着，中着，下着に向くか，普段着，外出着，作業着に適するかを掴んでおくとよい。

　見分け方では，天然繊維と合成繊維をそれぞれ燃やしてみる方法があるので，それについても灰の形，においなどの点からまとめておくこと。

============ 例題 1 〈被服（繊維）〉 ============

　次の文は，繊維の性質について述べたものである。その内容の正しくないものを選べ。

(1) 木綿は, じょうぶで吸湿性もよく, 洗濯にも耐え, 高温でアイロンできるので, 下着・上着としてよく用いられる。

(2) 麻は吸湿性はよくないが, 熱伝導が高く汗を発散させるので, 夏の衣服によく使われる。

(3) 絹は保温性や吸湿性はあるが, 弱いので普段着や下着には適さない。

(4) ウールは保温性は高く, 伸縮性もあるが, 酸に強くアルカリに弱いので洗剤を選ばなければならない。

(5) レーヨン, スフは洗濯には耐えられないが, 安価なのでよく使われる繊維である。

解 答 (2)

解 説 麻は吸湿性もよい。

━━━━━━ 例題 2 〈被服 (繊維)〉 ━━━━━━

次の①, ②の文は, ア～ケのどの繊維の特徴について述べたものか。それぞれ記号で答えよ。

① 引っ張りや摩擦に最も強い繊維であるが酸には弱い。日光では黄変し, 強さも低下する。

② 吸湿性があり, 水をはじく。弾力性にすぐれ, しわになりにくい。

ア. 綿　　　　イ. ポリエステル　　ウ. 毛

エ. 絹　　　　オ. レーヨン　　　　カ. キュプラ

キ. ナイロン　ク. 麻　　　　　　　ケ. アクリル

解 答 ① キ　② ウ

解 説 ①のナイロンは, 弾力性があり, しわになりにくい。また, 摩擦や折り曲げに対しても丈夫で耐久性に富むが, 吸湿性が少なく, かわきが早い。日光の紫外線により白地は黄変する。②は, 含気量に富み, 保温性が大きく, 弾力性に富み, 軽くて厚い布地を作り, しわになりにくい, 「毛」の特徴に合致する。但し, ここには記載されていないが, アルカリに弱い。

例題 3 〈被服（繊維）〉

次のア～オは，主な繊維の性能について説明したものである。内容として正しいものを3つ選べ。

ア　綿は植物繊維の一種であり，吸湿性が高く，アルカリに強く洗濯に耐え，肌ざわりがよいことから肌着やシャツなどに適する。

イ　絹は動物性繊維の一種であり，虫害を受けやすく，アルカリに弱くフェルト化しやすい。保温性が高く，コートやセーターなどに適する。

ウ　ポリエステルは化学繊維の一種であり，引っ張り，摩擦に強い。熱可塑性があることから，プリーツ加工が容易であり，ワイシャツやブラウスなどに適する。

エ　毛は動物性繊維の一種であり，吸湿性が低く，光沢がある。やわらかくしなやかな繊維であり，和服やドレス，ネクタイなどに適する。

オ　麻は植物繊維の一種であり，耐熱性が高く，防しわ性が低い。冷感があることから，夏用和洋服に適する。

解答　ア，ウ，オ

解説　イの絹とエの毛の説明が入れ替わっている。絹は，そのしなやかさや光沢から，着物やネクタイに用いられ，毛は保温性に富み，コートなどの冬用衣料に適している。

家庭科 被服【洗濯】

ポイント

　着用目的に合った被服材料ないし，既製の被服を選ぶためには，使われている繊維を知ることが大切である。適正な選択の目安となるよう使用繊維の品質を表示して一般消費者の保護をはかったのが「家庭用品品質表示法」であり，その繊維の正しい取扱いのために制定されたのが「繊維製品の取扱いに関する表示記号及びその表示方法」（JIS規格）である。

　洗濯においては，洗剤の種類（石けん，合成洗剤－中性およびアルカリ性）や，洗濯物と水の量，温度との関係などとともに，繊維と洗剤の種類分量などについて知っておかなければならない。綿，レーヨン，ポリエステル，綿とポリエステルの混紡などは，弱アルカリ性合成洗剤か，石けんを使用するとよい。他方毛や毛と化学繊維の混紡では，中性合成洗剤を使用するとよい。アルカリ性に弱い繊維には適した洗剤だからである。ポリエステルなどの合成繊維の布地は，再汚染が著しいので，同じ洗濯液での繰返し洗濯や，下洗いはさけた方がよい。

　アイロンで仕上げる場合，繊維に応じたアイロンの温度は大体次のとおりである。

化学繊維……110℃	絹……130℃	毛……150℃
綿……180℃	麻……190℃	

例題 1 〈被服（洗濯）〉

　次の文は洗濯物の干し方について述べたものである。（　①　），（　②　）に最も適する語句を答えよ。

　　洗濯物を干すとき，竿やロープをふき，（　①　）表示に合った干し方をする。洗濯物の（　②　）をよくのばし，形を整えて干す。

　解答　①　取り扱い　　②　しわ

例題 2 〈被服（洗濯）〉

織物のセーターを買ったら，次のような表示があった。

A.

> 毛100%

B.

①　　　②　　　③　　　④　　　⑤　　　⑥

(1) A，Bはそれぞれ何を表わす表示か。

(2) それは何のためにつけられているか。

(3) Bについて，洗い方について表示しているものを全て選べ。

(4) Bに従いアイロンをあてる時，底面温度の限度として適当なものを選べ。

　(a) 200℃　　　(b) 180℃　　　(c) 150℃

(5) Bの②および⑥は何をそれぞれ表わすものか答えよ。

解答　(1) A　繊維の品質表示　　B　取扱い表示　　(2) 使用繊維の品質を表示し，それに合った取扱い方を示すため
(3) ①，③　　(4) (c)　　(5) ②　漂白処理はできない。
⑥　脱水後，日陰でのつり干し乾燥がよい。

解説　洗濯表示は，平成28年12月1日より現行の表示に改められた。新旧の対応をよく確認することが望ましい。以下は本出題で挙げられたもの以外の主な表示である。

記号	意味
30	液温は30℃を限度とし，弱い洗濯処理ができる。
✕	洗濯処理はできない。
✕	アイロンかけはできない。
✕	ドライクリーニングはできない。

家庭科 被服【ミシン】

ポイント

　学習指導要領（平成29年3月告示）では，「手縫いやミシン縫いによる目的に応じた縫い方及び用具の安全な取扱いについて理解し，適切にできること。」と示されている。ミシンの構造と運動，取扱い方，布や縫う場所に合った針と糸の選び方，および，具合の悪い場合の原因の見つけ方，処置の仕方などがこの領域ではしっかりと理解されていなければならない。

　ミシン縫いは，①針棒の上下運動　②送り歯の往復運動　③中がまの回転運動　④てんびんの運動によって行われる。ミシンの故障の原因の主なものを列挙すると次のようになる。

(1) 上糸が切れる	（イ）上糸のかけ方がまちがっている。
	（ロ）上糸の調子がつよすぎる。
	（ハ）布地と針や糸が適していない。
(2) 下糸が切れる	（イ）ボビンに正しく巻かれていない。
(3) 重い	（イ）油切れ。
(4) 針が折れる	（イ）針がまがっている。
	（ロ）布地と針や糸が適していない。
(5) 縫い目がとぶ	（イ）針先がまがっている。
	（ロ）布地と針や糸とのつり合いがわるい。

━━━━━━━━━━ **例題1〈被服（ミシン）〉** ━━━━━━━━━━

　次の文は，ミシンの針のつけかえについて説明したものである。（　　）
の①②に当てはまる語句を答えよ。
　・（　①　）を手前に回し，（　②　）を上げる。
　・針どめねじをゆるめ，針をぬき取る。
　・針の平らな面を（　②　）のみぞにさしこみ，針どめねじをしめる。

|解 答| ①　はずみ車　　②　針棒
|解 説| ミシンの針はさしこむ向きが違うと折れる原因になる。

━━━━━━━━━━ **例題2〈被服（ミシン）〉** ━━━━━━━━━━

　次の問いに答えよ。
（1）a～dの名称をイ～ホの中から選び記号で答えよ。

　イ．すべり板　　　　ロ．てんびん　　　ハ．上糸調整装置
　ニ．押え調節ネジ　　ホ．針
（2）上糸の正しいかけ方を次から選び記号で答えよ。
　①　糸立て棒→糸かけ→糸調子ざら→糸案内→糸とりばね→天びん
　　　→糸かけ→はり棒糸かけ→針穴
　②　糸立て棒→糸かけ→天びん→糸調子ざら→糸案内→糸とりばね
　　　→糸かけ→はり棒糸かけ→針穴
　③　糸立て棒→糸かけ→糸調子ざら→天びん→糸案内→糸とりばね
　　　→糸かけ→はり棒糸かけ→針穴

|解 答| （1）a−ロ　b−ハ　c−ホ　d−イ　　（2）①

家庭科　被服【製作】

ポイント

　小学校学習指導要領（平成29年3月告示）では，「生活を豊かにするために布を用いた物の製作計画を考え，製作を工夫すること。」と示されている。

　「袋」の製作においてはアイロンのかけ方，しるしの付け方，まち針のうち方なども重要であり，これらに加えて縫い針，指ぬき，糸切りばさみ，裁ちばさみ，ものさしや巻尺などの適切な取扱いができなくてはならない。危険を伴う用具，例えば，はさみ，針，あるいはアイロンなどについては，指導の際に十分な配慮を要し，針の適当な長さとともにその本数，保管の仕方などにも注意を向けなくてはならないのは言うまでもない。

　被服の手入れに使われる縫い方も，それぞれ縫う被服，場所などによって異なることも理解しておかなくてはならない。例えばほつれたトレーニングパンツのまたがみの補修には，かえし縫いが適当であるし，袋の開きのところなど，頑丈さの要求されるところではすくい返しどめが合っている。また，洋服のすそやそで口などの布端のしまつの仕方に向いているのは，まつり縫いとなっている。

　なお，袋の製作では，採寸の際に縦，横とも緩みを考えておかなくてはならないし，縫い方に応じて袋の底やわき，更にはひも通し口の縫いしろも考慮しなくてはならない。実際にはこの縫い方は，児童の技能や布地の性質，および縫う箇所に応じて，一度縫い，二度縫い，袋縫い，かがり縫い，なみ縫い，まつり縫い，さらにはミシン縫いが用いられることになる。

例題 1 〈被服（製作）〉

　次の文は，2つあなボタンのつけ方について説明したものである。（　　）の①～③に当てはまる語句を答えよ。

・布の裏から針を刺し，ボタンのあなに入れる。

・布の（　①　）だけ糸をゆるめ，3〜4回あなに通す。

・ボタンと（　②　）の間に針を出す。

・3回ぐらい固く糸を巻き，布の裏に針を出して，（　③　）をする。

|解答| ①　厚さ　　②　布　　③　玉どめ

|解説| 小学校の教科書に図付きで記載されているので，参考にして，実際に行ってみるとよい。ボタンには4つあなボタン，足つきボタンなどもある。

━━━━━━━━ **例題 2 〈被服（製作）〉** ━━━━━━━━

　縦22cm，横15cm，厚み7cmの裁縫箱を入れる袋を次の図のように製作しようと思う。このことについて下の問いに答えよ。

(1) 適当な布はどれか。次から2つ選び記号で答えよ。

　　①　綿のブロード　　　②　毛のフラノ

　　③　綿35％・ポリエステル65％のポプリン　　　④　絹

　　⑤　レーヨン

(2) 最低どれだけの大きさの布が必要となるか。

　　①　縦30cm　横40cm　　②　縦30cm　横50cm

　　③　縦30cm　横60cm　　④　縦40cm　横60cm

(3) ミシン針と糸は，それぞれどれを使えばよいか，選んで記号で答えよ。

　　針：①　9番　　②　11番　　③　12番　　④　13番　　⑤　14番

　　糸：①　カタン糸50番　　②　カタン糸100番　　③　カタン糸80番

|解答| (1) ①・③　　(2) ④　　(3) ミシン針：②　　糸：①

家庭科　食物【栄養】

ポイント

　食品と**栄養素（炭水化物，脂肪，たん白質，無機質，ビタミン）**や，そのはたらきについてまとめてみると次のようになる。

　炭水化物は穀物，いも類，砂糖類に多く含まれ，そのはたらきとしては，熱や力のもとになること，余分な分については肝臓や筋肉に蓄積されることがあげられる。

　脂肪はバター，ラード，ごま油，大豆油などに多く含まれ，少しの量で体温を支え，力をつけ，体内に皮下脂肪として蓄えられる。

　たん白質は魚肉，卵，牛乳，チーズなどに含まれているもので，活動力のもととなり，筋肉，内臓，血液などの組織をつくるはたらきをする。

　無機質は骨や歯をつくり，血液中の赤い色素をつくるはたらきをするもので牛乳，小魚，レバー，海藻類に含まれている。またビタミン類のうち，ビタミンAはやつめうなぎ，にんじん，レバーに多く含まれ，体の発育を助けるものである。ビタミンB_1は疲れをとるのに効果があり，豚肉，米のはい芽，大豆などに含まれている。皮膚病を防ぐのに効果のあるビタミンB_2は脱脂粉乳，サバ，レバーなどに含まれている。ビタミンCは病気に対する抵抗力をつけるもので，甘柿，レモン，いちご及び青菜などに多く含まれている。ビタミンDは肝油やレバーに多く含まれており，骨や歯をつくるはたらきをする。

　栄養的分類から食品を6つの**基礎食品群**に分けることができる。**炭水化物性食品，脂肪性食品，たん白質性食品，無機質性食品，緑黄色野菜，淡色野菜**がこれである。このうち，血や肉をつくるものは，たん白質性食品，無機質性食品であり，熱や力のもとになるのは，炭水化物性食品および脂肪性食品がある。淡色野菜や緑黄色野菜はそれぞれビタミンCやカロチンを多く含むもので，体の調子を整えるのに役立つ。

　このような栄養素と食品の関わりは，小学校学習指導要領（平成29年3月告示）「家庭」の第2の1B（3）ア（ア）「体に必要な栄養素の種類と主な働きについて理解すること。」とつながっている。

実際には，学校給食を共通のテーマとすることが考えられるし，また，ひとつの食品にはひとつの栄養素だけではなく，いくつかの栄養素が併せて含まれていることにも気付かせる必要がある。

ビタミンは体のバランスを保つために重要であり，欠乏すると様々な障害をおこすことになる。前記のビタミン類の説明を補うためにビタミンごとに表にしてみると，次の表のようになる。

ビタミンA	・夜盲症やその他，目や皮膚の障害・貧血。 ・病菌に対する抵抗力が弱まり，風邪などをひきやすくなる。
ビタミンB$_1$ ビタミンB$_2$ ナイアシン	・疲れやすくなり，かっけや心臓の衰弱をおこす。 ・口角，舌，鼻の炎症をおこし，目が疲れる。 ・ペラグラや下痢症状をおこし，貧血があらわれる。
ビタミンC	・壊血病・皮下出血 ・疲労しやすく，ストレスに弱い。
ビタミンD	・骨が軟化し，乳幼児期に欠乏するとクル病になる。

■■■■ 例題 1 〈食物（栄養）〉 ■■■■

ビタミンの働きについて説明した文として最も適切なものを次のア～エから1つ選び，記号で答えよ。
ア　ビタミンAは，腸の働きを助け，皮膚や粘膜を健全に保つ。
イ　ビタミンB$_1$は，たん白質の代謝を助け，神経の働きを調節する。
ウ　ビタミンCは，血管を丈夫にし，傷の回復を早める。
エ　ビタミンDは，骨や歯を丈夫にし，脂質の吸収を促進する。

|解答| ウ

|解説| ア　説明はビタミンB$_2$についてのもの。ビタミンAは，眼球の網膜でたん白質と結合し，光の明るさを感じる視紅となる。
　　イ　説明はビタミンB$_6$についてのもの。ビタミンB$_1$は，炭水化物の代謝を助ける酵素の補酵素の構成成分として欠かせない。エ　「脂質」ではなく「カルシウム」の吸収を促進する。

===== 例題 2 〈食物（栄養）〉 =====

　次の（1）〜（3）は栄養素の働きである。①〜⑥の中で，それらの働きをする最もふさわしい食品の組合せはどれか。
（1）主に熱や力のもとになる
（2）主に体をつくる
（3）主に体の調子を整える

　　① フレンチドレッシング，もち，はちみつ，マヨネーズ
　　② あさり，納豆，ほしえび，わかめ
　　③ いちご，トマト，さつまいも，かぼちゃ
　　④ 砂糖，せんべい，油揚げ，のり
　　⑤ キウイ，レモン，ピーマン，チンゲンツァイ
　　⑥ いか，チーズ，バター，ひじき

|解答| （1）①　　（2）②　　（3）⑤

|解説| （1）主に熱や力のもとになるものは，①と④があるが，④には，無機質を多く含む「のり」が入っているので不可。　（2）主に体をつくるものは，②と⑥があるが，⑥には，脂肪を多く含む「バター」が入っているので不可。　（3）主に体の調子を整えるものは，③と⑤があるが，③には，炭水化物を多く含む「さつまいも」が入っているので不可。

===== 例題 3 〈食物（栄養）〉 =====

　次の文中の（　①　）〜（　③　）に当てはまる言葉を，下のア〜コから1つずつ選び，記号で答えよ。

　　米は，（　①　）の流出を防ぐために，ゴミを流す程度にさっと洗う。炊飯の水の量は，米の体積の（　②　）倍である。浸水時間は30分以上とする。火にかけて沸騰するまで（　③　）にする。その後，火加減を調節しながら炊く。消火後10分くらい蒸らす。
　　ア．ビタミンA　　イ．ビタミンB₁　　ウ．ビタミンB₂

エ．ビタミンC　　オ．1.2　　　　カ．1.5
キ．2　　　　　　ク．強火　　　　ケ．中火　　　コ．弱火

解答　① イ　　② オ　　③ ク

━━━━━━━━━ 例題 4 〈食物（栄養）〉 ━━━━━━━━━

栄養を考えた食事について学習を進めている。
(1) この学習で，児童が1食分の献立を考える。栄養のバランスや色ど
　　りなどを考えるほかに，献立作りを行う際に，どのようなことを考
　　えるとよいか。3つ答えよ。
(2) 次の文は何を説明したものか答えよ。
　　(ア) 国民の健康の保持・増進を図る上で摂取することが望ましいエ
　　　　ネルギー及び栄養素の量の基準を示したもの
　　(イ) 食品の可食部100gあたりの主な栄養素の成分値を示したもの

解答　(1) 味のバランス，食べる人の好み，季節（旬のものを入れる），
　　　カロリー，食事の量，費用，時間，調理方法，食事の目的など
　　　から3つ　　(2)（ア）（日本人の）食事摂取基準　　（イ）食品
　　　成分表

解説　(1) ここでは「家族・家庭生活」「消費生活・環境」との関連を
　　　図ることも考えられ，家族の好みや楽しく食事をするための工
　　　夫，地域の特産，季節，環境に配慮した食事作りなど，さまざ
　　　まな視点から献立作成をすることができるよう指導していく必
　　　要がある。　　(2)（ア）この食事摂取基準を満たすために，毎日
　　　の食事でどのような食品を食べればよいかを示したものが「食
　　　品群別摂取量のめやす」である。　　（イ）食品の可食部とは，食
　　　品の皮や骨など食べられない部分を除いた，食品の食べられる
　　　部分を指す。食品成分表を使うと，食品に含まれる栄養素の種
　　　類や量を調べることができる。

家庭科 食物【性質】

ポイント

　調理上，献立上あるいは栄養のバランスを考える面からも，個々の食品の性質，特徴をきちんと理解しておくことは大切である。例えば，緑黄色野菜をいためることの栄養的効果といえば次のようになる。

(1) 短時間加熱により，ビタミンCやカロチンの減少が少ない。

(2) カロチンの吸収率がよくなる（油にとけるから）。

(3) 味付けが豊富でおいしくなる。

(4) 生と違って，衛生的になる。

(5) 保存がきくようになる。

よく問題にされるビタミンの性質をまとめると，次のようになる。

ビタミン	熱	水	脂肪	そ の 他
A	空気にふれると失われやすいが，熱に対しては変わらない。	とけない	とける	カロチンは油で調理すると吸収がよい。
B₁	熱に弱い。乾燥の場合は強いが，湿っていると壊れやすい。	とける	とけない	
B₂	酸にも熱にも強い。	とける	とけない	光線に弱い。
C	熱，アルカリに弱い。	とける	とけない	紫外線によっても壊れる。
D	強い。	とけない	とける	

例題 1 〈食物（性質）〉

　次のそれぞれの文のうち，内容の正しいものをすべて選び，記号で答えよ。

(1) 緑黄色野菜の青菜を油いためすると，ビタミンCやカロチンの減少が少ない。

(2) マヨネーズは卵黄に含まれるビテリンの乳化性を利用してつくられる。

(3) 鶏卵の調理上の性質には，熱による凝固性，卵白の起泡性，卵黄の乳化性があげられる。

(4) ビタミンCは熱に強く，脂肪によく溶ける。

(5) 強化米とは，米にビタミンB₁を補った食品である。

解答 (1)・(3)・(5)

━━━━━━━ **例題 2 〈食物（性質）〉** ━━━━━━━

食品をいためて作る調理実習として，キャベツ，にんじん，ピーマンの三色野菜の油いためを取り上げた。次の (1) ～ (3) の各問いに答えよ。

(1) それぞれの切り方はどのようなものがよいか答えよ。

(2) 野菜を切る理由を3つ答えよ。

(3) 強火でいためる場合，どの順番で野菜を入れるとよいか答えよ。

解答 (1) キャベツ…たんざく切り　　にんじん…せん切り　　ピーマン…せん切り　　(2) 例　① 熱の通りをよくする

② 味をしみこみやすくする　　③ 食べやすくする

(3) にんじん→ピーマン→キャベツ

解説 (1) にんじんは2mm，ピーマンは5mm，キャベツは1cmくらい。

(2) 切る理由として，「熱の通りをよくする・味をしみこみやすくする・食べやすくする・見た目をよくする」があるので，いずれか。　(3) 火の通りにくいものから順に。

━━━━━━━ **例題 3 〈食物（性質）〉** ━━━━━━━

次の文中の（　①　），（　②　）に最も適切な語句を答えよ。

ゆで卵や炒り卵は，卵に含まれるたん白質が（　①　）により（　②　）性質を利用したものである。

解答 ① 熱　② 凝固する

解説 卵の調理特性としては，熱凝固性のほかに，起泡性（かく拌によって泡立つ性質）や乳化性（油を乳化させる性質）などがある。

家庭科 食物【献立】

ポイント

　小学校学習指導要領（平成29年3月告示）「家庭」にある通り，「献立を構成する要素が分かり，1食分の献立作成の方法について理解すること」について指導する。

　この献立づくりでは，栄養のバランス，費用，家族の好み，季節の食品の利用などに留意していかなくてはならない。これによって健康で，よりよく成長していくためのバランスのとれた食事を計画的にとることの必要性を理解していくことになるからである。

例題 1 〈食物（献立）〉

次の献立を見て，下の問いに答えよ。

献　　立	材　　料
トースト	パン，バター
目玉焼き	卵・油・塩・こしょう
キャベツの油いため	キャベツ・油・塩
牛乳	牛乳

(1) 不足していると思われる栄養素は何か。次の中から選び記号で答えよ。
　ア．たん白質　　イ．無機質　　ウ．ビタミンA　　エ．ビタミンC
　オ．脂肪　　　　カ．炭水化物
(2) それを補うためにはどんな食品をとればよいか，次の中から2つ選び記号で答えよ。
　ア．白菜　　イ．もち　　ウ．にんじん　　エ．魚貝
　オ．ねぎ　　カ．ほうれん草

解答　(1) ウ　　(2) ウ，カ

━━━━━━━━ **例題 2 〈食物（献立）〉** ━━━━━━━━

次の表は，ある児童が考えた調理計画である。下の（1）〜（3）の問いに答えよ。

料理名（三色野菜いため）

材料：ピーマン，にんじん，キャベツ，塩，こしょう，バター

作り方：① 野菜を洗う。

   ② 野菜を切る。

    にんじん，ピーマン……せん切り

    キャベツ……………………たんざく切り

   ③ フライパンを火にかける。

   ④ バターを入れる。

   ⑤ <u>野菜を一度に入れ，こげないように弱火でていねいにいためる。</u>

   ⑥ 塩，こしょうで味付けをする。

用　具：ほうちょう，まな板，さいばし

   フライパン（鉄製），ボール，ざる

（1）食品は，その栄養的な特徴によって6つの基礎食品群に分けられる。にんじん，バターが属する食品群をそれぞれ書け。

（2）五大栄養素のうち，キャベツに含まれる主な栄養素と，その栄養素の体内での主な働きを書け。

（3）表中⑤のいため方について，この児童に指導すべきことを2つ書け。

解答 （1）にんじん：3群（緑黄色野菜）　　バター：6群（油脂）

　　　（2）栄養素：ビタミン　　主な働き：体の調子を整える

　　　（3）・一度に入れず火が通りにくい硬い素材から入れる　・強火で短時間にいためると水分が出ずべたつかずにいためられる

家庭科 食物【調理】

ポイント

　小学校学習指導要領（平成29年3月告示）では次のような知識及び技能を身に付けることとしている。

（ア）調理に必要な材料の分量や手順が分かり，調理計画について理解すること。

（イ）調理に必要な用具や食器の安全で衛生的な取扱い及び加熱用調理器具の安全な取扱いについて理解し，適切に使用できること。

（ウ）材料に応じた洗い方，調理に適した切り方，味の付け方，盛り付け，配膳及び後片付けを理解し，適切にできること。

（エ）材料に適したゆで方，いため方を理解し，適切にできること。

（オ）伝統的な日常食である米飯及びみそ汁の調理の仕方を理解し，適切にできること。

例題 1 〈食物（調理）〉

　調理実習の（ア）ゆで卵・目玉焼き，（イ）みそ汁，じゃがいも料理，などについて問いに答えよ。

(1) それぞれの指導学年を書け。

(2) かたゆで卵になるには，沸騰してからのゆで時間はどれくらいか，記号で答えよ。

　　ア．6〜8分　　イ．10〜12分　　ウ．14〜16分

　　エ．18〜20分

(3) 卵黄の主成分は次のうちどれか，記号で答えよ。

　　ア．炭水化物　　イ．無機質　　ウ．脂肪　　エ．たん白質

(4) 卵に含まれないビタミン類を次の中から選び，記号で答えよ。

　　ア．ビタミンA　　イ．ビタミンB_2　　ウ．ビタミンC

　　エ．ビタミンD

(5) 緑黄色野菜をゆでた場合と油いためした場合とでの栄養的な相違

点を2つあげよ。

(6) 換気は十分なのにガスの炎が大きくて赤いときはどうすればよい
か。

(7) こふきいもを作るとき，じゃがいも500gに対して，塩はどれだけ
必要か。次の中から選び，記号で答えよ。

ア．小さじ$\frac{1}{4}$　　　イ．小さじ$\frac{1}{2}$　　ウ．小さじ1

エ．小さじ$\frac{3}{2}$　　　オ．小さじ2

(8) 調理に使用した木綿のエプロンの洗濯について，問いに答えよ。

ア．どんな洗剤を使用したらよいか。

イ．どのように干すか。

ウ．アイロンの温度は何度ぐらいが適当か，下より選べ。

　　a．80〜120℃　　b．140〜160℃　　c．180〜200℃

解答 (1)(ア) 6年　（イ) 5年　(2) イ　(3) ウ　(4) ウ
(5) ①　油いためはビタミンCの損失が少ない。　②　油いた
めはカロチンの吸収がよくなる。　(6) ガスコンロの空気口を
大きく調節して，完全燃焼させる。　(7) ウ　(8) ア　石け
ん　イ　しわがつかないよう軽くしぼり，日当りと風通しの
よいところに干す。　ウ　c

解説 鶏卵はたん白質に富んだ食品で，脂肪，無機質，ビタミンなど
も含んでいる。加熱されると60℃前後で卵白は凝固し，卵黄は
70℃までは流動状態で90℃以上で凝固する。かたゆでとする場
合には，水から入れて10〜15分間ぐらい沸騰させ，最後に冷水
に入れるとよい。新鮮な卵は表面がざらざらしていて光沢がな
く，振ってみても動く感じのしないものである。

===== 例題 2 〈食物（調理）〉 =====

　調理実習でみそ汁をつくるとき，指導上の留意点として適切なものは，次の1～4のうちのどれか。

　1　みそは香りを大切にするために，具を入れてからすぐにみそを入れて煮込むようにする。

　2　みそ汁の具にほうれん草を用いる場合は，色よく仕上げるために，ほうれん草を入れてからやわらかくなるまでよく煮る。

　3　にぼしでだしを取る場合は，味をよくするために，常温の水で旨味成分を浸出させてから沸騰させる。

　4　みその食塩含量は20％であり，加えるみその量は食塩含量に応じて汁の塩分が約5％になるようにする。

| 解答 | 3 |

| 解説 |
　1　みそ汁の「みそ」は香りがとばないように，最後に入れる。

　2　ほうれん草は，しゅう酸というあくが出るので，みそ汁などの汁物に用いるときは，一回ゆでて，みそを入れて味を整えてから最後に入れる。　3　にぼしでだしを取る場合は，30分くらい水につけ，火にかけ沸騰したら2～3分煮るので正しい。

　4　みその食塩含量は，6～13％で，加えるみその量は食塩含量に応じて汁の塩分が約0.8～1％になるようにする。

家庭科　家庭生活・消費生活

ポイント

　消費生活は，小学校家庭科の計画的な物の使い方や購入に対応した内容である。目的にあったものを適切に購入できるようにするための知識として，表示やマークがある。期限表示のなかで，消費期限は腐敗や変質などのおそれのない期限，賞味期限は品質が保持されおいしく食べられる期限である。JASマーク，有機農産物マーク，環境に関するマークなど，マークについて一通りチェックしておくこと。買い方の学習の中で支払方法の一つとして，プリペイドカード，キャッシュカード，クレジットカードなどについても知っておく必要がある。購入の際，問題になる悪質商法とクーリング・オフについての出題も多い。クーリング・オフとは，「頭を冷やす」の意味。訪問販売などで無理に契約や購入をさせられたときに，定められた日数以内なら解約できる制度のことである。

例題 1 〈家庭生活・消費生活〉

次の空欄に適当な文字を入れよ。
　エンゲル係数では高所得の家庭ほど，家計消費支出に占める食費の割合は（　①　）くなり，教育・教養・保健衛生・娯楽費などの割合は（　②　）くなる。なお，住居費・被服費の割合は，低所得・高所得ともにほぼ（　③　）であると言われている。

解答　①　低　　②　高　　③　一定

解説　エンゲル係数とは，ドイツの統計学者エンゲル（1821〜1896）が明らかにしたもので，家計総支出額に占める食費の支出割合を指している。所得の高い家庭ほどこの係数は小さいので，これを利用して生活水準を推定する尺度として使われるようになった。ところで，家庭生活のもつ機能については，多くの面から考えられるがまず家庭の成員に精神的・物質的生活の安定

を与えることがあげられる。次に，世代の継続や，子どもの保護，老人の保護などが考えられるし，社会の一単位として，社会生活の基礎経験を与えることも無視できない。

━━━━━ 例題 2 〈家庭生活・消費生活〉 ━━━━━

家庭の収入と支出について，次の (1) ～ (3) の各問いに答えよ。

(1) 次の文中の （ ① ） ～ （ ④ ） に当てはまる語句を，下のア～コから1つずつ選び，記号で答えよ。ただし，同じ番号には，同じ語句が入る。

　家計収入の実収入には，定期的に受け取る （ ① ） 収入と，臨時に受け取る （ ② ） 収入とがある。（ ① ） 収入には，勤め先から受け取る給与や，土地や建物を貸している場合の賃貸料などがある。（ ② ） 収入には，入学祝いのような受贈金などが該当する。

　消費支出は，一般に，高齢者世帯では，（ ③ ） 費と交際費の割合が高くなる傾向が見られる。

　また，借家世帯では，相対的に （ ④ ） 費の割合が高くなる。

ア．特別　　イ．基本　　ウ．経常　　　エ．社会
オ．教育　　カ．食物　　キ．保健医療　　ク．光熱
ケ．住居　　コ．交通・通信

(2) 社会保険料は，どの支出に当てはまるか。次のア～ウから1つ選び，記号で答えよ。

ア．消費支出　　イ．非消費支出　　ウ．実収入以外の支出

(3) 収入から非消費支出を引いたもので，実際に家計で自由に使えるお金のことを何と言うか。次のア～エから1つ選び，記号で答えよ。

ア．勤労所得　　イ．特別収入　　ウ．可処分所得
エ．生活所得

解答 (1) ① ウ　② ア　③ キ　④ ケ　(2) イ
(3) ウ

家庭科　住生活

ポイント

①身の回りを快適に整える

　快適さとは，気持ちよく居心地のよい状態であり，室内の環境が衛生的に清潔であったり，室温や明るさなどが適度で健康によく，過ごしやすい状態をいう。小学校家庭科では室内を快適に整える手立てを調べ，工夫して気持ちのよい住まい方ができるようにする。

②室内の暖かさ

　日照（日当たり）をよくして暖かく住まう工夫の他，暖房器具やカーテンなどの効果的な使い方を調べる。

③風通し

　夏に涼しく住まうために，風通しをよくする工夫のしかたや，室内の湿度を低くするための工夫を調べる。

④明るさ

　室内を適度に明るくするために，日光を取り入れる工夫や，照明器具の用い方を調べる。

例題 1 〈住居〉

次のそれぞれの問いに答えよ。
(1) 室内を暖かく保つためには，暖房器具を使用する他にどんな点に留意すべきか，2点あげよ。
(2) 夏に住居の風通しをよくするためには，どのような工夫が望ましいか，2点あげよ。

|解答| (1)　・日光が室内に差し込むようにする　　・暖まった空気がすき間から逃げないようにする　　(2)　・戸や窓を開けて室内に風の入る所と出る所をつくる。　　・ふすまやしょうじをはずしたり，家具の置き場所をかえたりして風をさえぎらないようにする。

解説 適当な部屋の温度および湿度は，一般にそれぞれ，夏25℃〜28℃・55%〜65%，冬18℃〜22℃・45%〜60%である。冬期において寒さを防ぐには，南向きの窓を設けて日射を十分にとり入れるようにしたり，建物の断熱性を高め，すきま風を防ぐ工夫をしたりすることなどが考えられる。暖房器具の効率的利用も大切である。とくにこの際には換気に十分注意しなければならない。燃焼暖房器具が不完全燃焼していたり，換気が不十分だったりすると，一酸化炭素中毒の危険性が高い。大体空気中に0.02%程度の一酸化炭素濃度が見られると，頭痛症状がおきてくるといわれる。反対に防暑のためには，家具の配置をかえて通風をよくしたり，極力直射日光の影響を避ける日よけだな，ブラインド，カーテン，すだれなどを活用するとよい。

例題2〈住居〉

住まいについて，次の各文の（　　）内に当てはまる適切な語句を答えよ。

(1) 近年，入居したばかりの新築住宅で，頭痛や息苦しさなどの症状があらわれる（　ア　）症候群が問題になっている。気密性や断熱性の高い建物では，ダニなどの害虫や結露も生じやすい。

(2) 日当たりがよく，通風のよいことは住宅にとって大切な要素である。日本では，夏は日があまり差し込まず，冬は差し込む（　イ　）向きの家がよい。

(3) 太陽熱を利用して，暖房や給湯，場合によっては冷房を行う住宅もある。これを（　ウ　）ハウスとよぶ。低価格化とさらなる改良で普及することが期待されている。

解答 ア　シックハウス　イ　南　ウ　ソーラー

解説 シックハウス症候群は，住宅の高気密化による空気汚染，湿度による細菌，カビ，ダニが繁殖，ストーブから放出される一酸化炭素などの汚染物質などが原因で起こる。

家庭科　学習指導要領

ポイント

==== 平成29年改訂の要点 ====

① 目標の改善について

(1) 教科の目標

　家庭科において育成を目指す資質・能力については，中央教育審議会答申（平成28年12月21日）にて実践的・体験的な学習活動を通して，家族・家庭，衣食住，消費や環境等についての科学的な理解を図り，それらに係る技能を身に付けるとともに，生活の中から問題を見いだして課題を設定しそれを解決する力や，よりよい生活の実現に向けて，生活を工夫し創造しようとする態度等を育成することを基本的な考え方とし，整理が行われた。これを受け，教科の目標は次のように示された。

　生活の営みに係る見方・考え方を働かせ，衣食住などに関する実践的・体験的な活動を通して，生活をよりよくしようと工夫する資質・能力を次のとおり育成することを目指す。

(1) 家族や家庭，衣食住，消費や環境などについて，日常生活に必要な基礎的な理解を図るとともに，それらに係る技能を身に付けるようにする。

(2) 日常生活の中から問題を見いだして課題を設定し，様々な解決方法を考え，実践を評価・改善し，考えたことを表現するなど，課題を解決する力を養う。

(3) 家庭生活を大切にする心情を育み，家族や地域の人々との関わりを考え，家族の一員として，生活をよりよくしようと工夫する実践的な態度を養う。

　また，「生活の営みに係る見方・考え方」とは，中央教育審議会答申では「家族や家庭，衣食住，消費や環境などに係る生活事象を，協力・協働，健康・快適・安全，生活文化の継承・創造，持続可能な社会の構築

等の視点で捉え，よりよい生活を営むために工夫すること」として示している。

② 内容の改善について

内容については，「A　家族・家庭生活」「B　衣食住の生活」「C　消費生活・環境」の3領域で構成されている。従来の内容「B　日常の食事と調理の基礎」「C　快適な衣服と住まい」は，「B　衣食住の生活」に統一された。それぞれの領域の中で〔知識及び技能〕〔計画し工夫すること〕を反映した指導事項が設定されている。

━━━━━━ 例題 1 〈学習指導要領〉 ━━━━━━

次の文は，小学校学習指導要領（平成29年3月告示）「家庭」に示されている教科の目標である。文中の空欄に当てはまる語句を答えよ。
(1) 家族や家庭，衣食住，消費や環境などについて，（　①　）に必要な基礎的な理解を図るとともに，それらに係る技能を身に付けるようにする。
(2)（　①　）の中から問題を見いだして課題を設定し，様々な解決方法を考え，実践を（　②　）し，考えたことを表現するなど，課題を解決する力を養う。
(3)（　③　）を大切にする心情を育み，家族や地域の人々との関わりを考え，家族の一員として，生活をよりよくしようと（　④　）する実践的な態度を養う。

解答　①　日常生活　　②　評価・改善　　③　家庭生活
　　　④　工夫

━━━━━━ 例題 2 〈学習指導要領〉 ━━━━━━

次の文は，小学校学習指導要領（平成29年3月告示）「家庭」に示されている第5学年及び第6学年の内容の一部である。文中の（　ア　）〜

（　エ　）に当てはまる語句を下のA～Hから1つずつ選び，記号で答えよ。
〇衣服の着用と手入れ
　　・　衣服の主な（　ア　）が分かり，季節や状況に応じた日常着の快適な着方について理解すること。
　　・　日常着の手入れが必要であることや，ボタンの付け方及び（　イ　）の仕方を理解し，適切にできること。
〇快適な住まい方について，次の事項を指導する。
　　・　住まいの主な働きが分かり，（　ウ　）の変化に合わせた生活の大切さや住まい方について理解すること。
　　・　住まいの整理・整頓や（　エ　）の仕方を理解し，適切にできること。

A　清掃　　　B　修繕　　　C　役割　　　D　アイロンかけ
E　洗濯　　　F　温度　　　G　季節　　　H　働き

解答　ア　H　イ　E　ウ　G　エ　A

例題 3 〈学習指導要領〉

次の文は，小学校学習指導要領（平成29年3月告示）「家庭」の「内容」における「衣食住の生活」の一部である。各空欄に適する語句を答えよ。
(2)　調理の基礎
　ア　次のような知識及び技能を身に付けること。
　　（ア）調理に必要な材料の分量や（　①　）が分かり，調理計画について理解すること。
　　（イ）調理に必要な用具や食器の安全で衛生的な取扱い及び（　②　）の安全な取扱いについて理解し，適切に使用できること。
　　（ウ）材料に応じた洗い方，調理に適した切り方，（　③　），盛り付け，配膳及び後片付けを理解し，適切にできること。
　　（エ）材料に適したゆで方，（　④　）を理解し，適切にできること。
　　（オ）伝統的な日常食である（　⑤　）及びみそ汁の調理の仕方を

　　　理解し，適切にできること。

イ　おいしく食べるために調理計画を考え，調理の仕方を工夫すること。

解答　① 手順　② 加熱用調理器具　③ 味の付け方
　　　　④ いため方　⑤ 米飯

解説　家庭科の調理に関してのこれらの事項のうち，「材料に応じた」「調理に適した」などの文言は学習内容がより実践的なものとなるよう今回の学習指導要領改訂で書き加えられたものである。

例題 4 〈学習指導要領〉

　次の文は，小学校学習指導要領（平成29年3月告示）「家庭」における，「第3　指導計画の作成と内容の取扱い」の一部である。①～⑤に当てはまる言葉を書け。

・　指導に当たっては，コンピュータや（　①　）を積極的に活用して，実習等における情報の（　②　）や，実践結果の発表などを行うことができるように工夫すること。

・　生活の（　③　）の基礎を培う基礎的・基本的な知識及び技能を習得するために，調理や製作等の手順の（　④　）について考えたり，実践する喜びを味わったりするなどの（　⑤　）な活動を充実すること。

解答　① 情報通信ネットワーク　② 収集・整理　③ 自立
　　　　④ 根拠　⑤ 実践的・体験的

解説　上の文章は「第3　指導計画の作成と内容の取扱い」2の（2），下の文章は（3）による。

●小学校学習指導要領 (平成 29 年 3 月告示)

家庭科 学習指導法

ポイント

　小学校学習指導要領（平成29年3月告示）には，実習の指導に当たっては次の事項に配慮することと示している。

(1) 施設・設備の安全管理に配慮し，学習環境を整備するとともに，熱源や用具，機械などの取扱いに注意して事故防止の指導を徹底すること。

(2) 服装を整え，衛生に留意して用具の手入れや保管を適切に行うこと。

(3) 調理に用いる食品については，生の魚や肉は扱わないなど，安全・衛生に留意すること。また，食物アレルギーについても配慮すること。

　特に(1)については，ガスコンロなどを使用する際の事故防止に十分留意しなければならない。換気に十分留意して不完全燃焼をさけるとともに，火災や火傷を防ぐことに注意して指導を行う。

━━━━━ **例題 1 〈学習指導法〉** ━━━━━

　調理実習の指導をするときの衛生上の留意点について具体的に2つ書け。

解答　・エプロン・三角巾を正しく身に付けさせるなど服装を整えさせる。　・生の魚や肉は扱わない。　　など

解説　服装については，活動がしやすく安全性に配慮したものを準備して着用するように指導することが重要である。また，手指を十分に洗うなどの指導も有効である。

═══════ **例題 2 〈学習指導法〉** ═══════

調理実習の指導をするときの熱源や用具, 機械などを取扱う上での留意点について具体的に2つ書け。

解答 ・熱源の回りにふきんやノート類などの燃えやすい物を置かせない。　・換気を適宜行う。　・後片付け時, 茶碗などを重ねすぎないようにさせる。　などから2つ

解説 事故防止や衛生面の管理などの観点から留意すべき事項を挙げる。

═══════ **例題 3 〈学習指導法〉** ═══════

生活に役立つ「きんちゃく袋」を製作する際, 児童が主体的に製作に取り組めるようにしたい。そのため, おおよその形や大きさを決めたり, 製作計画を立てたりする授業の場面で, 体験的な学習活動を設定したい。具体的にどのような体験的な学習活動が考えられるか。具体的に答えよ。

解答 ・袋の構成を理解したり, おおよそ使用する布の分量を予想したりするために, 紙を使ってモデルを作成させる。　・すでに出来上がっている布製の袋をよく観察させる。　など

解説 おおよその形や大きさを決めたり, 製作計画を立てたりする授業の場面とあるので, 実際に入れるものを想定させ, それに適したきんちゃく袋の計画が立てられるよう, 工夫する。すでに出来上がっている袋についても, ただ観察するだけでなく, 中に入れる物やきんちゃく袋をそれぞれ数種類用意して, 大きさに対する袋のゆとりや, 重さに対する紐の太さの最適性などを検討させるといった工夫もできるだろう。

●小学校学習指導要領 (平成 29 年告示) 解説「家庭編」(平成 29 年7月)

第8章

体育科

体育科 体育理論

ポイント

　中学校及び高等学校の学習指導要領では、「体育理論」で学ぶべき内容が示されている。そのねらいは、ともに運動領域と関連を図りながら、合理的な運動実践の方法と、現代社会におけるスポーツの意識や必要性について知的側面から理解を深め、体育科の目標達成に寄与することである。小学校学習指導要領においては、「体育理論」に関する内容が示されていない。しかしながら、小学校でも運動・スポーツに内包されている楽しさや喜びの特性を正しく理解させること、及び「保健」の学習などを通じて、（生涯にわたって）継続的に運動するために必要な基礎的・基本的な事項等の習得を図る必要がある。

　体育科の目標の1つに「健康の保持増進と体力の向上」があげられている。従って体力についての考え方を充分理解しておかなければ、その目標達成が効果的にできない。

─────── 例題 1 〈体育理論〉 ───────

体力について次の図表を完成せよ。

※〔　　〕は主として関係する器官

解答　①　行動力　　②　瞬発力　　③　全身持久力　　④　調整
　　　　⑤　敏しょう性

解説　体力とは人間の諸活動の基礎となる身体能力である。この能力は暑さや寒さ，病気などに耐えて，生命を維持していく抵抗力と，自分から進んで興していく行動力とに分けられる。前者を防衛体力，後者を行動体力と言うこともできる。体育科では種々の運動をとおして学習がすすめられる。換言すれば種々の運動をすることにより，体力の向上を図ることが体育科の学習である。従って体力を運動をするという積極的な活動との結びつきで，つまり行動体力の側面から捉えておかなければならない。行動体力を運動との関連で考えてみると運動を発現するものとしての筋持久力，運動を維持するものとしての全身持久力・筋持久力運動を調整するものとして調整力と柔軟性が考えられる。調整力は細かに見てみると，平衡性，巧ち性，敏しょう性とに分けて捉えることができる。また，行動体力を「からだの動き」との関連で捉えると，筋力を「力強い動き」と言い表わすこともできる。雲梯の懸垂移行・人運びなどがその動きにあたる運動の例である。持久力は「長く続ける運動」でマラソンなどがその例である。巧ち性は「バランスのとれた動き，リズミカルな動き，タイミングのよい動き，正確な動き」で平均台・スキップ・なわとびなどが挙げられる。敏しょう性は「すばやい動き」で，馬とび，くぐりぬけなどである，柔軟性は「柔らかい動き」で，マット運動などがその例である。体力の向上ということを発達段階に即して捉えると，脳の発達の著しい10歳頃までは，調整力も伸びることが明らかにされている。従って敏しょう性・巧ち性・平衡性など神経系の動きを包含した調整力の養成がこの時期の体力向上の主眼となる。筋力は小学生では目立った伸びは示さないが高学年から中学生にかけては発達が見られる。運動を長く維持させる力である持久力は，呼吸器，循環器とのかかわりもあり，むりせずに子どもの実態に即した指導が大切である。小学生時代は，神経系のはたらきが完成の域にまで近づくと言われている。この期を失うと，運動神経の発達を大きくそこなうことになる。調整力の養成は小学校体育の要である。

例題 2 〈体育理論〉

体ほぐしの運動のねらい及びその運動の仕方の記述として適切なものは，次の1〜4のうちのどれか。

1 体ほぐしの運動のねらいは，児童の体力の向上を直接のねらいとしてつくられた運動であり，自己の体力や生活の状況に応じて各種の運動が実践できるようにする。

2 体ほぐしの運動は，小学校の低・中学年で実施する「基本の運動」とは趣旨が異なるため，別途指導計画に位置付けて実施するようにする。

3 体ほぐしの運動の指導は，学習指導要領に示されている技能の内容の習得状況に応じて，児童に数多くの課題を設定させ，多様な学習方法を用いて進めるようにする。

4 体ほぐしの運動は，運動そのものの楽しさや心地よさを味わうとともに，精神的なストレス等の解消に役立てるなど，心と体の問題に対処するために用いるようにする。

解答 4

解説 体ほぐしの運動を取り上げた背景としては，日常生活において，運動遊びなどの体を動かす体験の減少，精神的なストレスの増大等，児童の成育環境が変化することによって，体力・運動能力の低下傾向や活発に運動をする者とそうでない者に二極化している状況をあげることができる。このような状況を踏まえると，生涯にわたり積極的に運動に親しんでいく一つの基盤として，すべての児童が体を動かす楽しさや心地よさを体験する機会をもつことが大切になる。そのためにも体と心をほぐし，リラックスできるような運動を体験する必要がある。このような考え方から，体ほぐしの運動は，運動そのものの楽しさや心地よさを味わうとともに，精神的なストレス等の解消に役立てるなど，心と体の問題に対処するために用いるようにする。

体育科　新体力テスト

ポイント

　「新体力テスト」を構成するテスト項目は，運動能力を構成する基本的な体力要素であるスピード，全身持久力，筋パワー（瞬発力），巧ち性，筋力，筋持久力，柔軟性および敏しょう性に対応しており，そのうち，心肺持久力，筋力・筋持久力および柔軟性は健康に関連した体力となる。また，走，跳，投能力は，基礎的運動能力と考えられる。「新体力テスト」で測定評価される体力要素をまとめると，次のようになる。

基礎運動能力評価	テスト項目	体力評価	健康評価
走	50m走	スピード	
	20mシャトルラン	全身持久力	心肺持久力
跳	立ち幅とび	筋パワー	
投	ボール投げ	巧ち性・筋パワー	
	握力	筋力	筋力
	上体起こし	筋力・筋持久力	筋持久力
	長座体前屈	柔軟性	柔軟性
	反復横とび	敏しょう性	

例題 1 〈新体力テスト〉

次の体力測定種目はそれぞれ何の力を測定するものか。
(1) 反復横とび　　(2) 立ち幅とび　　(3) 握力
(4) 長座体前屈　　(5) 20mシャトルラン

解答　(1) 敏しょう性　　(2) 筋パワー　　(3) 筋力　　(4) 柔軟性
(5) 全身持久力

解説　平成11年度の体力，運動能力調査から導入した「新体力テスト」を用いて，体力・運動能力の調査が実施されている。文部科学省から「新体力テスト─有意義な活用のために─」が刊行されているので，測定の準備，方法，記録，実施上の注意，実施上の一般的な注意，新体力テストのねらいと特徴などについて学習しておく必要がある。

体育科　各種の運動

ポイント

体育科の内容構成は次表のとおりである。

学年	1・2	3・4	5・6
領域	体つくりの運動遊び	体つくり運動	
	器械・器具を使っての運動遊び	器械運動	
	走・跳の運動遊び	走・跳の運動	陸上運動
	水遊び	水泳運動	
	ゲーム		ボール運動
	表現リズム遊び	表現運動	
		保健	

━━━━━ 例題 1 〈各種の運動〉 ━━━━━

次のそれぞれの（　　）内にふさわしい語を下から選び，記号で答えよ。

　各種の運動のねらいの中心は（　①　）を身につけ，各種の運動の基礎となる（　②　）ができるようにし，力一杯（　③　）喜びを体得させるとともに（　④　）ことにある。このことから一般にいわれている基本運動とも異なり（　⑤　），スポーツ，ダンスなどとも異なった特性を持っているといえる。

　（ア）よりよい動き　　（イ）体の基本的な動き
　（ウ）体力を高める　　（エ）活動する
　（オ）体操

解答　①（イ）　②（ア）　③（エ）　④（ウ）　⑤（オ）

━━━━ 例題 2 〈各種の運動〉 ━━━━

　小学校学習指導要領（平成29年3月告示）の「体育」に関する次の各問いに答えよ。

（1）第3学年及び第4学年における「2　内容」の「E　ゲーム」では，3つの型のゲームが示されている。このうち2つの型のゲームは次のとおりであるが，残り1つの型のゲームは何か。（　　）に当てはまる語句を書け。

　　　　　ゴール型ゲーム　　　ネット型ゲーム　　（　　）型ゲーム

（2）次の文は，第5学年及び第6学年における「2　内容」の「A　体つくり運動」の一部である。（　　）に当てはまる語句を書け。

　　（　　）の運動では，手軽な運動を行い，心と体との関係に気付いたり，仲間と関わり合ったりすること

|解 答| （1）ベースボール　　（2）体ほぐし

|解 説| （1）ボール運動は，攻守の特徴や共通する動き・技能を系統的に身に付けるという視点から，第3学年及び第4学年では，ゴール型ゲーム，ネット型ゲーム，ベースボール型ゲームと分類された。　（2）第5学年及び第6学年の体つくり運動は，体ほぐしの運動と体の動きを高める運動で構成されている。

体育科 語句

ポイント

　語句は，単にことばの意味を知るだけでなく，運動の内容との関連で理解されなければならない。

　陸上運動では，**テイクオーバーゾーン，コーナートップ，スタンディングスタート，インターバル，ストライド**などが重要な語句である。

　ボール運動では，**トリッピング，ドリブル，ダブルドリブル，ハンドリング，ホールディング，トラベリング**などが重要な語句である。

　その他体育の学習理論や，方法論にかかわる語句もある。「より強き機能的活動は器官の質的変化を生じ能力を上昇せしめ，また形態的にも変化を生じ活動を容易ならしめる」というルーの法則や，内臓の発育を**リンパ型，神経型，一般型，生殖型**の4つに分けた「**スキャモンの発育曲線**」などがそれに当たる。また，特殊な問題としては，リーグ戦やトーナメント方式での試合数の計算などもある。公式を覚えておいた方がよい。

例題 1 〈語句〉

次のことばを説明せよ。
(1) 防衛体力　　(2) 行動体力

解答　(1) 抵抗力とも言い，暑さ寒さなどの様々な環境に適応していく力。　(2) 行動力とも言い，積極的に活動していく力。体育科では主として，この行動体力の側面から体力を問題とする。

解説　体力づくりは体育学習の重点目標である。従って，上記のような体力をどう理解するかということとかかわる語句は，最も重要なことばの1つであろう。

例題 2 〈語句〉

次の文中の（　　）内に当てはまる適切な語句を答えよ。

(1) 健康とは，単に病気や虚弱でない状態をいうのではなく，身体的にも，精神的にも，そして，（　ア　）にも完全に良好な状態のことである。

(2) 第二次性徴の発現には，下垂体前葉から分泌される（　イ　）ホルモンが関与する。

(3) 反動やはずみを利用せずに，ゆっくりと決められた一定の方向で，いろいろな部位の筋肉を伸ばす体操を（　ウ　）という。

(4) 体力テストの中で，スタート音で走り出し，次の音がなるまでに20m先のラインをこえるか，踏むことを繰り返す種目を（　エ　）という。

(5) 走り幅跳びの跳んだ距離は，ふみ切り線に対して（　オ　）に測る。

(6) バレーボールで，サーブ権にかかわらず得点が入るルールを（　カ　）制という。

(7) （　キ　）システムとは，水泳指導のときにとられる安全管理の方法であり，二人組または三人組をつくらせ，互いに相手の安全を確認しながら練習する方法である。

(8) 器械運動は，ドイツ体操を創案した（　ク　）によってつくられた。

(9) ソフトボールで，サインにより3塁ランナーが投球と同時にスタートし，バッターはどんな投球でもバントするプレイを（　ケ　）という。

(10) 一酸化炭素は，血液中の（　コ　）と親和性が強い。

解答 ア．社会的　　イ．性腺刺激　　ウ．ストレッチ　　エ．20mシャトルラン　　オ．直角　　カ．ラリーポイント　　キ．バディ　　ク．ヤーン　　ケ．スクイズ　　コ．ヘモグロビン

体育科　保健理論

ポイント

　保健領域は，第3学年及び第4学年の2学年間で8単位時間，第5学年及び第6学年の2学年間で16単位時間が標準とされている。この時間を効果的に生かすためには，特に能率的で効果的な指導が行われなければならない。保健領域の学習のねらいの1つは，身近な生活における健康に必要な基礎的な知識の習得を図ることである。

　保健領域の内容は，第3学年及び第4学年の「健康な生活」では，1日の生活の仕方について理解できるようにする。「体の発育・発達」では，年齢に伴って体つきが変化し，体の発育・発達には個人差が出ることを理解できるようにする。第5学年及び第6学年の「けがの防止」では，交通事故や学校生活などにおける事故の起こり方や防ぎ方，さらに簡単な手当ての仕方などができるようにさせる。「心の健康」では，心と体は密接に関係し，さまざまな生活経験を通して発達することや，不安や悩みにはいろいろな対処の方法があることを理解させる。「病気の予防」では，病原体や生活習慣病など生活行動が主な原因として起こる病気，喫煙・飲酒・薬物乱用などの行為など健康を損なう原因を理解する。

例題 1 〈保健理論〉

　小学校学習指導要領「体育」に示されている第5学年及び第6学年の内容である「保健」において，4つの要因がかかわりあって病気が起こると書かれてあるが，それらの要因をすべて書け。

解答	病原体，体の抵抗力，生活行動，環境
解説	第5学年・第6学年の内容である「病気の予防」では，「病原体を体の中に入れないことや病原体に対する体の抵抗力を高めること及び望ましい生活習慣を身に付けることが必要である」とされている。

■■■■■■■■ 例題 2 〈保健理論〉 ■■■■■■■■

けが等の手当に関する記述として適切なものを，次の1〜4から1つ選べ。

1 つき指をした場合は，つき指をした関節の上部を引っぱり，関節の状態を修復する。
2 鼻血が出た場合は，顔を上に上げ，すぐに手の側面で首の後ろをたたいて止血する。
3 目にゴミが入った場合は，清潔な水の中に顔をつけてまばたきをしながら洗浄する。
4 ねんざをした場合は，経過観察後，その部位に腫れが現れた時点で冷やすようにする。

解答 3

解説 つき指は"一種のねんざ"で，ときには骨折や脱臼，腱の断裂などを伴うことがあるので軽視してはいけない。まして，つき指をした関節の上部を引っぱってはいけない。処置としては，できるだけ早く患部を冷やす。鼻血が出た場合は，首の後ろ（うなじ）をたたいても止血にはならないし，また，何の効果もない。処置としては，鼻をしっかりつまみ（小鼻といわれる部分），やや顎を引き口で息をする（鼻血は飲み込まないようにする）。椅子に座らせるか壁によりかからせると楽になる。額から鼻のあたりを氷のうなどで冷やす。目にゴミが入った場合は，清潔な水の中に顔をつけてまばたき（目をパチパチする）しながら洗浄する。取れないときは下まぶたを引いたり，上まぶたをひっくり返したりして，ガーゼや綿棒をぬらしてそっとぬぐい取るようにする。ねんざをした場合は，すぐに冷たい水に30分ほどつけて冷やすことが肝要。経過観察などの時間をとる必要はない。

体育科　学習指導要領

ポイント

■■■■■■■■■■■■■■■■■■■■■ 平成29年改訂の要点 ■■■■■■■■■■■■■■■

① 目標の改善について

(1) 教科の目標

　体育科において育成を目指す資質・能力については，中央教育審議会答申（平成28年12月21日）にて，心と体を一体としてとらえ，生涯にわたって健康を保持増進し，豊かなスポーツライフを実現する資質・能力を育成することを重視する観点から，「知識・技能」，「思考力・判断力・表現力等」，「学びに向かう力・人間性等」の3つの柱に沿って整理した。これを受け，教科の目標は次のように示された。

> 　体育や保健の見方・考え方を働かせ，課題を見付け，その解決に向けた学習過程を通して，心と体を一体として捉え，生涯にわたって心身の健康を保持増進し豊かなスポーツライフを実現するための資質・能力を次のとおり育成することを目指す。
> (1) その特性に応じた各種の運動の行い方及び身近な生活における健康・安全について理解するとともに，基本的な動きや技能を身に付けるようにする。
> (2) 運動や健康についての自己の課題を見付け，その解決に向けて思考し判断するとともに，他者に伝える力を養う。
> (3) 運動に親しむとともに健康の保持増進と体力の向上を目指し，楽しく明るい生活を営む態度を養う。

　従前より示し方が変更され，先述の3つの柱に対応して (1) ～ (3) の目標が示された。それぞれ (1) が「知識・技能」，(2) が「思考力・判断力・表現力等」，(3) が「学びに向かう力・人間性等」による。

　また，「体育や保健の見方・考え方」とは，同答申では「体育の見方・考え方」を「運動やスポーツを，その価値や特性に着目して，楽しさや

喜びとともに体力の向上に果たす役割の視点から捉え，自己の適性等に応じた『する・みる・支える・知る』の多様な関わり方と関連付けること」，「保健の見方・考え方」を「個人及び社会生活における課題や情報を，健康や安全に関する原則や概念に着目して捉え，疾病等のリスクの軽減や生活の質の向上，健康を支える環境づくりと関連付けること」として示している。

(2) 各学年の目標

〔第1学年及び第2学年〕
(1) 各種の運動遊びの楽しさに触れ，その行い方を知るとともに，基本的な動きを身に付けるようにする。
(2) 各種の運動遊びの行い方を工夫するとともに，考えたことを他者に伝える力を養う。
(3) 各種の運動遊びに進んで取り組み，きまりを守り誰とでも仲よく運動をしたり，健康・安全に留意したりし，意欲的に運動をする態度を養う。

〔第3学年及び第4学年〕
(1) 各種の運動の楽しさや喜びに触れ，その行い方及び健康で安全な生活や体の発育・発達について理解するとともに，基本的な動きや技能を身に付けるようにする。
(2) 自己の運動や身近な生活における健康の課題を見付け，その解決のための方法や活動を工夫するとともに，考えたことを他者に伝える力を養う。
(3) 各種の運動に進んで取り組み，きまりを守り誰とでも仲よく運動をしたり，友達の考えを認めたり，場や用具の安全に留意したりし，最後まで努力して運動をする態度を養う。また，健康の大切さに気付き，自己の健康の保持増進に進んで取り組む態度を養う。

〔第5学年及び第6学年〕
(1) 各種の運動の楽しさや喜びを味わい，その行い方及び心の健康やけがの防止，病気の予防について理解するとともに，各種の運動の特性に応じた基本的な技能及び健康で安全な生活を営むための技能

> を身に付けるようにする。
> (2) 自己やグループの運動の課題や身近な健康に関わる課題を見付け，その解決のための方法や活動を工夫するとともに，自己や仲間の考えたことを他者に伝える力を養う。
> (3) 各種の運動に積極的に取り組み，約束を守り助け合って運動をしたり，仲間の考えや取組を認めたり，場や用具の安全に留意したりし，自己の最善を尽くして運動をする態度を養う。また，健康・安全の大切さに気付き，自己の健康の保持増進や回復に進んで取り組む態度を養う。

　各学年の (1) は答申で示された「知識・技能」の内容を，(2) は「思考力・判断力・表現力等」の内容を，(3) は「学びに向かう力・人間性等」の内容を反映している。

② 内容の改善について

　内容の構成については，以下の通りである。

　第1学年及び第2学年は「体つくりの運動遊び」「器械・器具を使っての運動遊び」「走・跳の運動遊び」「水遊び」「ゲーム」「表現リズム遊び」で構成されている。主な変更は領域名が「体つくり運動」→「体つくりの運動遊び」に変更されたことと，「水遊び」の指導事項が「水に慣れる遊び」→「水の中を移動する運動遊び」，「浮く・もぐる遊び」→「もぐる・浮く運動遊び」に変更されたことなどである。

　第3学年及び第4学年は，体育分野が「体つくり運動」「器械運動」「走・跳の運動」「水泳運動」「ゲーム」「表現運動」，保健分野が「健康な生活」「体の発育・発達」で構成されている。主な変更は「水遊び」の指導事項が「浮く運動」→「浮いて進む運動」，「泳ぐ運動」→「もぐる・浮く運動」に変更されたことなどである。

　第5学年及び第6学年は，体育分野が「体つくり運動」「器械運動」「陸上運動」「水泳運動」「ボール運動」「表現運動」，保健分野が「心の健康」「けがの防止」「病気の予防」で構成されている。主な変更は「体つくり運動」の指導事項が「体力を高める運動」→「体の動きを高める運動」に変

更され，「水泳運動」の指導事項に「安全確保につながる運動」が新たに加わったことなどである。

　詳細な指導事項については，答申で示された「知識・技能」「思考力・判断力・表現力等」「学びに向かう力・人間性等」の柱に沿って整理されているので，確認する。

━━━━━━ **例題 1 〈学習指導要領〉** ━━━━━━

　次の文は，小学校学習指導要領（平成29年3月告示）「体育」の目標である。文中の（　①　）〜（　③　）に入るものを下のア〜カからそれぞれ1つ選び，記号で答えよ。

　　体育や保健の見方・考え方を働かせ，課題を見付け，その解決に向けた学習過程を通して，（　①　）捉え，生涯にわたって（　②　）し（　③　）を実現するための資質・能力を次のとおり育成することを目指す。

　　ア　体力と運動能力を一体として
　　イ　心身の健康を保持増進
　　ウ　楽しく明るい生活
　　エ　心と体を一体として
　　オ　技術と体力を向上
　　カ　豊かなスポーツライフ

|解答|　①　エ　　②　イ　　③　カ

|解説|　体育科の目標は，学校教育法第29条「小学校は，心身の発達に応じて，義務教育として行われる普通教育のうち基礎的なものを施すことを目的とする」を踏まえている。

━━━━━━ **例題 2 〈学習指導要領〉** ━━━━━━

　小学校学習指導要領（平成29年3月告示）に示された体育科の各運動領域における内容について，次の（1）〜（3）に答えよ。

(1) 第1学年及び第2学年で指導する「D　水遊び」の内容として適切なものを①〜⑤から1つ選び，番号で答えよ。

　　① 水に親しむ運動遊び

　　② 水に慣れる運動遊び

　　③ 水の中を移動する運動遊び

　　④ 水の中を歩く運動遊び

　　⑤ 浮いて進む運動遊び

(2) 第3学年及び第4学年で指導する「E　ゲーム」にて扱うゲームの型は全部で3種類ある。全て答えよ。

(3) 第5学年及び第6学年で指導する「C　陸上運動」では，（　　）・リレー，ハードル走，走り幅跳び，走り高跳びの4項目を扱う。空欄に当てはまるものを①〜⑤から1つ選び，番号で答えよ。

　　① 50m走　　② 短距離走　　③ 中距離走　　④ 持久走

　　⑤ ジョギング

解答　(1) ③　　(2) ゴール型ゲーム，ネット型ゲーム，ベースボール型ゲーム　　(3) ②

解説　小学校学習指導要領に示された体育科の目標，各学年の目標及び内容，指導計画の作成と内容の取扱いからの出題頻度がかなり高いので，正しく答えられるように熟読しておくことが大切である。

━━━━━━ 例題 3 〈学習指導要領〉 ━━━━━━

次の文は，小学校学習指導要領（平成29年3月告示）「体育」の「第3指導計画の作成と内容の取扱い」の一部である。（　①　）〜（　③　）に当てはまる語句を答えよ。

・学校や地域の実態を考慮するとともに，個々の児童の（　①　）や技能の程度などに応じた指導や児童自らが運動の課題の解決を目指す活動を行えるよう工夫すること。特に，運動を苦手と感じている児童や，運動に意欲的に取り組まない児童への指導を工夫するとと

もに，（　②　）児童などへの指導の際には，周りの児童が様々な特性を尊重するよう指導すること。
・筋道を立てて練習や作戦について話し合うことや，（　③　）について話し合うことなど，コミュニケーション能力や論理的な思考力の育成を促すための言語活動を積極的に行うことに留意すること。

解答　①　運動経験　　②　障害のある　　③　身近な健康の保持増進

解説　①，②　運動を苦手と感じている児童，運動に意欲的に取り組まない児童，障害のある児童への指導については現行の学習指導要領から追加された項目である。　③　言語活動に関する留意事項は，体育科の他にも音楽科など一部の教科に関して学習指導要領に示されている

●小学校学習指導要領(平成29年3月告示)

体育科　学習指導法

ポイント

　今回の学習指導要領改訂における趣旨の一つに,「主体的な学び」「対話的な学び」「深い学び」の視点から学習過程の改善を図ることがある。中央教育審議会答申（平成28年12月21日）によると,それぞれの学びを実現するための視点として,次のようなことが挙げられている。

「主体的な学び」

・運動の楽しさや健康の意義等を発見し,運動や健康についての興味や関心を高め,課題の解決に向けて粘り強く自ら取り組み,それを考察する学びの過程

・学習を振り返り,課題を修正したり新たな課題を設定したりする学びの過程　など

「対話的な学び」

・運動や健康についての課題の解決に向けて,児童生徒が他者（書物等を含む）との対話を通して,自己の思考を広げ深めていく学びの過程

「深い学び」

・自他の運動や健康についての課題を発見し,解決に向けて試行錯誤を重ねながら,思考を深め,よりよく解決する学びの過程　など

　指導計画の作成や指導法に関する設問では,これらの視点が相互に関連し合うことや,学習の目標との結びつきについてを念頭に解答を作成したい。

　以上のほかに,運動領域では「技」の体系,運動発達,運動習熟などを考慮した解答が望まれる。また保健領域では,健康に関する原理や法則を系統的に学習させ,科学認識に基づいた生活実践力の形成を目指す授業（指導）像などが期待される。

======== 例題 1 〈学習指導法〉 ========

　体育の授業において，事故防止のために教師はどのような点に留意すればよいか，5つ簡単に記せ。

解答　・児童の発達段階に応じた教材を選ぶ。　・児童を教師の視野の中におく。　・児童の健康観察を十分にする。　・準備運動をしっかりする。　・使用する教具の安全点検をする。

解説　学校でのけがの多くは行動と環境が要因になって起こっている。行動に原因がある場合は，きまりを守らない・不注意・いたずら・学校の指示を守らないなどが指摘されている。環境に原因がある場合は，設備の破損，施設設備の不完全，障害物などが指摘されている。また，名札のピン，ポケット内の危険物など服装が原因になっている場合もある。けがの防止には，危険を予測する力と適確な判断力を高めることが大切である。また，学校環境の安全点検をすることも必要である。

======== 例題 2 〈学習指導法〉 ========

　逆上がりができない児童に対して，技能面についての指導のポイントを3つ答えよ。

解答　・曲げた腕を伸ばさないように，腹部を鉄棒に引き付ける。・足で地面をけり，膝を前上方に振り上げる。　・後方回転する手前で手首を返す。

解説　逆上がりは，代表的な学校体育の教材である。ポイントは，上体の鉄棒への引き付け，足の振り上げである。できない場合，跳び箱やロイター板などの補助具や友達同士での補助を利用する。

━━━ 例題3 〈学習指導法〉 ━━━

水泳の授業を行う際，安全面の留意事項を2つ書け。

解答 ・児童の健康状態の確認。　・プールに入る児童数の把握。
・水に入るとき，すぐに飛びこまないで徐々に入らせる。
・長時間水に入らせない。　から2つ

━━━ 例題4 〈学習指導法〉 ━━━

　第5学年の器械運動の「マット運動」の学習において，側方倒立回転を行うこととする。この技を安定して行うことができるようにするためには，どのようなことに留意するよう指導するか。簡潔に2つ書け。

解答 ・腰の位置を高く保ちながら踏み出した足と同じ側の手をマットに着くこと。　・踏み切りを強くして，踏み出した足とは逆の足を勢いよく振り上げること。　・後から着いた手でマットを突き放し，片足ずつ着地させること。　・手足を一直線上に着くこと。

解説 「小学校体育（運動領域）まるわかりハンドブック・高学年」（文部科学省）に，側方倒立回転の動きのポイントとして，「腰を高く保ちながら踏み出した足と同じ側の手を着く。」「逆の足を勢いよく振り上げる。」「後から着いた手で突き放し，片足ずつ着地する。」と記されている。その他，「着手方向に体を向ける…手の着く方向に体を向け，足先もまっすぐにして手を着くようにする。」「両手にしっかりとのる…両手に体重をしっかりとのせてバランスをよくとれるようにし，着地の際もマットに着いた手を見ながら着地すると安定する。」などがある。

●小学校学習指導要領（平成29年告示）解説「体育編」（平成29年7月）

第 9 章

外国語・
外国語活動

外国語・外国語活動　英文法・対話文

ポイント

1　英文法

- ☐ A is to B what C is to D 　〈AとBの関係はCとDの関係と同じ〉
- ☐ all but ～ 　〈ほとんど～，ただ～だけが～でない〉
- ☐ all the＋比較級（～）＋for ～ 　〈～のためにかえっていっそう（～）〉
- ☐ anything but ～ 　〈～のほかなら何でも，決して～でない〉
- ☐ as ～ as ～ 　〈～と同じくらい～〉
- ☐ as ～ as possible 　〈できるだけ～，できるかぎり～〉
- ☐ as if ～＝as though ～ 　〈まるで～であるかのように〉
- ☐ as ～，so ～ 　〈～のように，そのように～〉
- ☐ be about to ～ 　〈まさに～しようとしている〉
- ☐ be accustomed to ～ ing 　〈～することに慣れている〉
- ☐ be going to ～ 　〈～しようとしている〉
- ☐ be on the point of ～ ing 　〈まさに～しようとしている〉
- ☐ be used to ～ ing 　〈～することに慣れている〉
- ☐ be worth ～ ing 　〈～する価値がある〉
- ☐ but for ～ 　〈～がなければ〉
- ☐ cannot help ～ ing
（cannot but ～） 　〈～しないではいられない，～せざるをえない〉
- ☐ cannot ～ too ～ 　〈いくら～しても～しすぎることはない〉
- ☐ compare A to B 　〈AをBにたとえる〉
- ☐ compare A with B 　〈AとBを比べる〉
- ☐ consist in ～ 　〈～に存する，～にある〉
- ☐ consist of ～ 　〈～から成り立つ〉
- ☐ consist with ～ 　〈～と一致する，～と両立する〉
- ☐ demand that A be ～ 　〈Aが～するように要求する〉
- ☐ deprive A of B 　〈AからBを奪う〉
- ☐ enough to ～ 　〈～するほど～に，あまりに～なので

348

（so … as to ～）　　　　　　　-- である〉

☐ either A or B　　　　　　　〈AかBかどちらか〉

☐ far from ～ ing　　　　　　〈少しも～でない，～どころではない〉

☐ feel like ～ ing　　　　　　〈～したいような気がする〉

☐ had better ～　　　　　　　〈～したほうがよい〉

☐ happen to ～　　　　　　　〈たまたま～する〉

☐ hardly ～ when …　　　　　〈～するやいなや～〉

☐ it is no use ～ ing　　　　　〈～しても無駄である〉

☐ keep A from ～ ing　　　　〈Aに～させない，～することを妨げる〉
　（prevent A from ～ ing）

☐ look to A for B　　　　　　〈AにBを期待する，AにBを当てにする〉

☐ make a point of ～ ing　　　〈決まって～をする〉

☐ not only A but（also）B　　〈AばかりでなくBも〉
　（B as well as A）

② 対話文

☐　A：You look tired. What's wrong with you?
　　B：I didn't sleep last night.

☐　A：Thank you very much.
　　B：It's my pleasure.（どういたしまして）

☐　A：Will you be able to come to help us?
　　B：No, I'm afraid not.（すみませんができません）

☐　A：Will you pass me the soy sauce?
　　B：Here you are.（どうぞ）

☐　A：Will it rain next Sunday?
　　B：I hope not.（そうならないといいね）

☐　A：I've had a bad headache.
　　B：That's too bad.（お気の毒に）

☐　A：How many chairs do you need?
　　B：Ten will do.（～で充分だ）

☐　A：Why don't you ask him to help us?

B：That's a good idea.

☐ A：Thank you very much for your kindness.

B：You're welcome. = Don't mention it. = Not at all.

☐ A：How would you like to come to our party next Friday?

B：That sounds exciting!

☐ A：I'd like to talk with Mr. Brown.（電話での会話）

B：This is Brown speaking.

B：I'm sorry, but he is out now.

A：Can I leave a message for him?

☐ A：Here comes your friend!

B：I'm coming.（今行くよ）

☐ A：Will you come with me?

B：Why not?（もちろん）

☐ A：Would you mind my smoking?

B：Go ahead.（どうぞ）

☐ A：I missed the bus.

B：You should have left home earlier.（〜すべきだった）

☐ A：Could you pass me the salt, please?

B：I beg your pardon?（何と言いましたか）

☐ A：Do you know where Ken is?

B：I'm not sure. He may be in his room.

☐ A：I don't like spiders.

B：Neither（Nor）do I.（= I don't like, either）

例題 1 〈英文法〉

次の（1）〜（4）の英文の（　）内に入れるのに最も適当な語句を，①〜⑤から1つずつ選べ。

(1) The man decided to wait at the station until his wife（　　）.

　① has come　② will come　③ came　④ come

　⑤ comes

(2) I remember （　　） home on a pickup truck last Sunday.

① to have ridden　② riding　③ to ride　④ ride

⑤ having ridden

(3) We left at once, （　　） we would have missed him.

① if　② in case　③ unless　④ as if

⑤ otherwise

(4) They have two daughters. One is still single, and （　　） is married.

① the other　② other　③ another　④ the another

⑤ either

解答　(1) ③　(2) ②　(3) ⑤　(4) ①

解説　(1) until以下の節の時制を主節と一致させる。動詞decideが過去形なのでcomeも過去形にする。　(2) remember は動名詞，不定詞どちらも目的語として使えるが意味が異なるため注意する。I remember ridingで「乗ったことを覚えている」。一方，I remember to rideで「忘れずに乗るようにする」。

(3) otherwiseは「さもなければ」。would have ～を用いて「～していたことだろう」と続く。　(4) 2つのうちの片方ともう一方という場合は，「もう一方」が特定されているのでtheをつけてone is … the other is …とする。another「別の」「もうひとつの」との混同に注意。

例題 2 〈対話文〉

次の対話文の（　　）に入る最も適切なものをア～エから1つずつ選び，記号で答えよ。

(1) A：May I ask who's speaking?

　B：（　　）

　ア．No, James Robinson.　イ．This is James Robinson.

　ウ．James Robinson, please.　エ．You are James Robinson.

(2) A : Do you mind if I open the windows?

    B : (   )

  ア．Sure, never mind.   イ．Of course, please open them.

  ウ．No, you don't have to.   エ．Certainly not.

(3) A : I'd like to check out, please.

    B : Sure. Here's the bill.

    A : (   )

  ア．How would you like to pay?

  イ．Did you use the mini bar in your room?

  ウ．Can I use this credit card?

  エ．Check out time is 10 a.m.

(4) A : What's the best way to the airport?

    B : By subway, if you want to save time.

    A : (   )

    B : That depends on the traffic.

  ア．How many stops are there on the way?

  イ．How much does it cost?

  ウ．How long will it take to go by taxi?

  エ．How often do I have to change the lines?

(5) A : I need a tie to go with this suit.

    B : How about this? It's handmade.

    A : Oh, that's the difference.

    B : It looks good on you. (   )

  ア．How much is it?   イ．How do you like it?

  ウ．I know about it.   エ．I didn't know that.

解答 (1) イ　(2) エ　(3) ウ　(4) ウ　(5) イ

解説 (1)This is 〜 .〈こちらは〜です。〉　(2)Do you mind if 〜？〈〜してもよろしいですか。〉　(4) How long 〜？〈どのくらい〜ですか。〉

外国語・外国語活動 学習指導要領

ポイント

━━━ ━━━━ ━━━━ **平成29年改訂の要点** ━━━━ ━━ ━━━

● 「外国語」について

1 **教育課程上の位置付け**

・第5学年及び第6学年において，それぞれ年間70単位時間の授業時数を確保した。

・言語活動は従前の「外国語活動」における「聞くこと」「話すこと」の活動に加え，「読むこと」「書くこと」についても扱う。

・中・高等学校の外国語科と同様に「知識・技能」，「思考・判断・表現」，「主体的に学習に取り組む態度」の3観点により数値による評価を行う。

・英語の履修を原則とする。

2 **目標について**

(1) **教科の目標**

「外国語」の目標は以下の通りである。

外国語によるコミュニケーションにおける見方・考え方を働かせ，外国語による聞くこと，読むこと，話すこと，書くことの言語活動を通して，コミュニケーションを図る基礎となる資質・能力を次のとおり育成することを目指す。

(1) 外国語の音声や文字，語彙，表現，文構造，言語の働きなどについて，日本語と外国語との違いに気付き，これらの知識を理解するとともに，読むこと，書くことに慣れ親しみ，聞くこと，読むこと，話すこと，書くことによる実際のコミュニケーションにおいて活用できる基礎的な技能を身に付けるようにする。

(2) コミュニケーションを行う目的や場面，状況などに応じて，身近

で簡単な事柄について，聞いたり話したりするとともに，音声で十分に慣れ親しんだ外国語の語彙や基本的な表現を推測しながら読んだり，語順を意識しながら書いたりして，自分の考えや気持ちなどを伝え合うことができる基礎的な力を養う。

(3) 外国語の背景にある文化に対する理解を深め，他者に配慮しながら，主体的に外国語を用いてコミュニケーションを図ろうとする態度を養う。

　中央教育審議会答申（平成28年12月21日）にて示された3つの柱に対応して，(1) ～ (3) の目標が示された。それぞれ (1) が「知識・技能」，(2) が「思考力・判断力・表現力等」，(3) が「学びに向かう力・人間性等」の観点を反映している。

(2) 各言語の目標

　英語の目標は，英語学習の特質を踏まえ，聞くこと，読むこと，話すこと［やり取り］，話すこと［発表］，書くことの5つの領域別に設定された。

(1) 聞くこと

ア　ゆっくりはっきりと話されれば，自分のことや身近で簡単な事柄について，簡単な語句や基本的な表現を聞き取ることができるようにする。

イ　ゆっくりはっきりと話されれば，日常生活に関する身近で簡単な事柄について，具体的な情報を聞き取ることができるようにする。

ウ　ゆっくりはっきりと話されれば，日常生活に関する身近で簡単な事柄について，短い話の概要を捉えることができるようにする。

(2) 読むこと

ア　活字体で書かれた文字を識別し，その読み方を発音することができるようにする。

イ　音声で十分に慣れ親しんだ簡単な語句や基本的な表現の意味が分かるようにする。

(3) 話すこと［やり取り］

ア　基本的な表現を用いて指示，依頼をしたり，それらに応じたりすることができるようにする。

イ　日常生活に関する身近で簡単な事柄について，自分の考えや気持ちなどを，簡単な語句や基本的な表現を用いて伝え合うことができるようにする。

ウ　自分や相手のこと及び身の回りの物に関する事柄について，簡単な語句や基本的な表現を用いてその場で質問をしたり質問に答えたりして，伝え合うことができるようにする。

(4) 話すこと［発表］

ア　日常生活に関する身近で簡単な事柄について，簡単な語句や基本的な表現を用いて話すことができるようにする。

イ　自分のことについて，伝えようとする内容を整理した上で，簡単な語句や基本的な表現を用いて話すことができるようにする。

ウ　身近で簡単な事柄について，伝えようとする内容を整理した上で，自分の考えや気持ちなどを，簡単な語句や基本的な表現を用いて話すことができるようにする。

(5) 書くこと

ア　大文字，小文字を活字体で書くことができるようにする。また，語順を意識しながら音声で十分に慣れ親しんだ簡単な語句や基本的な表現を書き写すことができるようにする。

イ　自分のことや身近で簡単な事柄について，例文を参考に，音声で十分に慣れ親しんだ簡単な語句や基本的な表現を用いて書くことができるようにする。

③　内容について

〔知識及び技能〕「(1) 英語の特徴や決まり」，〔思考力，判断力，表現力等〕「(2) 情報を整理しながら考えなどを形成し，英語で表現したり，伝え合ったりすること」「(3) 言語活動及び言語の働き」の2領域3事項に大別できる。(1)では音声や文字及び符号などの言語材料について指導す

る。(2) では具体的な課題等を設定し，コミュニケーションを行う目的や場面，状況などに応じて，情報を整理しながら考えなどを形成し，これらを表現することを通して指導する。(3) では「聞くこと」「読むこと」「話すこと（やり取り）」「話すこと（発表）」「書くこと」の言語活動に関する5領域及び言語の働きについて指導する。

● 「外国語活動」について
1 教育課程上の位置付け
・第3学年及び第4学年において，それぞれ年間35単位時間の授業時数を確保した。
・言語活動については「聞くこと」「話すこと」を扱う。
・数値による評価は行わず，顕著な事項がある場合に，その特徴を記入する等，文章の記述による評価を行う。
・英語の履修を原則とする。

2 目標について
(1) 教科の目標
「外国語活動」の目標は以下の通りである。

　外国語によるコミュニケーションにおける見方・考え方を働かせ，外国語による聞くこと，話すことの言語活動を通して，コミュニケーションを図る素地となる資質・能力を次のとおり育成することを目指す。
(1) 外国語を通して，言語や文化について体験的に理解を深め，日本語と外国語との音声の違い等に気付くとともに，外国語の音声や基本的な表現に慣れ親しむようにする。
(2) 身近で簡単な事柄について，外国語で聞いたり話したりして自分の考えや気持ちなどを伝え合う力の素地を養う。
(3) 外国語を通して，言語やその背景にある文化に対する理解を深め，相手に配慮しながら，主体的に外国語を用いてコミュニケーションを図ろうとする態度を養う。

中央教育審議会答申（平成28年12月21日）にて示された3つの柱に対応

して，(1)〜(3)の目標が示された。それぞれ(1)が「知識・技能」，(2)が「思考力・判断力・表現力等」，(3)が「学びに向かう力・人間性等」の観点を反映している。

(2) 各言語の目標

英語の目標は，英語学習の特質を踏まえ，聞くこと，話すこと［やり取り］，話すこと［発表］の3つの領域別に設定された。

(1) 聞くこと

ア　ゆっくりはっきりと話された際に，自分のことや身の回りの物を表す簡単な語句を聞き取るようにする。

イ　ゆっくりはっきりと話された際に，身近で簡単な事柄に関する基本的な表現の意味が分かるようにする。

ウ　文字の読み方が発音されるのを聞いた際に，どの文字であるかが分かるようにする。

(2) 話すこと［やり取り］

ア　基本的な表現を用いて挨拶，感謝，簡単な指示をしたり，それらに応じたりするようにする。

イ　自分のことや身の回りの物について，動作を交えながら，自分の考えや気持ちなどを，簡単な語句や基本的な表現を用いて伝え合うようにする。

ウ　サポートを受けて，自分や相手のこと及び身の回りの物に関する事柄について，簡単な語句や基本的な表現を用いて質問をしたり質問に答えたりするようにする。

(3) 話すこと［発表］

ア　身の回りの物について，人前で実物などを見せながら，簡単な語句や基本的な表現を用いて話すようにする。

イ　自分のことについて，人前で実物などを見せながら，簡単な語句や基本的な表現を用いて話すようにする。

ウ　日常生活に関する身近で簡単な事柄について，人前で実物などを見せながら，自分の考えや気持ちなどを，簡単な語句や基本的な表現を用いて話すようにする。

3 内容について

〔知識及び技能〕「(1) 英語の特徴等」,〔思考力,判断力,表現力等〕「(2)情報を整理しながら考えなどを形成し,英語で表現したり,伝え合ったりすること」「(3) 言語活動及び言語の働き」の2領域3事項に大別できる。(1) では言語によるコミュニケーションの楽しさや日本と外国の言語・文化について指導する。(2) では具体的な課題等を設定し,コミュニケーションを行う目的や場面,状況などに応じて,情報や考えなどを表現することを通して指導する。(3) では「聞くこと」「話すこと（やり取り）」「話すこと（発表）」の言語活動に関する3領域及び言語の働きについて指導する。

━━━━━━ 例題 1 〈学習指導要領〉 ━━━━━━

　次の文は,小学校学習指導要領（平成29年3月告示）「外国語」の「目標」の一部である。文中の（ ① ）～（ ④ ）に適する語句を答えよ。
・外国語の音声や文字,語彙,表現,（ ① ），言語の働きなどについて,日本語と外国語との違いに気付き,これらの知識を理解するとともに,読むこと,書くことに慣れ親しみ,聞くこと,読むこと,話すこと,書くことによる実際の（ ② ）において活用できる基礎的な技能を身に付けるようにする。
・（ ② ）を行う目的や場面,状況などに応じて,身近で簡単な事柄について,聞いたり話したりするとともに,音声で十分に慣れ親しんだ外国語の語彙や基本的な表現を推測しながら読んだり,（ ③ ）を意識しながら書いたりして,自分の考えや（ ④ ）などを伝え合うことができる基礎的な力を養う。

解答　① 文構造　② コミュニケーション　③ 語順　④ 気持ち

解説　第3学年及び第4学年にて指導する「外国語活動」が主に「聞くこと」及び「話すこと」といった外国語活動を通じて外国語に慣れ親しむことを特徴としているのに対し,第5学年及び第6学

年で指導する「外国語」では「読むこと」及び「書くこと」が
加わり，総合的・系統的に扱うことを特徴としている。

━━━━━━━━━ 例題 2 〈学習指導要領〉 ━━━━━━━━━

　次の文は，小学校学習指導要領（平成29年3月告示）「外国語活動」に
おける「目標」の一部である。文中の（　①　）～（　③　）に適する
語句をア～コから選び記号で答えよ。
　・外国語を通して，言語や文化について（　①　）に理解を深め，日
　　本語と外国語との違い等に気付くとともに，外国語の音声や基本的
　　な表現に慣れ親しむようにする。
　・外国語を通して，言語やその背景にある文化に対する理解を深め，
　　相手に（　②　）しながら，（　③　）に外国語を用いてコミュニケー
　　ションを図ろうとする態度を養う。
　　ア．工夫　　　イ．主体的　　ウ．協力　　エ．積極的
　　オ．体験的　　カ．配慮　　　キ．対処　　ク．計画的
　　ケ．協調　　　コ．対話的

|解 答| ①　オ　　②　カ　　③　イ
|解 説| 言語や文化についての理解は，社会や世界，他者との関わりに
　　　　着目して捉えさせることが求められる。言語や文化の異なる相
　　　　手と接する際にはさまざまな配慮が必要になると思われる。

━━━━━━━━━ 例題 3 〈学習指導要領〉 ━━━━━━━━━

　次の文は，小学校学習指導要領（平成29年3月告示）「外国語」に示さ
れている「内容」の一部である。（　①　）～（　④　）にあてはまる語
句を，それぞれa～dから1つずつ選び，記号で答えよ。
　ア　聞くこと
　　・自分のことや（　①　）など，身近で簡単な事柄について，簡単
　　　な語句や基本的な表現を聞いて，それらを表すイラストや写真な

359

どと結び付ける活動。

イ　読むこと

・活字体で書かれた文字を見て，その読み方を適切に（　②　）する活動。

ウ　話すこと［やり取り］

エ　話すこと［発表］

・簡単な語句や基本的な表現を用いて，自分の（　③　）や得意なことなどを含めた自己紹介をする活動。

オ　書くこと

・相手に伝えるなどの目的をもって，語と語の（　④　）に注意して，身近で簡単な事柄について，音声で十分に慣れ親しんだ基本的な表現を書き写す活動。

①　a　日常生活　　b　学校生活　　c　友達のこと
　　d　家族のこと

②　a　表現　　　　b　音読　　　　c　発音
　　d　識別

③　a　趣味　　　　b　名前　　　　c　好み
　　d　年齢

④　a　続き方　　　b　接続　　　　c　連結
　　d　区切り

解答　①　b　　②　c　　③　a　　④　d

解説　「聞くこと」「話すこと」については「外国語活動」においても指導するので，違いについても併せて学習する必要がある。

━━━━━━━━ **例題 4 〈学習指導要領〉** ━━━━━━━━

　次の文は，小学校学習指導要領（平成29年3月告示）「外国語活動」に示されている「3　指導計画の作成と内容の取扱い」の一部である。（　①　）〜（　④　）にあてはまる語句を，それぞれア〜エから1つずつ選び，記号で答えよ。

○言語活動で扱う題材は，児童の興味・関心に合ったものとし，国語科や音楽科，図画工作科など，他教科等で児童が学習したことを活用したり，（ ① ）で扱う内容と関連付けたりするなどの工夫をすること。

○学級担任の教師又は外国語活動を担当する教師が指導計画を作成し，授業を実施するに当たっては，ネイティブ・スピーカーや英語が堪能な（ ② ）などの協力を得る等，指導体制の充実を図るとともに，指導方法の工夫を行うこと。

○言葉によらないコミュニケーションの手段もコミュニケーションを支えるものであることを踏まえ，（ ③ ）などを取り上げ，その役割を理解させるようにすること。

○各単元や各時間の指導に当たっては，コミュニケーションを行う目的，場面，状況などを明確に設定し，言語活動を通して育成すべき資質・能力を明確に示すことにより，児童が学習の（ ④ ）を立てたり，振り返ったりすることができるようにすること。

① ア 学校生活　　イ 地域の行事　　ウ 日常生活
　　エ 学校行事
② ア 保護者　　　イ 専門家　　　　ウ 地域人材
　　エ 外部指導者
③ ア 態度　　　　イ ジェスチャー　ウ 表情
　　エ ボディランゲージ
④ ア 見通し　　　イ 課題　　　　　ウ 計画
　　エ 筋道

解答 ① エ　② ウ　③ イ　④ ア
解説 「指導計画の作成と内容の取扱い」の該当箇所参照。

●小学校学習指導要領（平成29年3月告示）

●書籍内容の訂正等について

　弊社では教員採用試験対策シリーズ（参考書，過去問，全国まるごと過去問題集），公務員試験対策シリーズ，公立幼稚園・保育士試験対策シリーズ，会社別就職試験対策シリーズについて，正誤表をホームページ（https://www.kyodo-s.jp）に掲載いたします。内容に訂正等，疑問点がございましたら，まずホームページをご確認ください。もし，正誤表に掲載されていない訂正等，疑問点がございましたら，下記項目をご記入の上，以下の送付先までお送りいただくようお願いいたします。

---

① **書籍名，都道府県（学校）名，年度**
　（例：教員採用試験過去問シリーズ　小学校教諭 過去問　2025 年度版）
② **ページ数**（書籍に記載されているページ数をご記入ください。）
③ **訂正等，疑問点**（内容は具体的にご記入ください。）
　（例：問題文では"ア〜オの中から選べ"とあるが，選択肢はエまでしかない）

〔ご注意〕

○ 電話での質問や相談等につきましては，受付けておりません。ご注意ください。

○ 正誤表の更新は適宜行います。

○ いただいた疑問点につきましては，当社編集制作部で検討の上，正誤表への反映を決定させていただきます（個別回答は，原則行いませんのであしからずご了承ください）。

●情報提供のお願い

　協同教育研究会では，これから教員採用試験を受験される方々に，より正確な問題を，より多くご提供できるよう情報の収集を行っております。つきましては，教員採用試験に関する次の項目の情報を，以下の送付先までお送りいただけますと幸いでございます。お送りいただきました方には謝礼を差し上げます。

（情報量があまりに少ない場合は，謝礼をご用意できかねる場合があります）。

◆あなたの受験された面接試験，論作文試験の実施方法や質問内容

◆教員採用試験の受験体験記

|送付先|○電子メール：edit@kyodo-s.jp
○FAX：03-3233-1233（協同出版株式会社　編集制作部 行）
○郵送：〒101-0054　東京都千代田区神田錦町2-5
　　　　協同出版株式会社　編集制作部 行
○HP：https://kyodo-s.jp/provision（右記のQRコードからもアクセスできます）|

※謝礼をお送りする関係から，いずれの方法でお送りいただく際にも，「お名前」「ご住所」は，必ず明記いただきますよう，よろしくお願い申し上げます。

教員採用試験「参考書」シリーズ

静岡県・静岡市・浜松市の
小学校教諭 参考書

編　集　© 協同教育研究会

発　行　令和 5 年 7 月 25 日

発行者　小貫　輝雄

発行所　協同出版株式会社
　　　　〒 101 - 0054
　　　　東京都千代田区神田錦町 2 - 5
　　　　　電話　03 - 3295 - 1341
　　　　　振替　東京00190 - 4 - 94061

印刷所　協同出版・POD 工場

落丁・乱丁はお取り替えいたします

本書の全部または一部を無断で複写複製（コピー）することは，著作権法上での例外を除き，禁じられています。

2024年夏に向けて
―教員を目指すあなたを全力サポート！―

●通信講座

志望自治体別の教材とプロによる
丁寧な添削指導で合格をサポート

詳細はこちら

●公開講座 (＊1)

48のオンデマンド講座のなかから、
不得意分野のみピンポイントで学習できる！
受講料は6000円〜　＊一部対面講義もあり

詳細はこちら

●全国模試 (＊1)

業界最多の **年5回** 実施！
定期的に学習到達度を測って
レベルアップを目指そう！

詳細はこちら

●自治体別対策模試 (＊1)

的中問題がよく出る！
本試験の出題傾向・形式に合わせた
試験で実力を試そう！

詳細はこちら

上記の講座及び試験は，すべて右記のQRコードか
らお申し込みできます。また，講座及び試験の情報は，
随時，更新していきます。

＊1・・・ 2024年対策の公開講座、全国模試、自治体別対策模試の
情報は、2023年9月頃に公開予定です。

協同出版・協同教育研究会
https://kyodo-s.jp

お問い合わせは
通話料無料の
フリーダイヤル

いいみ　なさんおうえん
0120 (13) 7300

受付時間：平日(月〜金)9時〜18時　まで